练能课练什么

LIAN NENG KE LIAN SHEN ME

熊生贵　主编

现代教育出版社

Modern Education Press

图书在版编目(CIP)数据

练能课练什么 / 熊生贵主编. –北京:现代教育出版
社,2018.6

ISBN 978-7-5106-6141-9

Ⅰ.①练… Ⅱ.①熊… Ⅲ.①小学语文课–教学
研究–②小学数学课–教学研究 Ⅳ.①G623

中国版本图书馆 CIP 数据核字(2018)第 100853 号

练能课练什么

熊生贵 主编

责任编辑	王春霞　刘兰兰
封面设计	郑若琪
出版发行	现代教育出版社
地　址	北京市安定门外安华里 504 号 E 座
邮政编码	100011
电　话	010-64244927
传　真	010-64251256
印　刷	成都勤德印务有限公司
开　本	787×1092 毫米　　1/16
印　张	16
字　数	390 千
版　次	2018 年 6 月第 1 版
印　次	2018 年 6 月第 1 次印刷
书　号	ISBN 978-7-5106-6141-9
定　价	60.00 元

《练能课练什么》编委会

主　　编：熊生贵

副 主 编：杨　宏　　刘正芬　　王　丽　　彭　俊　　熊　英　　郭家良
　　　　　陈举江　　周中尧　　王天明　　朱发华　　黄　茜　　陈　艳

编写人员：熊生贵　　杨　宏　　刘正芬　　王　丽　　彭　俊　　熊　英
　　　　　郭家良　　陈举江　　周中尧　　王天明　　朱发华　　黄　茜
　　　　　陈　艳　　王　燕　　嬴　茵　　黄正萍　　陈　莉　　赵世昌
　　　　　马晓芳　　李　艳　　万明丽　　黄永刚　　唐玉明　　何晓琴
　　　　　梁　希　　邹葛明　　袁明剑　　曹清萍　　王官兰　　牟冬梅
　　　　　牟　丽　　潘春梅　　张桂凡　　刘思利　　王海燕　　林志荣
　　　　　夏世武　　魏雪梅　　尚明娟　　田洪惠　　肖国清　　曾德茜
　　　　　邓伯勇　　陈　荣　　袁明才　　李芝伦

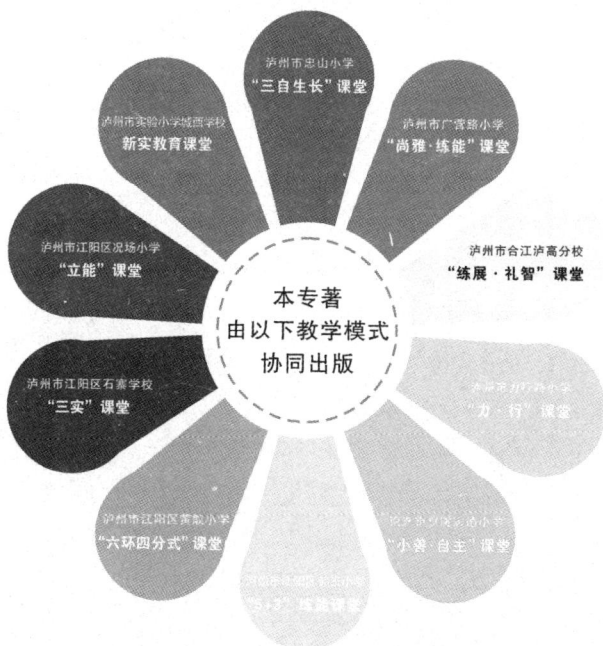

本专著由以下教学模式协同出版

泸州市忠山小学 "三自生长"课堂
泸州市广菅路小学 "尚雅·练能"课堂
泸州市实验小学城西学校 新实教育课堂
泸州市合江泸高分校 "练展·礼智"课堂
泸州市江阳区况场小学 "立能"课堂
泸州市力行路小学 "力·行"课堂
泸州市江阳区石嘉学校 "三实"课堂
泸州市夕阳小学 "小菅·自主"课堂
泸州市江阳区黄舣小学 "六环四分式"课堂
泸州市江阳区××小学 "5+3"练能课堂

目 录

第一编：练能语文课练什么

第二编：练能数学课练什么等点论

第一编　练能语文课练什么

第一章
"教懂·串讲串问"型语文课应该终结

第一节 传统语文课的重大失落

一、"教懂·串讲串问"型语文课存样

《麦哨》教学设计

【教学目标】

1. 认识8个生字,重点识记"嚼、裹、肺"等字形。

2. 正确、流利、有感情地朗读课文,感受乡村孩子淳朴自然、欢快清新的童年生活。

3. 体会作者丰富生动的语言,积累文中的优美语言。

【教学重难点】

重点:引导孩子感受乡村生活的欢快、柔美,能有感情朗读。

难点:体会乡村生活的欢快、柔美,和我们这些整天忙忙碌碌的现代人相比较,他们才是真正的生活的主人。

【教学时间】

第二课时。

【教学过程】

一、谈话导入

《乡下人家》的生活令人向往,《牧场之国》的美景使人着迷,古人描写的乡村生活富有情趣。今天,让我们再次走进田园看看乡村孩子的生活是怎样的吧!

(一)板书课题,齐读课题。

(二)理解麦哨的意思。

二、初读课文，吹奏麦哨

（一）出示温馨提示：

1. 请同学们默读课文。

2. 用横线画出描写哨声的词，品一品麦哨带给你的感觉。

（二）学生按照要求完成。

（三）学生回答。

1. 品麦哨

（1）寻找描写麦哨的句子。

师：同学们，你们在第几自然段找到了描写麦哨的句子？请读给大家听。

根据学生的回答，相机出示首尾段。

学生读句子，说一说麦哨带给自己的感觉。抽学生回答。

根据学生的回答，老师板书：欢快、柔美。

（2）寻找能够形容哨声的词语。

询问学生课文中用了哪些词语来形容麦哨声。

学生回答。

（3）引导学生读出欢快柔美的感觉。

师：找得很准确。谁能把麦哨欢快柔美的感觉读出来？

抽生朗读这个句子。

（4）练习吹麦哨。

师：读得不错。来，现在让我们一起来吹奏这欢快优美的麦哨。看老师手势来吹，老师手势打高，要吹得高些，低就吹得低些，快就吹得快些，慢就吹得慢些。明白了吗？

师生练习，共同演奏。

（5）述说吹麦哨的心情。

师：吹着麦哨，你们的心情如何？

学生回答。

（6）引导学生有感情地朗读这一部分。

师：那你们能用声音把这种美妙的感觉读出来吗？大家先练读练读。

学生练读。

指名读、男生女生合作读。

（7）感悟写法。

师：同学们，一二自然段和七八自然段写法相似，一二段在文章的开头，七八段在文章的结尾，这样的写法叫——

生：首尾呼应。

师：这样的写法仿佛让我们置身于充满哨声的乡村田园生活中。

三、精读课文，感受麦哨

欣赏美

过渡：现在让我们去湖畔、田野欣赏一番，请你们自由读课文3~6小节，找出自己最喜欢的部分。

生读，找到自己喜欢的部分。

分板块学习"美"：

板块一：脸蛋美

师：哪些孩子喜欢这个部分？

引导学生学习描写人物外貌的这个句子："白竹布衬衫小凉帽，绣花兜肚彩头巾。那一张张红扑扑的脸蛋，蒙上了一层晶莹的细汗，犹如一朵朵沾满露珠的月季花。"

过渡：此时，在作者的脑海深处，一种声音一直在回响——"呜卟、呜卟、呜……"（轻柔）。

板块二：田园美

A. 欣赏田园美景

1. 说说自己喜欢这个部分的原因。

生说。

师：你觉得美吗？美在哪儿？

预设：金黄的油菜花谢了，结出了密密的嫩荚（jiá）；黑白相间的蚕豆花谢了，长出了小指头似的豆荚；雪白的萝卜花谢了，结出了一蓬蓬的种子……

师：哪些色彩映入你们的眼帘，请圈出来。

生圈画。

师：这么多的颜色，其实是在不断地变化着，金黄的油菜花谢了——
生接。

B. 感受丰收的喜悦

1. 悟写法（排比）。

生交流汇报。

2. 悟景象。

师：你看，这么多密密的嫩荚，这么多小指头似的豆荚，还有那齐刷刷的麦芒，你看出了什么？

生答。

3. 仿说句子。

过渡：丰收的景象可不仅如此，还会有哪些景象？你能不能学着接下去说说？

仿说句子："金黄的油菜花谢了，结出了密密的嫩荚；黑白相间的蚕豆花谢了，长出了小指头似的豆荚；雪白的萝卜花谢了，结出了一蓬蓬的种子……"

生说。

4. 通过比喻感悟麦田的变化。

此时的麦田又发生了怎样的变化？麦田换上了——

学生接读。

你瞧，麦芒在哪儿呢？（图片展示）像什么？

生答。

那麦穗儿呢？（图片展示）它们像一个跳动——

生答。

师：读着读着，你又读出了什么画面？

生答。

5. 有感情地朗读片断。

师：你看，作者的描写就像放电影一样，为我们展现了田野里的美景。让我们也把眼前美景来放一遍电影，请大家一起有感情地朗读课文。

生有感情地朗读。

师：当这充满生机、充满活力的田野展现在我们眼前时，无论是谁都不禁会用麦哨吹奏起心中的赞美之歌——

出示：呜卟、呜卟、呜……

生读。

板块三：玩耍乐

1. 补白。

师：在这样的草地上，孩子们翻跟头、竖蜻蜓，还做着哪些好玩的游戏呢？

生答。

2. 创设情景，感受草的茂密。

师：或许还会在玩耍的时候摔倒在地上，摔倒了疼吗？

生答。

师：因为——

生接。

师：踩在草地上，扎脚吗？因为——

生接。

师：草坪这是大自然中的精灵，难怪孩子们孩子们玩得那么起劲，那么开心。难怪他们的哨声是那么轻柔、那么欢快——

生接。

出示：呜卟、呜卟、呜……

板块四：嚼草乐

1. 通过引导孩子们对比，感受嚼草乐。

师：如果你玩累了，喊渴了，你都喝什么？

生答。

师：农村的孩子可有免费的解渴法宝呢！是——

生答。

2. 做动作，悟"嚼草乐"。

过渡：是呀，这种茅茅针就是天然的饮料，可以让你解渴，可以让你解除疲劳，你想尝尝吗？请大家随手摘一根肥嫩的茅茅针，剥开叶片，将麦穗儿连同茎轻轻抽出，把茎放进嘴里嚼嚼。

生做动作。

3. 通过朗读品"甜"味，理解"直沁肺腑"。

指名读。

师：你品到了什么滋味？

生答。

师：那么直沁肺腑的意思就是——

生答。

师：好滋味要和大家一同分享，不能自个儿一人享受，你们想尝尝吗？现在大家齐读。

生齐读。

师：在这样悠闲的时刻，孩子们又吹起了那欢快柔美的麦哨，抒发心灵的快乐。

出示：呜卟、呜卟、呜……

四、回归麦哨

师（指着板书）：麦哨是一幅色彩斑斓的画，麦哨是一首欢庆丰收的歌，麦哨是一曲优美的乡村音乐，麦哨是一段快乐的童年生活。

师：学了今天这篇文章，当你一听到麦哨声，你会想起什么？

出示：只要一听到麦哨声，我就会想起＿＿＿＿＿＿＿＿＿＿＿。

生畅所欲言。

小结：是的，作者和我们一样只要一听到麦哨声，就会想起那美丽的田野，那齐刷刷的麦芒，那甜滋滋的"茅茅针"，那快乐的伙伴，那欢快的童年生活。所有的快乐记忆都伴着这柔美、快乐的麦哨声，传得很远、很远……让我们再一起来吹吹（"呜卟，呜卟，呜……"）。

总结课文：同学们，童年的岁月里，作者得到大自然的馈赠，他握住的是一枝有声的麦哨。老师希望你们也能多走进自然，用心发现大自然带给我们的礼物。

五、课外推荐阅读

作者陈益回忆童年往事的《十八双鞋子》。

点评：此教学设计环节流畅、思路清晰、内容丰富，能够教懂课文。但是课堂活动中采用一问一答的方式，无法培养孩子的整体思维能力、语言表达能力。课文未进行取舍，课堂容量太大，容易让学生感到疲惫。没有设计让学生练写的点，使得学生不能及时将习得的写作手法加以运用。

总之，本教学设计重知识传授，轻能力培养！

《麦哨》课堂实录

一、谈话导入

师：《乡下人家》的生活令人向往，《牧场之国》的美景使人着迷，古人描写的乡村生活富有情趣。今天，让我们再次走进田园看看，乡村孩子的生活是怎样的吧！

（师板书课题：麦哨。）

（生齐读课题）

师：你知道麦哨是什么样的吗？从字面上来理解，麦就是麦子，哨指的是？

生：哨子。

师：对，就是哨子，准确地说，就是用麦秆做的哨子。

师：听，是谁在发出"呜卟，呜卟"的声音？咱们循着声音，一起走进今天的课文。

二、初读课文，吹奏麦哨

出示温馨提示：

1. 请同学们默读课文。

2. 用横线画出描写哨声的词，品一品麦哨带给你的感觉。

师：谁来读一读大屏幕上的温馨提示？

（抽生读）

师：现在大家开始默读课文，并按照温馨提示完成要求。

（生默读课文，勾画词语。）

（一）品麦哨

师：同学们，你们在第几自然段找到了描写麦哨的句子？读给大家听。

（生回答，师出示首尾段。）

师：自己读读，品一品，这麦哨带给你什么感觉？

生：快乐的感觉。

生：兴奋的感觉。

生：美好的感觉。

（师板书：欢快、柔美。）

师：现在请大家找找，课文中是用了哪些词来形容麦哨声的呢？

生：忽高忽低。

生：此起彼落。

生：你呼我应。

师：找到了几个，还有呢？

生：一声高，一声低。

师：找得很准确。谁能把麦哨欢快柔美的感觉读出来？

（师抽学生朗读这个句子）

师：读得不错。来，现在让我们一起来吹奏这欢快优美的麦哨。看老师手势来吹，老师手势打高，要吹得高些，低就吹得低些，快就吹得快些，慢就吹得慢些。明白了吗？

生：明白了。

师：来，我们先练习一下。

（生和师一起试练）

师：现在就让我们一起来演奏那美妙的合奏曲吧！

（生根据老师的手势吹哨子）

师：吹着麦哨，你们的心情如何？

生：很开心，很兴奋。

生：很快乐，很放松。

师：那你们能用声音把这种美妙的感觉读出来吗？大家先练读练读。

（生练读）

师：现在我请几个孩子来读一读。

（指名读、男生女生合作读）

师：同学们，一二自然段和七八自然段写法相似，一二段在文章的开头，七八段在文章的结尾，这样的写法叫——

生：首尾呼应。

师：这样的写法仿佛让我们置身于充满哨声的乡村田园生活中。

三、精读课文，感受麦哨

师：现在让我们去湖畔、田野欣赏一番，请你们自由读课文 3～6 小节，找出自己最喜欢的部分。

（生读，找到自己喜欢的部分。）

分板块学习"美"：

板块一：脸蛋美

师：哪些孩子喜欢这个部分？

（生纷纷举手）

师：原来你们最喜欢割草孩子啊，他们是什么样子的呀？

生：白竹布衬衫小凉帽，绣花兜肚彩头巾。那一张张红扑扑的脸蛋，蒙上了一层晶莹的细汗，犹如一朵朵沾满露珠的月季花。

师：此时，在作者的脑海深处，一种声音一直在回响——"呜卟、呜卟、呜……"（轻柔）

板块二：田园美

A. 欣赏田园美景

谁来说说你为什么喜欢这个部分？

师生：因为这让我感受到田园生活的美好。

师：你觉得美吗？美在哪儿？

生（读）："金黄的油菜花谢了，结出了密密的嫩荚；黑白相间的蚕豆花谢了，长出了小指头似的豆荚；雪白的萝卜花谢了，结出了一蓬蓬的种子……"这一句特别美。

师：在你的朗读中我仿佛看到了一个五彩斑斓的世界，哪些色彩映入你们的眼帘，请圈出来。

（生圈画）

师：这么多的颜色其实是在不断地变化着，金黄的油菜花谢了——

（生接）

B. 感受丰收的喜悦

师：这可不仅是一幅五彩斑斓的画卷，自己品品，你还看出点什么？

生：这里运用了排比的修辞手法。

师：这里有个排比句，你可真会发现。

师：你看，这么多密密的嫩荚，这么多小指头似的豆荚，还有那齐刷刷的麦芒，你看出了什么？

生：丰收。

师：丰收的景象可不仅如此，还会有哪些景象？你能不能学着接下去说说？

（仿说句子："金黄的油菜花谢了，结出了密密的嫩荚；黑白相间的蚕豆花谢了，长出了小指头似的豆荚；雪白的萝卜花谢了，结出了一蓬蓬的种子……"）

师：此时的麦田又发生了怎样的变化？麦田换上了——

（生接读）

师：你瞧，麦芒在哪儿呢？（图片展示）像什么？

生：针尖。

师：那麦穗儿呢？（图片展示）它们像一个个跳动的……

生：音符。

师：读着读着，你又读出了什么画面？

生：丰收。

生：生机勃勃。

师：你看，作者的描写就像放电影一样，为我们展现了田野里的美景。让我们也把眼前的美景来放一遍电影吧，请大家一起有感情地朗读课文。

（生有感情地朗读）

师：当这充满生机充满活力的田野展现在我们眼前时，无论是谁都不禁会用麦哨吹奏起心中的赞美之歌——

（师出示：呜卜、呜卜、呜……）

（生读）

板块三：玩耍乐

师：在这样美丽的田野里，能不能少了孩子们活泼可爱的身影呢？

生：不能。

师：在这样的草地上，孩子们翻跟头、竖蜻蜓，还做着哪些好玩的游戏呢?

生:捉迷藏。

生:跑步比赛。

生:跳皮筋。

……

师:或许还会在玩耍的时候摔倒在了地上,摔倒了疼吗?

生:不疼。

师:因为——

(生接)

师:踩在草地上,扎脚吗?因为——

(生接)

师:草坪这是大自然中的精灵,难怪孩子们玩得那么起劲,那么开心。难怪他们的哨声是那么轻柔、那么欢快——

(生接)

(师出示:呜卟、呜卟、呜……)

板块四:嚼草乐

师引读:"玩累了,喊渴了,不知是谁一声招呼,大家采集起'茅茅针'来。"

师:如果你玩累了,喊渴了,你都喝什么?

(生答)

师:农村的孩子可有免费的解渴法宝呢!是——

生:茅茅针。

师:是呀,这种茅茅针就是天然的饮料,可以让你解渴,可以让你解除疲劳,你想尝尝吗?请大家随手摘一根肥嫩的茅茅针,剥开叶片,将麦穗儿连同茎轻轻抽出,把茎放进嘴里嚼嚼。

(生做动作)

师:对,就像这位男孩子嚼口香糖一样,就是这个动作_____。

(指名读)

师:你品到了什么滋味?

生:甜。

师:甜到哪儿去啦?

生:甜到心田里去了。

师:那么直沁肺腑的意思就是——

生：甜到心田里去了。

师：好滋味要和大家一同分享，不能自个儿一人享受，你们想尝尝吗？现在大家齐读。

（生齐读）

师：在这样悠闲的时刻，孩子们又吹起了那欢快柔美的麦哨，抒发心灵的快乐。

出示：呜卟、呜卟、呜……

四、回归麦哨

师（指着板书）：麦哨是一幅色彩斑斓的画，麦哨是一首欢庆丰收的歌，麦哨是一曲优美的乡村音乐，麦哨是一段快乐的童年生活。

师：学了今天这篇文章，当你一听到麦哨声，你会想起什么？

（师出示：只要一听到麦哨声，我就会想起_____。）

（生畅所欲言）

小结：是的，作者和我们一样只要一听到麦哨声，就会想起那美丽的田野，那齐刷刷的麦芒，那甜滋滋的"茅茅针"，那快乐的伙伴，那欢快的童年生活。所有的快乐记忆都伴着这柔美、快乐的麦哨声，传得很远、很远……让我们再一起来吹吹。

生：呜卟、呜卟、呜……

总结课文：同学们，童年的岁月里，作者得到大自然的馈赠，他握住的是一枝有声的麦哨。老师希望你们也能多走进自然，用心发现大自然带给我们的礼物。

五、课外推荐阅读

作者陈益回忆童年往事的《十八双鞋子》。

点评：《麦哨》是人教版四年级下册的一篇略读课文。本堂课执教者将本课的教学过程分为了五个板块：一、谈话导入。二、初读课文，吹奏麦哨。三、精读课文感受麦哨。四、回归麦哨。五、推荐阅读。本堂课思路清晰、环节流畅，表演吹麦哨的环节寓教于乐，让孩子们感受到了田园生活的乐趣。孩子们在这样的教学中理解了课文，读懂了课文。

新课改强调学生是课堂的主角，教师仅仅是组织者、引导者，教师要转换自己的角色，要尊重学生的主观能动性，尊重学生是一个有自己想法的人，但我们可以看出：这堂课上教师是主角，学生则是配角。一堂课上学生讨论、交流的时间少，教师讲授、学生被动接受的时间多。

"教材仅仅是一个例子"，孩子们应该在这个例子中学得知识，习得方法。而略读课文更注重的是让孩子在自读自悟中品悟课文，教师适当点拨习得方法。纵观本堂课，课堂容量特别大，教师旨在教孩子们懂课文，并未注重对孩子们自读自悟方法的培养。

语文是人文性与工具性结合的学科，本文除了要让孩子在自读自悟中体会田园生活的无限乐趣外，还应习得"首尾呼应""善用修辞"的写作手法。教师在教学中虽然提到了"首尾呼应"以及运用修辞的写作手法，但并未让孩子学以致用，使得学生学习浅尝辄止，教学效率极低。

在语文教学中，要学会取舍，找到每一篇文章的最经典之处，练习朗读、说话、小练笔等。本堂课上，多数时候都是教师问、学生答，在这一问一答中，孩子们的语言表达能力、思维能力都未得到培养。

二、传统语文课主要让学生得了什么

进入 21 世纪后，我国基础教育的发展进入了一个新阶段。以基础教育课程改革为重要标志，新一轮课程改革正在如火如荼地进行，新理念、新思想、新发展的氛围正在形成。但是，大量事实表明，以教师为中心，教师依靠一张嘴、一支粉笔单向传输知识，学生被动接受、死记硬背的传统语文教学模式依然存在，造成了现今课堂费时较多、收效较低的局面，导致了教育目标的单一性、教育对象的片面发展、教育资源的巨大浪费、教育教学方法的僵化。因此，改革传统教学模式成为了课程改革的一项重要内容。改革传统教学模式也是我国经济发展和社会全面进步的需要。不可否认，传统的语文课堂模式在特定的历史时期发挥了重要的作用，但是，我们更应该辩证对待，对其进行深刻剖析：传统的语文课究竟让学生得到了什么？

（一）主要内容与思想意义

传统的语文惯式是，随便拿到一篇课文，很自然地便会遵循这样的线路开展教学：先教认字，再教词语，然后学句子、造句子，接下来是讲读文章，理解内容，明确中心，体会写作特点等。如《生命 生命》这篇课文，在传统教学中的一般教学处理方式就是这样的：读课文的主体部分，分别了解课文主要写了三个故事："飞蛾求生""瓜苗生长""静听心跳"，最后得到"生命感悟"。然而，有感情的层次性和理解感悟的深透性，在课堂教学中却没有得到体现。

在每一篇课文的教学中，师生花了大量的时间在课文内容上，一堂课下来，留下的印象是课文主要讲了什么内容、主题思想是什么，这更多是达到

了思想品德课的要求。甚至在一些公开课上，有的教师一不小就将语文课上成了"思想品德课"。这最多是对学生的情意生长有所裨益。

（二）语文保底性的得：字词句

直至今日，我们的学习仍然是死记硬背那些一查就知道的、陈旧过时的知识。这样的学习意义何在？一节课下来也只是在言语上保底学了点生字新词，但言语的基本功、听说读写能力及其他能力（如：学习能力、实践能力、创新能力）却没有得到发展。

（三）注重知识的传播、分数和升学

社会的需要决定语文教育的内容，语文教育的内容又决定语文教育的形式与方法。我国古代传统的语文教学方法主要是讲解与背诵。从二十世纪初开始，我国语文教育的内容与教学方法就发生了重大变化。在多种多样的教学方法中，讲解法是教师运用得最多的一种。在传统的、以知识传授为主的课堂教学已成为过去的今天，必须不断探求既适应新时期语文教学的需要，又切实可行的多种多样的语文教学方法，以满足培养高素质人才的社会要求。

可是目前，不少学校仍受考试"指挥棒"左右，片面追求升学率，给语文课带来了很大的冲击。学校围绕"应试"开展教育教学活动，考什么就教什么，不考就不教。社会、家长以升学率的高低来衡量学校的教育质量，来评价学校的办学效率，学校死气沉沉、教师毫无生机、学生呆板机械。

据说，一美国代表团在我国某大城市听过一位特级教师的课，以我们的常理，此课的确是一堂好课：教师讲授生动，学生专心致志，课堂气氛活跃，一派"热闹景象"。可是美国人却不以为然：怎么都是教师问，学生答，而且既然学生都会答了，那还要教师讲什么？东西方教育观念的差异，在此泾渭分明。在学生心目中，教师唯尊，习以为常。我们的传统教学，教师如同水壶，学生如同水杯，教师们考虑的多是如何把水倒得顺畅些，如何让学生爱喝、肯喝，快些喝，根本不考虑让学生动脑、动手亲自喝，喝出不同的感受——这就是传统教法的弊端。显然，这种教法对培养开拓性人才很不利。

我们不得不承认，时代在发展，社会在进步，以往那种满堂灌、填鸭式、授受式等传统教学方法，已严重束缚了学生的个性发展。传统的语文课陷入不能自拔的怪圈：教师讲得头头是道，条分缕析，累得筋疲力尽；学生听得一塌糊涂，记得晕头转向，然而考试成绩总不理想。日积月累，教师的播音功能日渐完善，学生的收听能力也不断提高。可是教学脱离了实践，教师如君王高高在上，不能及时反馈信息，学生动手能力极差。教师一味地硬加灌输，学生机械嚼咽。长期以来，语文教学便这样恶性循环着。

因此，我们要大胆改革语文教学方式，开拓进取、与时俱进，激发学生的求知欲，提高学习情致，使每节课都成为学生探索知识，充分动脑、动手、动口的过程。

三、传统语文课最大失落：练能

《语文课程标准》指出：语文课程是一门学习语言文字运用的综合性、实践性课程，应致力于培养学生的语言文字运用能力，提升学生的综合素养。这就要求我们的语文课绝不仅为获得文本内容与思想，掌握语文基础知识而组织教学，更重要的是学习语言、运用语言和积累语言，从而提升学生综合素养。据此看来，传统语文课最大的失落是什么呢？

"练"——虚空

语言文字运用能力的训练，归根结底就是"练读""练说""练写""练积累"。可回望传统语文课，这些"练"却虚而不实。课中虽有读、有说或有写，可这些读、说、写都是奔着"读懂"文本思想内容，掌握基础知识而去的。

如，《女娲补天》教学片断：

师（在学生朗读第一段后）：哪个句子让你感到可怕？

生："山岗……"这一句。

师：你仿佛看到了什么？

生：好大的火，洪水。

师：你感到？

生：快烧死人了，人被洪水冲走了。

师：你感觉是在火海里，还是波涛里？

生：火海里。

师：在火海中你感到？

生：……手都烧糊了。

师：是什么感觉？

生：钻心的疼呀。

师：你仿佛听到了什么？

生：好多人在呼叫。

师：怎么喊的？

生：救命啊！

师：希望谁来救你？大家一起喊！

生（众）：爸爸……妈妈……

（在学生默读第二段后）

师：女娲为了补天，做了哪几件事？

生1：找雨神降雨灭火，……（学生还没说完，教师便将话筒递到另一学生面前。）

生2：第二件事是造了船，……（同样，学生还没说完，教师又将话筒递到另一学生面前。）

生3：……

以上教学片断，教师实际上是围绕"女娲为什么补天""女娲补天做了几件事"来说话，看起来也有"师生对话""生生对话"，学生发言也很积极，课堂气氛很好。只是，我们发现：课后让学生表述"女娲为什么补天"和"女娲补天做了几件事"，依然说不清楚。究其原因，"练说"不实，仅停在表面，虚而空。这样一问一答，学生发言基本不动脑筋，于是，思维未得到训练，语言运用能力未得到最大限度的训练。

如果上述环节在教学时，不拘泥于枝末细节的小问题，只设置开放的"大问题"——"女娲为什么补天""女娲补天做了几件事"。在任务的导引下，提示学生按照一定的言语结构方式来练说，整体思考，整段时间准备，整体练说，整段表述，说完整，人人说，就能有效避免只言片语地、零碎地、思路混乱地说，从而使"说"落地，练实。那么，以上教学片断可做如下调整：

请用这样的模式练说：

天塌了，出现了_____的景象。我从_____这个（些）词，仿佛看到了_____；仿佛听到了_____；我感受到了_____。

女娲为了补天，做了这样几件事：

第一件，_____。

第二件，_____。

第三件，_____。

同样，传统课堂"练读""练写""练积累"也是奔着"教懂"而去，停在表面，未落实到位。因此，课堂教学中，学生语言运用能力、读说写等能力的训练，以及从文本语言中所受到的人文熏染，没有得到真实兑现。而这些，恰恰是语文教学最重要的部分。

其实，"传统"语文课与"练能"语文课，教学思维大相径庭："练能"

课凭借文本，最大化地让学生进行言语学习运用（积累）和听说读写训练。在这个过程中顺带读懂文本。"练能"为显，"教懂"为隐；"练能"为主，"教懂"为次，"教懂"是在"练能"的过程中实现的。"练能"是目标与过程，"教懂"是中介与桥梁。着力"练能"，课堂就实；偏重"教懂"，课堂就虚。"教懂"只为一"鱼"（这一篇课文）而事，"练能"则为所有"鱼"（天下文章）而事"渔"，获得语文能力，提升综合素养。

四、串讲串问式教学，有效性是怎样丢失的

在传统的"问答"式、串讲串问教学中，课堂的有效性在教师的不断提问、学生的不断回答中，大量丢失。整堂课下来，课堂效率极为低下，相当滞碍学生的生长。传统"问答"式教学有效性是在哪些地方、怎么丢失的呢？如图所示：

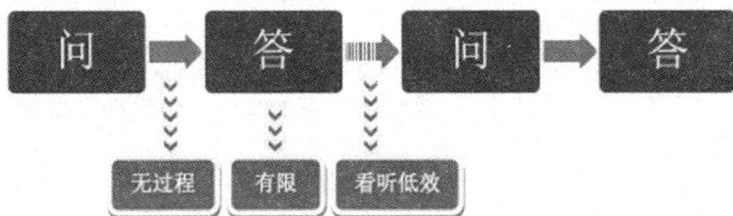

根据上图，笔者对传统"问答"式教学有效性的丢失过程，做以下解析：

（一）问答之间无（短）过程，丢失有效性

传统教学中，教师喋喋不休地讲、千万次地问。通常教师一问完，便马上要求学生回答，很少有教师能够经历耐心等待的过程，当然也鲜有在提出问题后，提示怎样充分自学、准备展示的方式再放手给学生准备的过程。在师生的一问一答之间，学生仅在短短几秒，最多十来秒的思考时间内就要给教师得出答案来，这段时空内，基本没有或有且仅是短暂的过程性动作。学生在回答问题之前，丢失了他们循目标、路径、方式充分自学，同伴或小组合作共学的过程，丢失了思维整理、求知论证的过程，丢失了动手动脑动口解决问题，并拟用多种形式充分准备而等待展示的过程，丢失了自主、合作、探究等能力历练的过程。

传统教学问与答之间的无过程或短过程，就如同常常将一个苹果嚼也未嚼，或仅嚼一两口便吞进肚里，不但会引起消化不良，也会引起身体各消化器官的功能退化甚至病变。课堂在频繁的问答推进中，学生无自学、自练，无充分准备，也就直接导致答的低效。

（二）问后即答，答之有限，丢失有效性

问后即答，答之有限。因在教师提问之后，无充分的问题思考、语言组织、多方式展示学习结果的准备过程，所以学生的回答质量相当有限。其有限性体现在多个方面：

1. 语言表达有限

学生听到问题后，因为要在短暂的时间内举手作答，自然没有足够的时间消化问题，只能简单空乏地回答；学生没有足够的时间组织语言，只能只言片语，甚至杂糅无章地回答。在这样的情况下，学生的回答便显得单一、枯燥，就更谈不上用丰富多彩的辞藻、生动多样的方式，甚至是用结构化的言说形式去提炼语言、精彩展示了。可见，"问答"式的教学，不仅让课堂丢失了语言渲染的趣味与魅力，更让学生丢失了运用语言、表达自我的机会。长此以往，只会让课堂愈来愈无趣，学生日常用词用语愈来愈单调。

2. 学习过程与结果展示有限

（1）学生的回答除了语言没有更多的呈现。在传统"问答"式教学中，面对教师"是不是""是什么""为什么"等的提问，学生都是以点状化、碎片化和零散式语句来回答的，难以有一个具体的、完整的、表现方式独特的学习过程与结果展现。学生究竟学会了没有，学会了多少，是否完全学会，无法具体、生动地显现出来。丢失了学习过程与结果呈现的简单回答，终究无法让教师看到学生对教学内容的具体掌握程度。

（2）智力因素发展受限。课堂教学在学生只言片语的回答中，不但丢失了学习过程与结果的呈现，也丢失了学科技能性能力、表现力、学习能力、实践能力、创新能力和思维能力等智力因素的历练机会。在传统"问答"式教学中所丢失的学科技能性能力和学习表现力，是能力系统的表层部分。如语文学科，因简单回答丢失了好好读——读到位、好好说——说清楚、好好写——写扎实等能力历练；如，数学学科，因简单回答丢失了动手操作、运算、发散思维及结果演现等能力历练。传统课堂教学学生参与方式主要是语言回答，少有运用创新性、发散性的思维方式进行写、画、演、折、剪、拼、阅读、实验等，能力系统的中层部分——学习能力、实践能力和创新能力等自然不能得到充分发展。

能力系统的核心层面是心智，重点是思维能力。能力系统中显现出来的读、说、写等技能的历练缺失，直接指向的是思维能力历练的有效性丢失。语言及相关符号或动作演绎是思维的外壳。教师随意零碎地问，学生忙于回答，答的语言支离破碎、无结构，更没有辅助表达的结构化、外显化、可视化的操作演绎与图示图表呈现等，很显然，思维能力的历练自然也是极其低效的。

（3）非智力因素发展受限。在传统的"问答"式课堂中，学生要么利用举手的机会回答一句或几句，要么跟着群答一个字或几个字，完全没有通过个人努力或小组合作，运用读、唱、演等多种多样的方式，大胆创新、精彩表现，即使是回答了问题的学生，其生命个体也无法获得表现欲的完美释放，连带能力显现的各种非智力因素，如创造性、个性等，自然也难以得到充分的彰显。而那些长期只能当听众观众的学生，其生命个性长期被压制在枯燥、乏味的课堂中，其兴趣、动机、自信心、阳光心态或心理、积极的情感、自主性、自律自制、能动性、个性、合作精神、律己敬人礼仪和创造性等非智力因素发展也自然会被压制。

3. 学生参与有限

在传统的课堂中，我们会发现一个很突出的现象：举手回答问题的都是个别比较优秀的学生，就仿佛教师教学的对象都是针对这些优生。大部分的学生，也就是中、差生，一般都并未参与到课堂学习中。课堂中，教师与优生问答激烈，而剩下的这群中差生只能束手坐听、默默观看，他们常常是不为情景所动，难以步入"精英角逐"的"上流社会"，他们最多就是在群答时，随大流地跟着张张嘴，或者在群读时，在不见得用心而动情的状态中读读书（读望天书）。这种教师只重视优生、基本忽略中差生的现象，对于课堂中的生命体来说，是极为不公平的。传统教学中的教师问优生答，丢失了班级中的人人参与，丢失了教师对中差生的重视，丢失了对每一个生命个体的公平待遇。

（三）问答推进，看听式学习，丢失有效性

在问答与问答之间的环节中，通常都缺少了学生的系统操练，缺少了对各类学生的学习检查过程，缺少了师生间、生生间无差别的充分互动，从而对各类学生来说，课堂都丢失了对学生知识掌握与能力习得的强化。更重要的是，师问生答，答完再问，问完再答，班级里的中等生、差生成了一群欣赏教师与优生"表演"的听众与看客。课堂中，主要靠听与看来学习，是最低效的学习方式（没有"之一"）。师生问答完一个问题后，教师又接着问下一个问题，在此期间，丢失了对中差生知识的当堂过手，能力的扎实训练，从而让中差生在只能听与看的学习状态中，学不会、记不住、练不熟。问答式教学是导致教学两极分化的直接原因。中差生长期处于听众、观众地位，在课堂学习中无疑被边缘化，他们不仅学不好，而且在心理上还会长期受到

"有我不多、无我不少"的暗示，自信心、阳光心态的形成即是无本之木，让每一个学生生动活泼地发展更是空中楼阁。

我们认为，不改变"问答"式教学、以串讲串问推进课堂的方式，要提高课堂的有效性，几乎只能是空想；不消除"问答"式教学、以串讲串问推进课堂的方式，要实现课堂教学改革的状态，基本无从起步；不根绝"问答"式教学、以串讲串问推进课堂的方式，要将"精英教学"转向为公平教学，简直无法落地。

第二节　基于语文核心素养，语文课应该大转型

一、教学的知识中心转向能力中心，内容理解型转向能力历练型

语文课程是一门学习语言文字运用的综合性、实践性课程。工具性与人文性的统一，是语文课程的基本特点。语文素养是学生在积极主动的语言实践活动中构建起来并在真实的语言运用情境中表现出来的个体言语经验和言语品质，是学生在语文学习中获得的语言知识与语言能力、思维方法和思维品质，是基于正确的情感、态度和价值观的审美情趣和文化感受能力的综合体现。基于语文的核心素养，语文课就应该大转型。多少年来，课堂教学在"知识中心"的教学大格局下，课堂常态始终是"教知"，教师都是在围绕"知识"做事，师生的行为常态一般是：教师串讲串问，大部分学生坐听看，偶尔应答几句。

按照《国家中长期教育改革和发展规划纲要》在"教育改革发展的战略主题"中提出"能力为重"的要求，"知识中心"教学格局要扭转为"能力中心"，相应的"教知"课堂应该转换为"练能力课堂"，也就是说教学从知识中心转向能力中心。"知识为中心"的教学，是以知识的传授、传承为本，不是以学生发展为本，教学的主体错位使得学生不能得到良好的发展。学生要怎样才算得到良好发展？那就是"主体精神得到唤醒，自主性、能动性和创造性得以彰显"，那就是对学生的能力的唤醒。人才特征的"知识性"——已经更新升级为"能力性"了；培养方式的"传授性"——已经刷新为"教学在交往与对话中实现"，通过学生自主学习、合作学习和探究学习来实现进

步与能力的激发；语文教学以培养学生听说读写的能力为主，主要概括为：学习能力、实践能力和创新能力。学生运用教师教会的学习方法，自主学习、互动交流、强化训练，教师教知识弱化为"少"甚至"无"，所教内容主要集中到"方法"，常态化的角色行动是组织和引导学生在自主活动中练"能力"，重点是语文的能力，更包括整个学习能力乃至实践能力和创新能力等。

促进每一位学生的发展，是语文课程改革的灵魂，是新课程的核心理念。这一理念意味着我国基础教育，必须谋求所有适龄儿童平等享受高质量的教育，必须尊重每一位学生个性发展的完整性、独立性、具体性、特殊性，让每一位学生的个性都获得充分发展。

其实语文教学实施就是要关注每一位学生，语文教学要把每一位学生都看作是生动活泼的有独立人格尊严的人，既关注他们的情绪生活和情感体验，培养其学习态度，树立其学习信心，又要关注学生的道德生活和人格养成，使教学过程成为学生一种高尚的道德生活和丰富的人生体验。语文教学怎样才能消除课堂交往中的不合理性，建立起合理的交往呢？应在以下三方面转型：

第一，教师由教学中的主角转向"练能的牵引者"。

教学的过程是师生共创共生的过程，是师生平等参与教学的过程。教师要打破"教师中心""课堂主角"的旧思想，在民主平等的学习氛围中引导学生自由表达、自主探索，从"师道尊严"的架子中走出来，从居高临下的权威者走向平等的、激发学生潜能的、培养学生各种能力的牵引者。

教师参与学生学习活动的行为方式主要是观察、倾听和交流。通过观察学生的学习状态，照顾差异，调控教学；通过倾听学生的心声，让学生体验到尊重；通过交流，分享彼此的思考、见解和知识，从而达成共识、共享、共进。

第二，从传统的知识传授者转向学生能力发展的促进者。

教师作为知识传授者，基本职能是"照本宣科"，无视学习的主体。这不仅不利于因材施教，更谈不上发展学生的兴趣、爱好和特长，促进每一个学生综合素养的提高。教师作为学生发展的促进者，就应积极创设自主、探究、合作的空间，建立和谐、民主、平等的师生关系，组织学生发现、寻找、搜集和利用学习资源，引导学生设计恰当的学习活动，激活进一步探究所需要的先前经验，实现课程资源价值的超水平发挥。

第三，人人当小老师，构筑"自学自练"的展练课堂。

自主课堂的终极追求是唤醒学生的自主意识，使他们的主体精神觉醒，

从而实现自主学习、自我教育，让生命自为成为现实。教师将讲台让给学生，让学生"人人争当小老师"，"人人轮流上台"，常态化地成为学习的主人（真正课堂的主角）——整个课堂成为了学生练能的舞台！这样的自主展练课堂，最彻底地解决了自主学习、合作学习的动力，为"存在感""表现欲""学习的双向需求"的满足而学。

"人人当小老师"的自主展练课堂，是最彻底的课堂翻转："知识中心"转变为"能力中心"。

所以说，要根本改变知识中心、知识为重的教学状态，"教知"型的教学必须扭转甚至裂变为新的教学状态——"练能"。能力为中心的教学是对现行教学格局与状态的颠覆和重建。能力教学固然也要让学生获得知识（包括学科技能），但它不止于让学生获得知识（技能），而是让学生获得知识的过程中，更有效地获得能力的历练与培养。在练能教育的状态下，学生的发展效益是：各方面能力的全面提升，内在潜能（特别是创造力）的充分开掘，自信、阳光的德行人格的良好铸就，以主体精神唤醒和主体性生长为内在要素的生命发展就会真切地落到实处，所以说能力培养才是硬指标，能力生长才是硬道理。

二、基于语文核心素养，能力培养如何切实兑现于课堂

《教育部关于全面深化课程改革落实立德树人根本任务的意见》文件中有个引人关注的词：核心素养。何为核心素养？简言之就是指人们在社会生活需求中通过训练和实践而获得的不可或缺的知识、能力、态度等方面的素质与修养。小学教育目标特别强调要培养小学生的核心素养，即培养学生应具备的适应终身发展和社会发展需要的必备品格和关键能力。从语文科来说，基本素养包括：语文能力、语文积累、语文知识、学习方法、学习态度和良好习惯以及认识能力和人文素养等方面的综合体现。其中核心素养就是语文实践能力、语文学习方法、良好的语文学习习惯。学习习惯是通行绿卡，学习方法是高铁车道，实践能力才是终极目标。

语文实践能力涵盖了阅读能力、语言交际能力、倾听能力、写作能力、思维理解能力、创新能力、审美能力等，概括起来七个字：读、说、听、写、思、新、美。阅读课堂是围绕这七个方面的能力素养展开，是语文核心素养切实兑现于课堂的主渠道。那么，能力培养如何切实兑现于课堂呢？练能式高效阅读教学告诉我们可从以下几方面着手：

（一）注重学习内容整合之美

《资源大整合》一书中说道："资源整合就是借，借万物以御天下，借他人之花献自身之佛，借亲朋好友之助登事业之巅，借天时地利之和圆成功之梦。"练能式语文阅读课堂注重课外学习内容和课堂文本内容的有机整合，注重完成课堂学习任务与培养学生终生发展相结合，把课外实践知识和文本内容进行和谐相融。在练能式阅读课堂教学中，教师忠实于教材，有效利用文本，但不局限于文本内容。秉承语文即生活的理念，引导学生在生活中学习语文，在课外自我实践中积累知识经验，在生活中自主攫取语文知识，满足自我不断滋长的求知欲。在自主练能式阅读课堂教学中获取指导自我实践的知识，在共同合作探究的课堂阅读中展现自我掌握的知识，汲取同伴引练的知识，把自主攫取和同学共探的知识相融递加，增长探究知识的能力，实现"$1+1>2$"。

（二）诱发学习主体灵动之美

练能式语文阅读课堂的教师注重因材施教，实施分层教学，充分发挥学生的潜能。教师用渊博的知识、过硬的业务水平、高尚的品质、严谨治学的态度，以及较强的学识吸引力、课堂把控能力、理性用人能力，诱发学生自动、齐动。每节课的教学进度和深度都建立在适合学生的知识水平和接受能力的基础上，充分考虑学生的个性差异，围绕分层、分步培养学生语文核心素养来进行设计，以此照顾学生差异，优化学生资源，实现学生人人参与、自主参与、积极参与。每节阅读课都注重课堂直观性、形象性、趣味性和艺术感，把学生的一切感官功能调动起来，让课堂充满鲜活、充满灵动，让他们在轻松、愉悦的氛围中学习，获得自信，进而提高读、说、听、写、思、新、美等能力。学生由被动接受变为主动学习；教学过程由传统的"灌输式"阅读课堂教学转变为充满情趣的练能课堂，让学的主体——学生，在阅读课堂中学习任务灵动，学习活动灵动，学习方法灵动，使阅读课堂成为充满灵动生命力的课堂。如，在《地震中的父与子》阅读教学中，某老师是这样下达自主学习任务的：不善表达、基础较差的学生，负责识字、解词，排除阅读障碍；说话风趣、喜爱表演的，负责课本情景剧的编导；语言理解能力强的，负责重点句段的剖析；组织能力强的，主持阅读展练课并组织选点练能；喜欢探究的，负责搜集地震的相关资料和课中拓展，让同学们获得课本外的知识；善于表达、喜爱写作的，分配到各小班负责指导随课微写……整个阅读教学在课前自练、小班探究合练和大班交流共练的三个环节中，都充分利用了教学资源和学生差异，让学生人人有事做、事事有人做，各尽所能、发挥特长。

（三）发挥课堂元素优化之美

传统阅读教学中，语文教师千方百计地致力于教，自己绞尽脑汁地构思：怎样讲才让学生阅读思维能力快速提高。在阅读课堂中，教师大包大揽，希望学生在"我讲了后"能有满意的理解。最终，教学串问串答后的最佳效果是：少数专心听讲的优生"懂了老师讲过的"。老师没讲过的，反映在学生的阅读理解中，便成了断章取义，缺乏准确性；望文生义，缺乏深刻性；以点带面，缺乏完整性；生搬硬套，缺乏灵活性。因此，简单的问题，一旦稍微变异就卡壳了。老师一次次的简单希望，总是变成一次次失望。在练能式阅读课堂教学过程中，教师优化课堂结构，优化课堂学习活动，优化教与学的角色出台时机，最大化发挥教师的设计创意、魅力感染、示范引领，小老师的同化促动、导练助学，班组同桌学生间的差异互补、互督共勉，课堂资源的支配促进，课堂气氛的催化等课堂自主学习元素的优化作用，把课堂做真、做实。练能课堂中，教师任务化、活动化、递进式地扎实做三个"好好"——好好读，好好说，好好写。学生的语文核心素养得到了全方位、立体化的培养，课堂教学效果自然很好，并在扎实的练能环节中，发挥出语文核心素养的最佳化学效应：论读——轻重缓急、抑扬顿挫、有滋有味。论说——口若悬河、滔滔不绝、妙语连珠、绘声绘色。论写——在习作时机上，随课选点、随堂微写、即兴奇想；在写作时效上：话如泉涌、下笔如神、一挥而就；在习作内容上：妙笔生花、趣味横生、真情实感……

（四）彰显文本选点示范之美

中小学语文教材上的课文，大都是语文大家的经典篇目，再经过众多专家的研讨审核，文本的示范性毋庸置疑，文本所表现的语文核心素养更是综合呈现。练能式语文阅读课堂的教师，践行文本的示范功能，或抓住文本构段谋篇之美；或选择文本遣词造句之精；或定点文本特写之妙，在练能式阅读教学中，动态地选择利用素材，引导学生就需选点，深挖细品，活用文本有魅力的素材，进行牵引练能或自主练能，开展师生或生生互动，高效地、有重点地、有步骤地培养学生语文核心素养。

（五）营造学习活动快乐之美

俄国批判主义作家果戈理说过："快乐，使生命得以延续。快乐，是精神和肉体的朝气，是希望和信念，是对自己的现在和未来的信心，是一切都该如此进行的信心。"可见快乐是人自主的动力。灌输式阅读课堂讲求强逼、死灌。练能阅读课堂追求乐学、自主。只有乐意干的事才能主动地干好。教学质量高的课堂是学生乐意自主探究，充满快乐的生长课堂。学生欢迎度最高的教学特色是风趣、幽默、好玩、生动。练能课堂的创始人熊生贵老师说过："语文教学的最高境界是好玩。"好玩，就是把教学上升到艺术的境界，上升到随心所欲的境界，上升到乐学的境界。教师禁忌灌课，力避闷课，避免审美疲劳。追求学中乐，乐中学。讲求教学艺术，学中玩，玩中学，立体化培养学生的语文素养。

练能式阅读课堂，大都是好玩的课堂，学生围着学习任务玩，教师引导学生把学习进程变成富有生趣、积极互动的快乐活动，充分地把学生主动学习的激情诱发出来。如，把课文编成课本剧演出来，把教学环节设计成逐步推进的好玩活动……把语文核心素养渗透于学生喜爱的活动中，课堂气氛活跃了，学习效率提高了。这样的阅读课堂无疑是将能力培养切实兑现的最佳渠道。

（六）创生行为联动互助之美

在传统的教学模式中，学习行为单一。阅读教学只为读，作文教学只为写，学生的阅读能力与写作能力培养孤立断层，有些学生有较强的阅读能力，却欠缺写作能力；有的学生有较高的写作技巧，却又不注重阅读，写作无法发挥到极致。练能阅读课堂不仅主张随课微写，把阅读与作文联动，以写带读、以读促写，还在习作教学中贯穿阅读，把读、说、听、写、思、新、美等学习行为高度整合，提高学生语文综合素养。

例如，在人教课标版五年级语文《改选班干部的发言稿》教学中，传统教学为写而写，一般这样进行：1. 教师讲解什么是发言稿。2. 教师讲解竞选班干部的发言稿的格式：（1）称呼；（2）问好；（3）介绍自己；（4）竞选什么；（5）选举态度；（6）致谢。3. 教师提出写作要求。4. 学生写作。5. 教师批改。但练能式课堂教学讲求说、听、写等学习行为联动，往往是这样组织教学的：1. 师生、生生互动谈话——假如你想竞选班干部，你想竞选哪个职位？自己想想你有哪些优势可以告诉同学们，能让多数同学投你一票。假如选中你怎么干才能不辜负投票人的心愿；没被选中的话，你会怎么做？2. 观看《竞选班干部》实录视频，感知竞选班干部怎样陈说自己的优势，你的发言才更有说服力，学习发言稿的写法。3. 阅读几篇发言稿，关注发言稿的格式。4. 自己动手写发言稿。5. 召开一次仿真竞选班干部会。（要是把这次习作和班上正式竞选会时间结合，正式的竞选会效果能更好。）6. 修改完善成文：先自改，再同桌互助修改。7. 展读自己的发言稿。一次应用文写作教学任务就在这样的快乐活动中完成了，其语文素养的提升效果一定比单一式、灌输式的课堂更好。

　　总之，要培养学生的语文核心素养，教师必须在语文课堂教学中更新教法，把课内外学习内容和教学资源进行整合，照顾学生主体意识需求，营造课堂快乐氛围，充分引发学生学习语文的内动力，构建行为联动的练能式阅读课堂，才能最大化发挥有利于培养学生语文核心素养的各种课堂元素的化学效应，实现立体练能。也只有在课堂教学行为中重点关注语文核心素养的培养，才能让能力培养切实兑现于课堂。

第二章
练能语文课：让练读说写成为课堂常态

第一节　练能语文课操作模式:ZX·(4＋N)

一、让练读说写成为课堂常态

聚焦学生发展核心素养，走向核心素养为本，成为近些年来基础教育课程改革的国际趋势。所谓核心素养，就是指学生应具备的适应终生发展和社会发展所需要的思维品质和关键能力。学科核心素养是核心素养在特定学科的具体化，是学生学习一门学科之后所形成的、具有学科特点的关键成就，是学科育人价值的集中体现。具体到语文学科，核心素养是语文能力、语文方法和语文习惯的养成，其核心素养之重点则是读说写方面的能力。

语文阅读教学应从"教知"转向"练能"。然而，传统的阅读课堂，教师往往非常注重课文内容的把握，教师在课文内容上花费了大量的时间，一堂课下来，留给学生的仅是课文主要讲了什么。这种"教懂型"课堂常态典型的特点是：教师处于表演者状态，教学内容多且零散，教师问得多、讲得多；学生处于观众状态，听得多、答得多，学生与教师之间也有互动，但学生的言语基本功之听、说、读、写能力以及其他能力被虚空，致使教学耗时而低效，学生语文能力差。以人教版小学语文三年级下册阅读课《七颗钻石》第一部分为例，我们经常看到这样的上法：

师：这篇课文主要讲了什么呢？谁来说一说？（抽两三个学生）

生1：小姑娘找水的事。

生2：水罐发生了很多变化，最后水罐里的水变成了天上的星星。

生3：水罐变成了银的，又变成了金的，最后里面的水变成了天上的星星。

师：同学们，你们觉得这些变化怎么样？

生：太神奇了！

师：为什么水罐会有如此神奇的变化呢？从一次次神奇的变化中你体会到什么？

生1：……

生2：……

生3：……

师：小姑娘为什么哪儿也找不着水？

生：发生了大旱灾。

师（出示句子）：你感受到了什么？通过哪个词感受到的？

生：旱灾非常严重。"所有……都……"

师：在如此干旱的情况下，活着的花草树木最需要什么？活着的人和动物最渴望的是什么？此时，水意味着什么？

生：需要水，水意味着生命。

师：可是地球上已经没有了这生命之水，所以小姑娘哪儿也找不着。累得倒在沙地上睡着了。此时你又体会到什么？应该怎样读呢？

生（读）：一天夜里，一个小姑娘拿着水罐走出家门，为她生病的母亲去找水。小姑娘哪儿也找不到水，累得倒在草地上睡着了。

师：空空的水罐竟装满了清澈新鲜的水。此时小姑娘的心情如何？理解"喜出望外"，她渴吗？她想到的是什么？她是怎么做的？从中你体会到什么？……

教师在抽取几个学生简单地说了说课文主要内容之后，则带领着学生层层剖析，按课文主要内容的次序进行讲析，抓课文内容及主题思想，期间，推进教学的主要方式是问答和讲述。一篇文章下来，学生收获的可能仅仅是水罐发生了许多神奇的变化，是小姑娘的爱心创造了一个又一个奇迹。主要内容懂得了，中心思想明白了，仅此而已。

其实，我们应进一步追问，阅读课仅仅就是让学生懂得课文主要内容吗？非也！

语文阅读课应围绕学生学科综合素养——听、说、读、写能力的训练来层层展开。因此，我们更强调语文阅读课的一种新上法——以文本为依托，练读、练说、练写，积累与运用。这种"练能"课凭借文本，最大化地让学生进行言语学习运用和听、说、读、写训练。教师引导学生，不止于让学生整体把握课文主要内容，而是让学生在课文阅读的过程中，更有效地获得能力的历练与培养。教师给学生提供方法，给予学生时间，引导学生在研读文本的过程中好好地说、好好地读、好好地写，并且让练读说写活动经常化、常态化，长年累月，学生的"读之能""说之能""写之能"在一次次学习活动中得到历练，语文能力匀速增长，积少成多，聚沙成塔。

常态化"练能"课堂怎样操作呢？

我们探索到的常态化"练能"课堂操作模式是：ZX·（4＋N）。"Z"指整体感知课文主要内容，课文的学习，首先得搞清楚课文主要讲了什么，引导学生用多种方式概括课文主要内容，如：小标题法、画流程图法、结构化板书法、围绕课题自问自答法、段意概括法等等，学生既了解了课文大意又习得了抓住文章主要内容的方法。"X"指选点练能，选取文章中适合言语学习和能力训练的部分，让学生进行言语学习运用和说读写训练，并在此过程中深读文本。"4＋N"则是选取练能点，如，适合朗读的文段、适合练说的话题、适合练写的情境，对学生进行语文能力的训练。"4"是阅读课的保底做法，即练读、练说、练写、练积累。"N"是指丰富多彩的活动，如画一画、唱一唱、演一演、算一算、议一议、做一做等，这样的课堂既立足练能，又妙趣横生。

常态化"练能"课堂的操作关键是：读好，说好，写好。

（一）好好读

选取文章中适合朗读训练的部分，进行练读，为"读好"而读，为提升读的能力而读，为把文章读准、读通、读顺、读出感情而读。对学生进行"读"的训练，我们必须要经历这样一个层层推进的过程：1. 读准文段中难读字的字音；2. 读通文段的句子，读流利；3. 读出感情，读出韵味，读出精彩。要做到这些，就必须研读文本，通过字词句段的学习，读懂文本内容，体会作者情感，再入情入境地诵读。以《七颗钻石》为例，练读课文第三自然段：

第一步：读正确。

提醒大家注意"竟""凑""递给""舔净""涌出""一瞬间""咽了一口唾沫"等字词的读音，通过读一读、考一考、练一练等方式读准字音，做到字正腔圆。

第二步：读流利。

引导学生紧扣四次"神奇"，运用朗读符号标注怎么读，练读。提示轻重缓急、抑扬顿挫的朗读符号可以是：停顿：/；重读：▲；语调上升：↗；下降：↘；时间拉长：～～；语气渐强：＜；渐弱：＞等。

例：

她以为，水/一定都洒了，但是没有，罐子/端端正正地在地上放着，罐子里的水/还是满满的。

▲▲

当/小姑娘/再拿水罐时，木头做的水罐/竟/变成了银的。↗

▲

就在这/一瞬间，水罐/又/从银的/变成了金的。↗

▲▲▲　　　▲

这时/突然/从水罐里/跳出了/七颗钻石，接着/从里面/涌出了/一股巨

▲▲

大的清澈而新鲜的水流。↗

通过"任务——自学——交流——自由练——合作练——展示"这一循序渐进的过程引导学生读流利，读出轻重缓急，读得抑扬顿挫。

第三步：读懂内容。

引导学生运用关键词法和联系上下文法，体会小姑娘看到水罐一次次变化的惊喜和惊讶。引导学生完整地表述，通过交流读——领读——练读的方式在读懂的基础上朗读，在朗读的过程中深入理解文本内容，体会故事的神奇。

结构化言说：我从_____（哪个字、词、句）_____体会到_____

_____，我要带着_____的语气读_____

_____。

第四步：读出感情。

引导学生带着体会带着情感整段诵读，示范读——练习读——展示读——配乐齐读。

在这一段的处理中，教师带领大家从词到句层层推进朗读：读准——读通——读懂——读美。从字到句，从义到情，整个练读过程是生成语感，即语象感、语义感、语情感的过程。在读的过程中不仅注重朗读方法的引领，更重要的是"练"，自由练、合作练、展示练等多种方式练到位。

操作秘诀概括为：读准、读通、读美，层层推进；抽读、自由读、示范读、展示读、合作读、配乐读等多种方式，人人练读。

（二）好好说

练说绝不止于简单零散的答问，而是系统的、整段的"说"，这不仅是对说的训练，更是一种思维的体操。说，也不是几个学生得到说的机会，不是

几个学生说得好，而是尽量地让每个学生说得好。以《七颗钻石》为例：

练说课文第二自然段：

第一步：引导大家自由读第二自然段，边读边注意事情发展的先后顺序。

第二步：小组合作，按课文叙述拼图：

将每一句话做成小图片，配上关键字，打乱了放，请学生按课文顺序摆放正确。

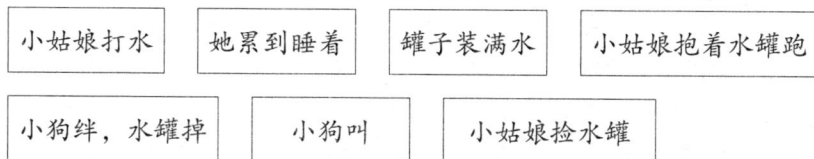

| 小姑娘打水 | 她累到睡着 | 罐子装满水 | 小姑娘抱着水罐跑 |

| 小狗绊，水罐掉 | 小狗叫 | 小姑娘捡水罐 |

第三步：在小组内，看图的排序，同桌互说，说清楚事情的经过。

第四步：抽说，做到每个孩子都能说清楚。

第五步：丢掉图片用自己的话说，说清楚。说给同桌听，说给自己听。

这一自然段的处理，教师注重引导学生按顺序述说故事，首先自由读文段，对文段形成整体印象；然后分发打乱的图片，排序；接着小班内根据"拐杖"式的图片说清楚事情发展的经过；最后丢开图片，用自己的语言进行个性化言说。"说"不是只言片语的说，而是完整说，故事类的文章非常适合进行复述式练说。

操作秘诀概括为：整段说，完整说，人人说。

（三）好好写

常态化的练能课堂注重读中有写，要求课课必写，天天一练。写，绝不是整篇文章的写，只能是片断式的写，写几句话就行，我们称之为"微写"。它的目标在于练笔，在进行阅读教学的过程中，随着课堂教学的推进，在教师所组织的课堂情境中，相机完成当堂写作，微写作的动笔时间较短，在课堂教学中能够较轻松地完成。每课一小练，将写作技能训练融入在常态化、匀速而低负担的日常课堂教学过程中，积少成多，聚沙成塔。在《七颗钻石》这篇课文中也可以进行好好写，具体操作如下：

1. 默读课文，找一找，水罐是在什么情况下发生了变化？想一想，是什么创造了这些奇迹？

2. 写一写，完成小练笔。

这真是一个美妙的故事：

在____之后，水罐____，让我看到了_____可以创造奇迹；

在____之后，水罐变成了_____，让我看到了_____可以创造奇迹；

在____之后，水罐变成了_____，让我看到了_____可以创造奇迹；

在____之后，水罐变出了_____，让我看到了_____可以创造奇迹。

原来，创造奇迹的力量就是_____。

3. 小组内整合、交流小练笔，派代表大班发言交流。

这一设计，紧扣文章情景，既深化了文本主题的理解，又使学生"写"的能力得到了训练。

操作秘诀概括为：随文微写，低要求，低难度，重在练笔。

课文无非是学生练能活动的载体，在"知识核心时代"走向"核心素养时代"的教育转型时期，教师教学方式和学习方式的选择，都应致力于学生学科核心素养的培养。学生的能力培养才是硬指标，能力生长才是硬道理，练读、练说、练写理应成为语文课堂的常态！

二、练能语文课小学阶段练读、练说、练写图谱

（一）小学阶段练读的方法体系（图谱）

我们主张语文的阅读课中，不能只为理解内容而教，也不能只是在教懂的过程中顺带地进行所谓读说写的训练，而是以练读说写为活动主轴，从而更好地理解课文内容，增强学生读说写的能力，增强学生学习语言、运用语言和积累语言的能力。

练能式的阅读课，底线做法是落实四个"好好地"：好好地读，好好地说，好好地写，好好地积累。为做好这四个"好好地"，让学生的学习活动富有情趣，同时历练更多的能力，在组织练能活动时，还要配合画、唱、演、操作、演示等丰富多彩的活动方式。

读说写等练能活动，主要是通过运用一定的方法组织活动，让学生操练，动脑、动口、动手、动身，从而形成行为和心智的技能，也就是能力。

于是，我们不禁要深入思考：好好地读，该怎么读？可以通过哪些方法，让学生练，活动起来，读起来，才算是好好地读？同理，好好地说，该怎么说？可以通过哪些方法，让学生练，活动起来，说起来，才算是好好地说？还有，好好地写，该怎么练写？对于小学生来说，应该练哪些写法？

以下是我们思考的，好好地读，该怎么读的方法体系，形成了一个总的可资使用的练读活动参考图谱：

第一部分：抓住文本主要内容的方法

一、文体要素把握法

●把握记事文章"四要素"（或"六要素"）法

●把握写人文章"三要素"法

●把握状物文章"二要素"法

●把握写景文章"二要素"法

二、提要概括法

●分段、概括段意法

●抓中心（或概括）句法

●事物部分划分法

●事情阶段划分法

●概括小标题法

●抓主要内容、概括中心思想法

三、纲要信号呈现法

●结构化板书法

●图示法

●图解法

●画流程图法

●列表格分析法

第二部分：朗读训练法

●四步推进朗读法（读正确→读流利→读懂→读美。）

●符号标注落实八字法（停顿等符号，八字即轻重缓急、抑扬顿挫。）

●朗读情感梳理法（分析文段的情感变化，画出情感曲线图。）

●情景还原朗读法（唤醒文字背后的物象、情理，观照而落实语象感、语义感、语情感。）

●角色朗读法

●情境表演朗读法

●诵读法（还原古人诵读的状态而读，体现平长仄短、虚实相间。）

第三部分：词句文段品读法

一、基本品读法

●勾画批注法

●重点词理解三法（查字词典法或看注释法、结合上下文法、联系生活实际法。）

●深入重点句抓重点词"发胖"理解法（句→词→本义、引申义、比喻义或换词理解→联系、联想、想象……）

●参阅资料品读法

二、品读表现法（即品读后如何将品读结果进行再现、表现。）

●结构化言说法

●复述法

●解释、翻译法（尤其是古诗文句）

●直观（照片、实物）呈现理解法

●动作演绎法

●演示法

●表演法

●画画法、图示法、图解法、画流程图法（因与前面相同，故可集中讲。）

●演说法

●解说法（导游式）

●模拟记者采访法

●辩论法

●实验操作法

●演算法

第四部分：阅读练习法

●现场积累（背诵）法

●设计练习题法

●自问自答法

●知识抢答法

●竞赛巩固法

第五部分：以小练笔促理解法

●在同课文情境中仿写法

●依课文情境变写法

●补白写法

●续写法

第六部分：写作方法解析法

（一）构段方式解析法

●连续结构段

●并列结构段

●总分结构段

●概括具体结构段

●点面结构段

●因果结构段

●对比结构段

（二）谋篇技巧解析法

●立意、选材

●详略组材

●过渡

●照应

●构篇结构（连续结构、并列结构、总分结构、点面结构、因果结构、对比结构等。）

（三）文章开头技巧解析法

●交代四素法

●开门见山法

●提出问题法

●描写引入法

●抒发感情法

（四）文章结尾技巧解析法

●事情结果结尾法

●点明主题结尾法

●展示未来结尾法

●抒发感情结尾法

●描写结尾法

（五）记叙顺序解析法

●时间先后顺序

●事情发展顺序

●变序

●地点转换顺序

●事物类型分类

（六）写人技巧解析法

●一事表人法

●几事表人法

●几品质表人法

●外貌描写法

●动作（表情）描写法

●语言描写法

●心理活动描写法

●托物言志法

●细节刻画法

●慢镜头法

●侧面描写法

●衬托法

（七）状物写景解析法

●说明事物方法（对比、打比方、举例、列数字……）

●动物描写法

●植物描写法

●物品描写法

●建筑物描写法

●场面描写法

●景色描写法

●分解事物法

●追根问底法

●多角度考虑法

●联想、想象法

●动态静态结合法

●借景抒情法

（八）修辞运用解析法

●比喻

●排比

●拟人

●夸张

●对偶

●设问

●引用

●反问

（九）标点符号解析法

（二）小老师口才训练营课程目标与内容（练说图谱）

对象：

小学生。

总目标：

将小学生训练成能说会道、能熟练上台的小老师（展练、带领大家学习）。

目标内容：

1. 让学生喜欢言说，有当好小老师的兴趣，能大方自信地当小老师。

2. 培养学生掌握一定的言说技巧，形成较强的言说能力。

3. 培养学生基本的口语交际能力，在各种交际活动中，能较好地倾听、表达与交流。

4. 让学生学会当小老师，能熟练地进行课堂展练，带领同学们学好知识，练好能力，成为课堂的主人、主角。

培训方式：

活动式，训练式。强调实战，强调展示。

课程内容（图谱）：

一、说的内容

说事——按"四要素"说，讲自己经历的一件事，按规定的主题讲一件事，说一个活动。

说人——自我介绍，按多角度介绍一个人，按一个主题讲一个人物，一事表人，几事表人，抓特点说人，基于一定情境说人物的动作、心理、语言，说人物的外貌特点。

说物——说动物，说植物，说物品，说建筑物，说场面，说家乡食品，说创造发明。

说景——说景色，说自然现象（风雨雷电），说旅游景点，参观。

说想象——给几词想象说，给几物想象说，给提示语想象说，续说故事，接龙说故事。

阅读理解说——说大意，说梗概，说精彩情节，复述，品词析句说，自主提问、自答，抓细节说，补白说，向别人介绍阅读感受，介绍一部作品中的人物，评论一部作品。

二、交际

请求

劝慰

说理

说服

赞美与批评

问候

道歉

拒绝

致辞

围绕主题讨论

即兴发言

辩论

反驳

打电话

带口信（转述话语）

拜访

访问

协商

三、言说技巧

结构化言说——承接结构式，并列结构式，总分结构式，概括具体结构式，点面结构式，因果结构式，对比结构式，分解式，归纳式，概括式，演绎式，推理（测）式，求异式，分析与综合式。

可视化、动作化言说——文字（板书）配说，图表配说，结构图（流程图）配说，动作演示（实验）配说，表演配说。

借助表达方式言说——在言说中恰当使用记叙、描写、抒情、议论、说明。

借助修辞手法言说——在言说中恰当使用比喻、拟人、排比、引用、夸张、设问、反问等。

幽默表达——在言说中恰当使用一语双关、偷换概念、自嘲、夸张、抖包袱、正话反说、俏皮话、颠倒话、歇后语、流行语等幽默技巧。

讲故事的技巧——说话的轻重缓急、抑扬顿挫。

小记者采访

解说员

当导游

推销员——推销物品，推销自己，推销书。

气象播报员

新闻播报员

时事评论员——多角度评论一件事。

课本剧

演小品

相声演员

演讲——演讲稿撰写，演讲的一般技巧，即兴演讲。

当"领导"向大家布置任务

四、展练

训练学生上台讲的礼仪与起承转合

组织台下同学互动练能

生字展练

词展练

篇章展练——主要内容，好好读，好好说，好好写，好好积累。

古文、古诗词展练——读、说、积累。

数学展练

神采飞扬地展练

点评的技巧——台上展练者点评台下同学的学习；台下同学点评台上同学的展练。

面对台上同学展练时如何补充

创新展练

（三）小学阶段"随课微写"练写点图谱

经研究，我们认为在小学阶段，在训练学生写作上，除去"谋篇布局"外，适合在阅读课堂上通过小练笔而训练的，有以下一些写作技能点，这些点因连词成句，连句成段，连段成篇，而帮助学生学会写作，而这些技能点整体架构就成为一个技能图谱，因谱练能，循点练写，从而生成学生的写作能力。

图谱纲要

●写句

成分完整句，"四素（时地人事）"句，陈述句，疑问句，祈使句，感叹句，承接句，因果句，假设句，递进句，并列句，转折句，选择句，条件句，比喻句，拟人句，排比句，夸张句，设问句，反复句。

●构段

承接结构段，并列结构段，总分结构段（总述加三个方面以上的分述），概括具体结构段（概括讲述后再具体说明），点面结构段，因果结构段，对比结构段。

●写作手法

1. 开头方法

交代"四素（时地人事）"开头法，开门见山开头法，提出问题开头法，描写引入开头法，抒发感情开头法。

2. 结尾方法

事情结果结尾法，点明主题结尾法，展示未来结尾法，抒发感情结尾法，描写结尾法。

3. 常用手法

过渡法，照应法，点题法，联想法，想象法，悬念法，动静结合法，夹叙夹议法，托物言志法。

●表达方式

1. 记叙。记叙的三种顺序：时间先后顺序，事情发展顺序，空间转换顺序；顺序与倒叙、插叙。

2. 描写。

（1）写人：外貌描写，语言描写，行为（表情、动作）描写，心理描写，多方面结合描写，一事表人法，几事表人法，多方面品质表人法。

（2）写物：景物描写，建筑物描写，物品描写，动物描写，植物描写，场面描写。

3. 抒情。

4. 议论。

5. 说明。说明方法：列数字，举例子，分类别，作比较，打比方。

（以下**谋篇**方法，是小学阶段应该掌握的，但一般不宜使用在"随课微写"的片断性写作中，我们应该了解：审题，立意，选材，组材，承接结构式谋篇，并列结构式谋篇，总分结构式谋篇，概括具体结构式谋篇。）

三、牵引练能：任务导练式

问答式教学，指向内容或知识教懂，教师问得多，讲得多，学生被动地听和看，疲于应付教师的指令和答问，从而学习效率差。

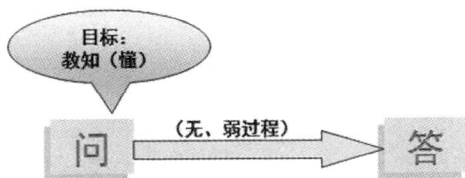

要改变这种状态，根治这种顽疾，就要在以下几个点上改变——1. 教知识、教课文的目标设定要变；2. 提问要变；3. 回答要变；4. 在问与答之间的过程要变。这种变是一种革新，一种升级。

目标升级：由教知（懂）变为练能

就是在教某点知识或课文内容时，不要满足或止于教知、教懂，而是要通过这个知识或内容的学习，历练学生的学习能力、实践能力乃至创新能力。就语文学科来说，直接历练的是读、说、写（及语言积累）技能，及配合读说写的其他综合表现能力；就数学学科来说，直接历练的是读、说、算、观察、操作及与之相配合的综合表现能力。

指令升级：变问题为任务

要革除课堂一展开就提问的习惯，特别是改变零碎、随意提问的毛病。学习指令的发出是提出目标任务，这里面包括提出问题，但不仅仅是呈现问题，还包括提示解决问题的路径、方式，以及解决问题后的结果呈现样式。指令要精心地设计，清楚明白地发出，一次性布置，不要随意变更。

结果升级：变回答为展示（表现或展练）

学生完成任务不是针对问题的简单回答，而是多方式结合的展示，如果表现为说，决不是只言片语，而是整段地、条理清楚地、完整地言说，甚至是结构化言说，配合着言说，还有多种多样的表现形式，甚至是创造性的表现方式。如果将展示升级为展练，那就是展示者在上台展示时，同时扮演着小老师的角色，组织大家学好、练扎实，实现对研习内容巩固、强化、拓展、延伸。展示时，教师是少言语、少作为的，甚至可以在教学环节中淡出、退隐。

过程升级：拉长学生的准备（历练）

为了实现丰富多彩、完整生动的学习结果呈现，显然不能再是问题一提就马上举手回答，而是给予学生充分的自学、自练时间，甚至合作学习，合作排练，力求精彩展示和表现。这种准备过程拉长，甚至可以是，布置任务提前，学生的准备不在当堂，而是在课前。如果学习新知和展示准备都放在课前，那课堂就变成学生展示（展练）的天地，那样，课堂就完全升级了，就是所谓的翻转课堂。

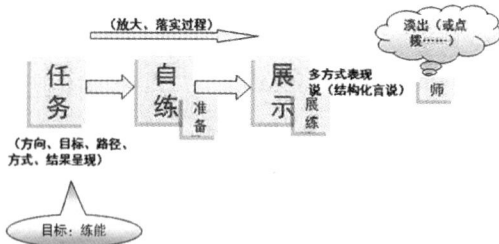

这样的教学展开，就不会再是串讲串问样式了。

如果这种教学仍然以教师为中心、课堂主角来展开，就是牵引练能式教学。牵引练能式教学的基本模型是任务导练式。

（一）任务导练式教学的基本环节

任务导练式的基本环节是：任务——自学自练——展示。

在"任务"这一环节，教师要把习惯上零零星星、逐步提出的繁多的问题进行筛选，围绕一两个精要的问题，把问题转化为学习目标或学习任务，并一次性、完整性地向学生提出，让学生明确学习任务。

这对学习指令（目标任务）的设计来说，就变得重要，而且不能随意了。它的导向、引领和激励作用，都靠教师的精心设计来实现。

例如，针对《威尼斯的小艇》2自然段的设计：

自读5分钟，把握住小艇的特点，注意圈点表现小艇特点的关键词和比喻句。

可选择一种方式展示交流：

1. 用简笔画画出小艇的样子，并紧扣关键词，用自己的话描述它的特点。

2. 可从网上下载威尼斯小艇的图片和我国小河上一般小船的图片，看图，对比连贯流畅地讲述两种船的差异。

3. 将关键词设计成结构化板书，看板书，用自己的话讲述小船的特点。

4. 情景模拟：你回家，妈妈问你："你学了《威尼斯的小艇》，请你告诉我，威尼斯的小艇是什么样儿哟？"请你用动作比画和绘声绘色的语言描述，给妈妈一个最好的回答。

显然这样的设计，就包含着目标任务、学习方式、结果呈现方式等指示或引领。它不是简单地提出问题，完成这样的任务，也不只是简单地回答问题，而需要一种展示，一种运用多种方式的展示，如此展示，其过程和结果就是练能，就是能力的显现。

之后在"自练"或"自学自练"这一环节，教师要给学生足够的时间，让学生在教师的指导与监督下充分地自学自练，为下一步向大家展示学习成果做好充分的准备。

在"展示"这一环节，可以采用学生踊跃争取汇报、交流的方式，展示时可以是个体展示，也可以是学生与伙伴合作展示，还可以提升为小班自主展练。在展示中，配合着教师的点拨、引导，其他学生的补充、争辩，辅之以教师再组织强化训练、再展示，让课堂学习探讨更深入，训练效果更扎实。

（二）学习任务设计的一个关键点

在日常的课堂特别是公开课中体现出的自主学习，往往就是提出一个问题，请大家勾、画、圈、点、说，在书上进行批注……虽然有了所谓的学习任务，也有了方法的提示，但却忽视了对学习结果的期待。这儿，就存在一个长期被老师们忽略的设计点：学习后如何展示、交流。

例如：《卖火柴的小女孩》中的教学片断。

自学提示：

1. 认真默读5～11自然段。

2. 小女孩共擦燃了几次火柴，每次都看到了什么？

3. 你从中体会到了什么？是从哪些语句体会到的？

4. 小女孩为什么接连不断地擦火柴？

……

师：同学们，刚才大家读了5～11自然段，现在我请同学来说说小女孩共擦燃了几次火柴？

生：……

师：每次擦燃火柴都看到了什么呢？

生：……

师：你从中体会到了什么？

生：……

师：从哪些语句体会到的呢？

生：……

师：谁来补充一下呢？

生1：……

生2：……

师：请大家思考一下，小女孩为什么会接连不断地擦火柴？

生：……

这样的教学，学生根据自学提示进行自主学习，学完之后，教师会引导学生进行全班汇报交流，在交流的过程中，教师会再一次把自学任务中的问

题一个一个地提出来，学生呢，当然会在教师的提示下，一个一个地回答。在回答问题的过程中，教师就一步一步往自己预设的答案里面带，如果发言的学生讲得还不明不白，教师就只好补充讲解，或再往下提问。最终师生合作完成汇报，这样的课堂就学生的回答只能是只言片语，观点也是零碎的，整个推进课堂的方式就成了师问→生答→师讲，又问→生答→……

表面上看，学习任务有了，学习步骤明确了，学习方法也点拨了，可是，由于没有结果呈现方式的提示，那学生在进行自主学习的时候就不会明确究竟应该用什么方式来展示交流，只会根据自学提示，依据教师所提出的问题一个一个在书上找出答案来就可以了，所以，在交流汇报的时候教师就会重复地提出问题，学生只需要回答教师的每一次提问即可。

由此可以看出，这样设计出来的自主学习，就是对某点知识或课文内容的教知、教懂，整个课堂教学的推进必然又是串讲串问了。而我们都知道，串讲串问的弊端就是教师问得多，讲得多，学生被动地听和看，疲于应付教师的指令和答问。这样，根本就无法实现把课堂还给学生、让学生成为课堂的主人、突出自主学习、强化学生自学自练、充分表现的新型课堂状态。

1. **为什么会出现这样的现象呢**？

究其原因，是我们在设计自主学习的时候，没有明确意识到学生自主学习之后的结果呈现——这才是最重要的，最关键的。

如果没有结果呈现方式的提示，那学生在自学的过程中就只能是根据教师的学习任务机械地完成，在汇报交流的时候，就必然会出现教师不断地追问，学生配合着回答问题的现象，而对于说不清楚的问题，教师再问，学生再答……整个课堂上，教师讲得太多，根本无从谈起激发学生学习的主动性，培养学生自主学习的意识了。

所以，我们设计的自主学习环节，就是要根据学习任务，通过这个知识或内容的学习，历练学生的学习能力、实践能力及创新能力。就语文学科来说，直接历练的是读、说、写（及语言积累）技能，及配合读说写的其他综合表现能力。因此，设计学生学习任务的目的就不能只是针对问题的简单回答，而是通过积极主动地学习，把学习结果完整呈现。所以，最重要的就是我们需要给学生精心设计出学习之后结果的呈现方式。如果表现为说，就绝不是只言片语，而是整段地、条理清楚地、完整地言说，甚至是结构化言说，配合着言说，还有多种多样的表现形式，甚至是创造性的表现方式。这样，对学习目标任务的设计就变得更重要，我们尤其要关注自主学习过后结果的呈现方式，这就要求教师精心设计，充分体现学习任务的导向、引领和激励作用。

2. 怎样进行课堂自主学习的设计？

课堂自主学习的指令包括学习任务的布置，提示解决问题的路径、方式，以及解决问题后的结果呈现样式。因此，我们自主学习指令需要精心地设计，清楚明白、完整地发出，在汇报要求上也要强调整体性，不要让学生的回答是零碎的表达，要求也不能随意变更。

就拿前面所举的《卖火柴的小女孩》一课来说，我们对 5～11 自然段这一部分的自学设计就可以这样做：

阅读提示：

1. 认真默读 5～11 自然段。

2. 小女孩共擦燃了几次火柴，每次都看到了什么？你从中体会到了什么？从文章中找出相关语句勾画出来。

3. 思考总结后完成下面表格。

擦燃火柴	看到的东西	说明小女孩	她渴望

练说步骤：

以资料链接单为辅助，通过练说单上的"三说"，练说五次擦燃火柴的过程。

练说步骤为：

1. 结合资料链接单大声、大胆地自己练说下列任务。

2. 大声、大胆地和同桌相互练说。

3. 大胆、自信地上台展示说。

一说：看着表格对五次擦火柴过程进行练说。

二说：看关键词对五次擦火柴过程进行练说。

三说：背着对五次擦火柴过程进行练说。

……

显然这样的设计，使解决问题的路径分为三步，学习方式明确——读、勾画、说；方式就包含着目标任务、学习方式、结果呈现方式等的指示或引

领。它不是简单地提出问题，完成这样的任务，也不只是简单地回答问题，学生需要通过自主学习后展示，层层深入地练说，教师给学生提供说话的拐杖，对于学生来说，就增加了自学的欲望，他们学习的结果需要一个展示的舞台，这种展示，是一种运用多种方式的展示，如此展示，其过程和结果就是能力的显现。

通过对比不难看出，后面所修改的自学设计，不仅仅是任务的布置，更有解决问题的途径提示，有汇报交流时呈现的方式，这样，学生们就不再是被动地去为完成任务而学习，他们有了学习成果展示的需要，从而驱动自己主动地去学习、思考，准备展示交流。教师不再是一提出问题就马上要学生回答，而是给了他们充分的自学、自练时间，他们通过合作学习、合作排练，力求精彩展示和表现，整个课堂就成了学生自主活动的天地。因此，学生不但会学会如何学习，还会从学习交流的过程中提升他们自主学习的能力、获取知识信息的能力、创造性解决问题的能力，而语文学科的读、说、写（及语言积累）的技能，及配合读说写的其他综合表现能力也会得到相应提升。

（三）展示时，要重视"练——检"，提升课堂有效性

传统"问答"式课堂是以串讲串问、师问生答的方式来展开教学。教师问、学生答，生答完后，教师根据学生的回答，进行简单的讲评或补充，甚至于讲亦未讲，便开始下一个环节的教学，继续问答。课堂中，只有少数几个优生积极与教师互动，回答问题，而大部分的学生游离于课堂的边缘，静静地坐着、看着、听着，特别是差生。可想而知，这样的教学方式看似是面向全体，实则是"精英教育"，旨在面向优生，而差生们跟不上、学不会、记不住，被课堂边缘化，最终导致优生更优、差生更差，学生两极分化严重，课堂教学极为低效。那么，如何在"问答"式教学中捡回点有效性呢？我们认为，在学生回答完问题与老师进行下一个环节之间，需增加一个环节："练——检"。

这个教法，在牵引练能的任务导练式教学中的"展示"环节，特别要予以重视，并切实付诸实施。

所谓"练——检"，就是在优秀学生展示后，给予充分的时间，让班上的其他学生根据优生的回答与教师的点评、补充，同桌或小组间，或自己对自己进行说、读、记（默记、笔记）、写（书空、写字微写）等练习，或者让同桌或小组间的优生教差生学习、训练，再抽学生进行检查或展示，以期达到人人过关的效果，让课堂中的每一个学生，人人会说，人人会读，人人会记，人人会写……

在教学中增加"练——检"环节，不仅能最大程度化地让学生人人参与，唤醒课堂的主人公意识，从而积极展示、历练自我、发展个性，更能在练能的基础上，保证课堂中的每一位学生（特别是后进生）对知识的理解与技能的习得。

一般的课堂，无论师问生答型，还是生展生练型，都常常是优生的表现时空，一不小心，整个教学行动都是"盯优"式的。增加"练——检"，则是变"盯优"为"盯差"。我们的主张是，课堂，别太快，别太多，等等后进生。"等"就是给后进生时间说一说，读一读，记一记，写一写……让他也懂也会，让他记牢，让他过关，让他跟上，别与优生的距离落得太远。课堂做实，夯实，关键就在这里。

当然，课堂"盯差"并不会"忘优"，更是"升优"。练，让优生也准备更充分，展示更丰富、更精彩，能力显现更强；不仅能让展示的效果更佳，也能在这一环节中教别人学习。教别人学习是最有效的学习，在此过程中，不但能对知识进行加工整理、内化吸收，从而深入理解、牢固掌握，也能历练更多能力，强化合作精神、沟通意识等非智能因素。因此，优生在示范、带领、督促大家学习的过程中，会得到更好的发展。

（四）任务导练式教学的课堂结构是大板块式

拉长学生自学、自练的过程，扩展学生展示（展练）的时间和空间，每一个"任务——展示"的片断，所需要的时间就自然增多了。一个新的问题就来了，要完成原有教师心目中的那么多讲点、问点——教的任务，显然就实现不了了。那，怎么办呢？

解决办法就是删繁就简、忍痛割舍，在语文的篇章教学时，精心取舍，选点练能；在数学学习中，也依然如此，精选重难点处进行深入探究和展示。以探究和展示为主的课堂，注重学生的表现性能力的历练，一课一得或一课两三得，足矣。当然，更多的细微的知识点或必要掌握的学习内容，可通过导学单设计习题，让学生在自学、自练中解决，小班（小组）内交流订正，不必在课堂上通过串讲串问来一一解决。

于是，课堂就成了一种大板块式的教学，不必面面俱到，但每一板块的所学、所展，一定要扎实，历练充分，能力生长明显。

如《威尼斯的小艇》篇章教学一课，可设计成四大组块：

组块一：多种方式回顾主要内容→组块二：小艇的样子，练说→组块三：船夫的驾驶技术精湛，练说，练表演→组块四：静夜威尼斯，练读。

每一板块都用足够的时空去完成。不要零碎、杂乱，不贪多求全，只要

学得扎实，练得深透即可。

以上归结起来说，这是一种针对串讲串问的教法，叫做任务导练式＋板块式教学。

在任务导练式教学的三步展开的过程中，我们主张"四整"。这"四整"的含义是：1. 以大问题引领学生整体性地思考或以大任务驱动学生整体性地学习、自练；2. 给学生整体的文本或学习材料（忌零碎）去整体地理解和感悟，全局性地把握文本或学习材料的内容与要义；3. 给学生整段的时间（忌走过场式的短暂的所谓自学环节）去自主阅读、思考和自主训练，做好展示的准备；4. 让学生整段地表述自己的理解、感受和体会或完整地呈现学习的过程与成果（忌只言片语式地交流），最好是将展示提升为充分准备后的展练。

第二节　自主练能：展练式

我们所讲的练能课堂，有两种操作方式，一是教师牵引练能，即是选点练能，变问题为任务，实施任务导练型、组块式教学。这样的教学不再是串讲串问，而是大问题引领，给学生一项任务，让他们自学自练，充分准备后，再展示交流，在交流中互动学习，扎实练能，课堂也变得比较有效。但是，这对于练能课堂来说还远远不够。这种新型的教学模式，教师要以培养学生学习能力为核心，创造时机，提供时空，大胆地把学生从"学"推向"教"，让学生人人走上讲台当教师，合作教别人，个个都参与，互动练能力。所以，我们需要把任务导练式的操作方式进行升级，也就是我们追求的高级操作方式，那就是自主展练式。

何为展练呢？

这里所说的"展练"不同于平常所说的"展示"。所谓展练，可以简单理解为展示加训练，它要求当小老师的学生个体和小集体（小组或小班），在台上不仅要将自己的所学、所思、所做呈现出来，还要引领台下全体成员一起习练，台上台下形成共同参与、互动练习的学习状态，构成一个学习场、教练场。课堂中的自主展练，使得学生在学习活动中能充分展示才能，体现价值，享受成功，让课堂真正"活"起来。

怎样进行展练设计呢？

以能力为中心的练能课堂，要实现学生在课堂上进行自主展练，我们就要让学生学会如何进行展练设计。

首先是主持人（或助教专家）的导入语设计。

中高年级的课堂主持人一般由学生担任，低年级可以由教师担任。一是导入词要简洁、明了，能激发起学生的学习欲望。导入的方法可以根据教学内容和主持人的特点灵活选用。二是要设计好各小班展练的内容、顺序和层次，设计出展练建议。这里每个小班还要设计好每一个同学的展练内容及任务分配，并有展练方法的提示。

其次是课堂展练设计。

语文科的课堂展练包括字词展练和篇章展练，其中"字词展练"的设计要围绕生字、词，分别从读准字音、记住字形、理解意思和运用四个方面进行，低年级"字词展练"是重点，就可以把"音、形、义、用"拆分成四个小班完成，或一个小班围绕"音、形、义、用"展练一个字或词，有几个字、词就由几个小班上台展练。中高年级可以由一到两个小班完成。

"篇章展练"的设计总的原则要求是：选点练能。所谓选点，就是要给出明确的学习目标和学习内容——学习什么？练什么能？研读重难点文段，落实到关键的句子、关键的词语上进行深入的研读、品味及展开多方面的练能。设计出相关的展练建议，学生们就可以根据自己喜欢的方法、擅长的方式去展练，当然，也要提醒展练者，不只是将文段内容理解呈现给大家，要针对学习语言、运用语言和积累语言等设计活动，有意设计出让大家读、说、写、思考、想象、画一画、演一演、做一做等练能活动，共同练能。

训练学生学会展练。

设计好了展练内容，如何让学生学会展练呢？我们可从以下几个方面入手：

展练训练第一步：教会学生上台的常规礼仪。

我们可以从走路的姿势，上台讲课时的目光，展练时的站姿、手势，讲课时的声音大小、组织说话的语言精炼程度等方面对学生进行训练。

展练训练第二步：常用的基本展练套语训练。

刚开始展练时，学生上台后，往往因为紧张，不知道该说什么。为此，在展练前，我们需要对孩子进行必要的训练，教会孩子使用常用的套语。比如：

1. 学生上台展练的开场与过渡套语：

现在由我们××小班展练，我们展练的内容是××。下面首先请大家看

（听）我……，……我展练完毕，请2号同学（或××同学）继续展练……；我们小班展练完毕，谢谢大家！（或请大家为我们补充或点评）

2. "展"的层面的陈述套语——字词展练：

我们首先来读准这个字（词），大家先听我读；我来给大家分析这个生字的字形结构……在书写时要注意……；跟这个字字形相近的字是……；请大家在（ ）自然段的第（ ）排找到（ ）这个字（词），勾画下来读两遍，再把这个句子读准确……

3. "展"的层面的陈述套语——篇章展练：

请大家看到书的第几页的第几段（第几句）……请听我读一读……；请大家把这段（句、词）进行勾画批注……并体会（感悟……）；我们一起来概括一下课文的主要内容……先请快速读一篇课文……再请同学说说……

4. "练"的层面的互动套语：

请大家看着黑板……请大家看到书上（多少页、多少课、多少段、第几行）……请大家看着我写（画）……；请大家认真听我读（说）……请跟着我读（说）……；请大家做记录……请把它勾画下来……请批注……

以上这些套语可强化训练，有了这些套语作引路，孩子们在展练时就更加容易些，学生上台就不会手足无措了。可能刚开始因为这些套语，孩子们的展练语言都一样，没有什么创新。但是，我们完全不要担心课堂会因为套语而一成不变，因为时间长了，孩子们慢慢就会有很多自己创新的语言来替代这些套语，甚至有了学科之间的迁移，这时，孩子们的能力也就形成了。

展练训练第三步：展练内容的选择和设计。

刚开始展练之前，我们应该给孩子们设计好每个小班展练的内容，甚至是每个小班每一位同学的展练内容，教师都可以在展练案中设计出来。通过长时间的训练，我们的孩子就能在潜移默化中自己设计展练内容。

展练训练第四步：让学生明白"自学——展练"课堂的整个流程，即"自己准备展练内容——小班合作查练排练——大班展练——反馈检测"。

学生在自主合作完成导学案或展练案的基础上，小班长组织在小班内进行查练和排练，最后才在大班进行展练。有了这个习惯的流程后，孩子们不用教师布置，自己都会利用课余的时间进行准备，甚至是查练和排练每一个展练环节。这时，我们的展练学习已基本进入自动化的层次了。

展练训练第五步："一对一"的方式训练，让每一个孩子都能上台展练。

在展练的过程中，总会有一些孩子跟不上队，这是很正常的。这时，作为教师，我们就要设法对这些掉队的孩子进行"一对一"的辅导。当然，这种辅导不一定由教师亲自去完成。

展练中要让学生用多种方式练起来。

在展练过程中，要让学生通过多种方式练起来，实现阅读教学自主展练的优良状态。我们可以通过以下这些方式，让孩子们在课堂上练起来。

1. 通过朗读，并且体现出读正确、读流利、读出感情（韵味）而展示与互动练能；

2. 通过口头自己提问、自己解答，必要时请台下同学解答或补充而展示与互动练能；

3. 通过板书、板画，将文段进行纲要信号式（列表、图解、画流程图等。）理解呈现（这里又分为多种具体形式，如精彩情节图画式、人物关系图解式、故事情节纲要式、精彩细节流程图式等。）而展示与互动练能；

4. 通过角色表演（或实验演示）演绎文本内容而展示与互动练能；

5. 通过媒体（特别是现代信息技术）等创设情景（再现可听、可观、可感情景。）而展示与互动练能；

6. 通过演说、练说或口语交际等方式而展示与互动练能；

7. 通过将文段变写、改写或补白、延伸式写作（特别是接龙作文）等而展示与互动练能；

8. 通过针对文段或词句设计练习题（或考题）供大家现场练习而展示与互动练能；

9. 通过将词、句、段现场积累（有意记忆或情景运用性积累）而展示与互动练能；

　　……

自主展练式教学模型，刷新了语文教学课堂常态，由此带来结果：不仅需要教师教学观念的进一步更新，还需要教师学会新的教学操作，毅然决然地变传统"教懂"型的阅读教学为练能型的阅读教学，变授人以鱼为授人以渔，特别是要教会学生如何自学，如何展练。当充分实现这种教学状态时，教师的教学会变得轻松，课堂将会成为教师享福的天地，而学生（全班每一个）在天长地久的练能学习中，能力的发展将令人惊叹。

第三章 "好好读"该怎么读

● 概述

"好好读"有两层含义：一是读正确、读流利、读出韵味，以声达意，以声传情；二是运用阅读、理解的方法，解读文本后，以多种方式呈现阅读结果。

我国宋代大理学家朱熹就非常主张读书就要好好地朗读。他认为：凡读书，需要读得字字响亮，不可误一字，不可牵强暗记。而且要"逐句玩味""反复精详""诵之宜舒缓不迫，字字分明"。这样，我们可以深刻领会其材料的意义、气韵、节奏，产生一种"立体学习"的感觉。

新语文课程标准也明确提出了学生各学段的朗读要求：第一学段（1～2年级），学习用普通话正确、流利、有感情地朗读课文；第二学段（3～4年级），用普通话正确、流利、有感情地朗读课文；第三学段（5～6年级），能用普通话正确、流利、有感情地朗读课文。

因此我们认为，要做到用普通话正确、流利、有感情地朗读课文，好好读，至少应该达到以下要求：

1. 首先要读正确。读正确就应该做到不读错字、不添字、不重复、不颠倒字词，还要做到"三到"，即心到、眼到、口到，防止有口无心。也就是说，好好读，必须全神贯注、进入作品。所谓全神贯注，就是在朗读中注意力集中，排除干扰，全力以赴，把全部精力都倾注在朗读中，倾注在朗读的作品中，这是很容易理解的。所谓进入作品，就是把作品内容、语言化为自己的理解、感受，化为自己的思维过程、心理活动；要主动去揭示语言本质及逻辑链条，要设身处地、寓情于景，加强形象感受；要尽力引发思想感情的运动状态，紧紧抓住与听者的对向交流；要在整体运筹之中具体加以把握。

2. 其次要读流利。流利是在正确读的基础上才能达到的。流利地读主要是不断读，不读破句。要做到流利地读，关键在于扩大视读广度。不仅看一个词读一个词，而且能够嘴里读这个词，眼睛就看下一个词，迅速把几个词联系起来，做到停顿正确。这只能通过多朗读，多练习，才能达到。读正确、流利，要做到严字当头，就连标点符号也不要放过，逗号和句号要读出区别来，叹号和问号要读出不同来。

3. 要有感情。有感情地朗读是更高的要求，它是在正确、流利读，并对文章有深刻理解的基础上才有可能达到。因此要做到有感情地朗读，首先要深刻理解文章的思想内容，体会文章的思想感情，读时能有身临其境之感，在眼前出现画面就能做到感情自然地流露。

4. 读出韵味。首先，注意重音。重音处理得好，才能准确地表情达意。高音显得响亮，表示兴奋、喜悦的感情；低音显得幽沉，表示肃穆、悲哀的感情。其次，注意语调。语调指由于思想感情、语言环境的不同，或为某种表达效果，在声音上表现出来的升降、高低的变化。诵读时，根据内容处理好语调的平淡、上升，就能更好地把握作者的感情。再次，注意节奏。诵读中的节奏须着眼于全篇。感情欢快的，可用快节奏；感情忧郁的，可用慢节奏。如果是诵读古诗文，要读出韵味，还有一个重要的方面，就是了解虚词所表达的感慨、哀叹、疑惑等语气，读出结构齐整，运用对比等修辞手法的句子所表达的感情。在诵读训练时，可要求学生揣摩虚词的用法，注意模仿语气、语调，从而领会作者的立场、观点和思想。

好好读的终极追求是语感的训练达至语感的沉淀。《语文课程标准》指出："要让学生充分地读，在读中整体感知，在读中有所感悟，在读中培养语感，在读中受到情感的熏陶。""读是思的凭借，是悟的前提，是说的准备，是写的基础。要内化语言，首先要加强读的训练。"

所谓语感，是比较直接、迅速地感悟语言文字的能力，是语文水平的重要组成部分。它是对语言文字分析、理解、体会、吸收全过程的高度浓缩。如果语感的能力具备了相当高的水平，在实际应用中就表现为：一接触语言文字，即产生正确的多方位的丰富的直感——在阅读时，不仅能快速、敏锐地抓住语言文字所表达的真实有效之信息，感知语义，体味感情，领会意境，而且能捕捉到言外之意、弦外之音。而语感能力差的，接触语言文字时，在运用惯常的分析理解手段之前，仅能领略其所承载内涵的一鳞半爪，甚或曲解其意，难得言辞之要领。

举例来说，会读古诗的人，一见到"春色满园关不住，一枝红杏出墙来"的诗句，立即会在眼前浮现出粉墙上挑着红花的杏枝、园内姹紫嫣红的春色，还有诗人驻足抬眼的神态，从而迅速感受到诗人欣喜的心情和爱春惜春的感情，进而获得美的享受，接受美的熏陶；除此之外，更能由"红杏出墙"生

发"幽香浮动""临风摇曳"等诸多联想。换了语感很差的人来读，诗中的许多意蕴都会被浪费掉，至多剩下一个文字的外壳。

语感的突出特征是快速感受，将复杂的心理感悟浓缩于一瞬间，颇类似于高集成电路，从表面看已消失了条分缕析的中间步骤。但语感并不是不可捉摸的虚无缥缈的东西，也不是天生的资质，与其他语文能力一样，是靠长期反复实践得来的。任其自然，在长期接触语言材料的过程中潜移默化，语感也会提高；而有意识地加强科学的训练，能促使语感的进一步形成。

虽然语感的发生十分迅速，有时几乎与视觉、听觉同步，即一听到、看到就能对语言文字产生多层次的感受，但总有一个由浅入深、由表及里的过程。比如，读到一个写景的妙句，总须先感知字面信息，看到字、组成词、连成句，知其所言；再由独有的词的组合，追溯内在联系，发觉潜藏的信息；然后由词的音韵、节律体味句子的气势，有词句表达的意象，在心理描摹出其形色状态，领悟其意境情感，如睹形色、如闻声音、如知味滋，方得窥其妙也。这是就某一次语感实践的心理历程而言，其中或有交错，大体如此。

语感培养有着丰富的内容和方法，而朗读则是提高学生语言感悟能力的行之有效的好方法。所谓"文选烂，秀才半""读书百遍，其义自见""熟读唐诗三百首，不会吟诗也会吟"。言虽简单，却道出了语文学习的真谛。好酒不品不知其味，同样，好文章不读不知其美。只有经过反复朗读，方能读出其中的味道，读出其中的深层含义，而在这个整体的把握过程中，对于文中所涉及的语音、文字、词语、句子等的品味与琢磨，更是一种不知不觉的语感训练。学生语感的形成，是在语言运用的实践中逐步建立起来的。

长期坚持诵读，就会从感性上、从直觉上、从整体上去认识、去体验、去占有名篇佳作的精髓，主动地消化和吸收；长期坚持诵读，就能养成眼到、口到、耳到、心到的良好的诵读习惯。

语文教育的老前辈、学识渊博的叶圣陶先生曾经说过："吟咏的时候，对于探究所得的不仅理智地理解，而且亲切地体会，不知不觉之间，内容与理法化而为读者自己的东西了，这是最可贵的一种境界。"诵读可形成良好的语感，背诵又是内化语文材料最有效的方法，它可以把诵读形成的语感积淀下来，其结果就会使同学们"出口成章"，它所积累的大量词汇、丰富多彩的语言表达形式，对于我们的写作具有直接的模仿和借鉴作用。

第一节　练抓住文本主要内容

一、文体要素把握法

（一）把握记事文章"四要素"（或"六要素"）法

1. 概念与示例

记事文章"四要素"（或"六要素"）包括记叙的时间、地点、人物、事情（或把事情细化为"起因、经过、结果"）。

例如，课文《我们的民族小学》的第一自然段，我们让大家用抓"四要素"的方法，说说该段主要写了什么。学生概括如下：

时间：早晨；地点：上学路上；人物：各族小朋友；事件：来到学校。

2. 阅读教学中运用这种方法促课文内容把握

在阅读课文时，把握记事文章"四要素"（或"六要素"），能更好地厘清文章记叙的线索或顺序，归纳概括文章的主要内容。那么，怎样把握四要素呢？对于四要素或者称为六要素，我们可以借助这样的记忆口诀来帮助我们在文章中准确提取：

记叙文记事六要素，大家千万要记住。

第一要素是时间，年、月、日、时写清楚；

第二要素是地点，要写环境和住处；

第三要素是人物，不写人物是糊涂；

第四要素是起因，为何发生找原因；

第五要素是经过，来龙去脉写清楚；

第六要素是结果，交代结局别含糊。

记叙文记事六要素，大家千万要记住。

文章要具体，主题才突出。

教学时，我们可以通过引导学生找到这几个基本要素，然后用一些词语把它们串连成一句通顺的话，就是文章的主要内容。如，上例的《我们的民族小学》一文所抓出的四要素，就可以用一句话串连成第一自然段的主要内容："早晨，在上学的路上，走来了各族小朋友，他们来到学校，都成为了好朋友。"

（二）把握写人文章"三要素"法

1. 概念与示例

写人类文章的三要素，主要指：人物、事情、特点（品质、精神）。阅读写人的文章，要把握住最基本的三个要素：写的是谁，做了什么事，通过事件表现出人物的什么思想、品质、性格或特点。

如：用把握写人文章的"三要素"法分析《少年闰土》的第一自然段：这个自然段写的是谁呢？（一个十一二岁的少年）文中的少年做了什么事？（写了一个十一二岁的少年在月夜下看瓜刺猹的事）表现了这个少年哪些特点？（机智勇敢、聪明活泼）最后，我们带领大家用"三要素"法练说本段的主要内容如下：

本文第一自然段通过写一个十一二岁的少年在月夜下看瓜刺猹的事，表现了他机智勇敢、聪明活泼的特点。

2. 阅读教学中运用这种方法促课文内容把握

把握写人文章的三要素，适用于所有的写人文章，只要弄清楚这篇文章写了谁（可能是写一个人或多个人，一般情况都是写一两个主要人物。），抓住人物都做了些什么事，从而结合人物所做的事件分析其所表现出来的思想、品质、性格或特点。例如，上述《少年闰土》的第一自然段，抓出文中的"三要素"并连接成流畅的语句，相应的主要内容便呼之欲出了。

（三）把握状物文章"三要素"法

1. 概念与示例

状物，就是把事物的形状、颜色、性能等特点用生动形象的语言描述出来，一般分为状静物文、状动物文、状植物文。状物文章，要把握住最基本的三个要素：写的是什么物，写了哪些方面，它有什么特点。

例如，《高大的皂荚树》一文用把握状物文章"三要素"法，通过抓出"写的是什么物"（皂荚树）、"写了哪些方面"（一年四季不同的四个方面）、"它有什么特点"（无私奉献）这三个要素，概括课文主要内容如下：

本文就是按照皂荚树一年四季不同的四个方面的特点来写的，写出了它无私奉献的精神。

2. 阅读教学中运用这种方法促课文内容把握

把握状物文章的"三要素"，适用于文章所写的是静物、植物或动物。有些"物"的特点是多方面的，如，动物，包括外形特点、生活习性等。如果是说明文要全面说明一个"物"的特性，甚至还包括种类、结构、作用、用途等。

如，上例的阅读教学中，抓住文中的三要素然后进行概括，学生可以准确而快速地抓出文本的关键，得出课文的主要内容。

（四）把握写景文章"三要素"法

1. 概念与示例

写景类的文章，把握主要内容时，要从三要素入手。所谓三要素是指：景物、特点、感情。阅读这类课文要抓住：写的是什么景物，它有什么特点，表达了什么情感。然后再进行概括。

如《草原》一文通过把握写景文章"三要素"法："写的是什么景物"（内蒙古草原）"它有什么特点"（按事情发展顺序记叙，自然风光美丽、风俗民情浓郁。）"表达了什么情感"（蒙汉民族间的深厚情谊），概括课文主要内容如下：

作者按事情发展的顺序，描绘了内蒙古草原美丽的自然风光和浓郁的风俗民情，表达了蒙汉民族间的深厚情谊。

2. 阅读教学中运用这种方法促课文内容把握

把握写景文章的三要素，适用于文章所写的是自然山水、人工场景、民俗风貌等。这些景的特点包括景的形态、布局、格调、氛围等。有些景的特点也是多方面的，如，游记类的文章，还包括顺序、层次、重点、景物间的关系及景物内部各部分之间的关系等。对于写景文章而言，把握写景文章"三要素"法不仅能简单快捷地概括课文主要内容，更能帮助学生梳理文本的内容，抓住文本描写的特色，促进对文本的解读。

二、提要概括法

（一）分段、概括段意法

1. 概念与示例

分段、概括段意法，是指厘清作者为了表达中心思想而把有关内容按一定的方式组合在一起的各个部分，并通过一定的方法概括出各个部分所表达的意思。

例如，人教版语文三年级下册课文《荷花》，我们可带领大家给课文分段（参考：1、2~3、4、5），根据段意，概括课文主要内容如下：

这篇课文可以分为四个部分：第一段：闻到花香；第二段：看到荷花；第三段：由荷花产生的联想；第四段：回到现实。

2. 阅读教学中运用这种方法促课文内容理解

在分段、概括段意之前，先要通读全文，厘清作者行文的思路和展现课

文题旨的脉络，可按归并自然段、按事情发展的先后顺序等方法分好段，把意思相同或相近的段落归为一段，用简洁明了的语言，明确、简练、完整、连贯地概括各部分的段意。如上例《荷花》一课，就是通过"分段——概括段意——归纳课文内容"的方式，概括课文的主要内容的。

分段、概括段意法，赋予了学生对文本的抓力，将文本整理、归纳，转变成一个一个的提要，再通过段落大意的合成，最终形成文本的主要内容。这样的概括方式，有助于学生对文本内容的理解与把握。

（二）抓中心（或概括）句法

1. 概念与示例

有些文章会有概括性的语言，有的是表述内容的总述（或总结）句，有的是表达意义的中心句。

例如，人教版语文三年级上册课文《香港，璀璨的明珠》，我们可带着学生找出课文的中心句（香港，真是我国南海之滨一颗璀璨无比明珠。），以及每部分的中心句或词（第一段"是亚太地区的航运中心、贸易中心和金融中心，还是购物、美食和旅游的好去处"总起，中间的段落分别写了香港是"万国市场""美食天堂""旅游胜地""灯的海洋"。），再带着大家按照上述的线索用自己的话（也可以用文中的语言）说清楚课文的主要内容：

《香港，璀璨的明珠》是按照"总分总"的叙述顺序来结构文章的。第一段总起，中间的段落分别有一个中心句，写了香港是"万国市场""美食天堂""旅游胜地""灯的海洋"，最后一段总结：香港真是南海之滨一颗璀璨无比的明珠。

"总分总"的结构让学生清楚地了解了香港的繁荣美丽。

2. 阅读教学中运用这种方法促课文内容理解

每一篇文章都有一个中心，一些文章甚至每段都有中心句。只要我们抓住了这样的句子，就能达到"牵一发而动全身"的目的，就可以拓展开去，带动全篇文章的学习。还有的文章，每部分都有中心句，我们抓住每部分的中心句后加以整理，便是文章主要内容了。

如，上述例子就是通过抓出文本总的中心句和每部分的中心句或词，概括出文本主要内容的。这样的概括方式，便于学生把握文本的主要内容，有着"管中窥豹、可见一斑"的学习效果。

（三）事物部分划分法

1. 概念与示例

描写事物的文章，要把握住从哪些部分进行事物特征或性质的描写，每个部分表现了事物的什么特点。

例如：人教版语文四年级下册课文《桂林山水》，教学中，我们可先让学生说说文章从几个部分讲了桂林山水的特点，并在文章中勾画出表现这些特点的词语，再引领大家用关键词把每个部分的特点说出来，概括课文主要内容。学生概括如下：

《桂林山水》这篇课文抓住了桂林的山：静、清、绿，桂林的水：奇、秀、险的特点，生动形象地展示了桂林山水的美景。

2. 阅读教学中运用这种方法促课文内容理解

把握事物各部分的特点，适用于写动物、植物、山、河、水、湖、建筑、各种自然现象等的文章。作者通过仔细观察，抓住事物的主要特征，并从几个部分来进行介绍。阅读文本时，就要分析清楚该事物的各个部分。找到了事物描写的每个部分，再提取出各部分的特征，文章的主要内容便呼之欲出了。这种方式，既能培养学生的分析能力，又能帮助学生快速理解文本、学习课文。

（四）事情阶段划分法

1. 概念与示例

事情阶段划分法是指按一定的顺序把事物的发展划分为几个阶段，从而厘清文章段落的顺序，概括出段落层次。

例如：人教版语文二年级下册课文《雷雨》，我们可带领大家根据雷雨的发展顺序，把文章划分为三个阶段：雷雨前——雷雨中——雷雨后，再带领大家说说雷雨前——雷雨中——雷雨后景物的不同，概括出课文的主要内容：

雷雨前，乌云压下来，树叶不动，蝉不叫，忽然起大风，闪电打雷。雷雨中，下起雨来，雨越下越大，看不清，雨小了，天亮起来了。雷雨后，太阳出来了，彩虹、蝉、蜘蛛、青蛙都出来了。

2. 阅读教学中运用这种方法促课文内容理解

在阅读按时空发展变化的文章或是按逻辑事理发展变化的文章时，可按时间变化、空间变化、逻辑变化、事理发展把文章划分为几个阶段。比如，某植物按生长顺序"发芽——长枝叶——开花——结果"，就可划分为四个阶段。

教学时，先要找出文章所隐藏的发展顺序，再根据这个一般不能改变的顺序规律划分具体的阶段，最后从整体上把握文章段落层次。因此，事情阶段划分法，让学生在梳理文本内容的过程中，不仅厘清了行文的思路，加强了对文本的整体把握，更培养了其逻辑思维能力。

（五）概括小标题法

1. 概念与示例

概括小标题是指在阅读文章时，在概括段意的基础上，用词语（或字数相同的短语）对段意进行高度概括。

例如：人教版语文三年级上册课文《风筝》，我们可让学生分别用一个词语做这几个场景的小标题（"做风筝""放风筝""找风筝"），再结合小标题，归纳课文主要内容：

这篇课文主要讲了三个场景：第一个场景是"做风筝"，第二个场景是"放风筝"，第三个场景是"找风筝"。

2. 阅读教学中运用这种方法促课文内容理解

概括小标题法是把书读薄的一种方法。这种方法适用于篇幅较长，或者是多线并行叙述，结构层次、内在联系复杂，不易抓住主要内容的课文。如，《科利亚的木匣》《陶罐和铁罐》等课文就比较适合。

这种练习，其目的就是为了培养阅读文章的分析能力和概括能力。运用这种方法读书时，一般可分三步进行：第一步，认真阅读全段，概括出段意；第二步，在概括段意的基础上，用词语（或字数相同的短语）对段意进行高度概括；第三步，调整全文的小标题，尽量做到形式划一，如用词做小标题就都用词，用短语做小标题就都用短语。但是，如果难统一，或为了统一形式而使概括不准确时，就不要硬性统一。

（六）抓主要内容、概括中心思想法

1. 概念与示例

抓主要内容、概括中心思想法是指我们在阅读一篇文章时，要搞清楚谁（或什么）做什么或怎么样，在此基础上，表达了作者怎样的思想或感情，从而从整体上把握作者的写作思路。

例如：人教版语文五年级上册课文《落花生》，我们可先提示板书："课文主要讲了＿＿＿＿＿（谁或哪些人）＿＿＿＿＿＿（做什么）"，带领大家概括课文的主要内容。再抓住课文的中心句"人要做有用的人，不要做只讲体面，而对别人没有好处的人"，提示板书："课文通过写＿＿＿＿＿＿，告诉了我们＿＿＿＿＿＿"，带领大家概括课文的中心思想。结合课文内容和中心思想，概括出主要内容如下：

课文通过描写作者一家人在收获花生的季节谈论花生的好处的事情，告诉了我们：人要做有用的人，不要做只讲体面而对别人没有好处的人。

2. 阅读教学中运用这种方法促课文内容理解

抓主要内容、概括中心思想法，可帮助学生对文本进行多层次的理解，也能进一步培养学生的结构化思维。在反复读懂课文的基础上，厘清"谁（或什么）做什么或怎么样"，即概括出课文的主要内容，再想一想作者为什么要写这些内容，然后领会写作目的，即中心思想。如，《穷人》主要描写了渔夫和他的妻子桑娜，不顾自己家境贫困，毅然收养了已故邻居两个孤儿这件事，想一想作者为什么要写这些，从中可以分析出作者的写作目的是：反映沙俄时代渔民的悲惨生活和穷人宁可自己吃苦，也要互相帮助的高尚品质。可采用"课文写了（　　　），表达了（　　　）、赞美了（　　　）、说明了（　　　）或告诉了（　　　）"等形式概括课文的中心思想。

教学时，熟读课文是前提，概括主要内容和中心思想时要注意语言的精炼，用词要恰当。

三、纲要信号呈现法

（一）结构化板书法

1. 概念与示例

结构化板书法，是指用简练的文字、符号、线条、图形来直观地反映丰富的教学内容的一种纲要信号呈现法。结构化板书，是思维结构化和思维可视化的体现，在阅读教学中，学生通过结构化板书的语言呈现，用自己的话将板书与课文有机结合，概括出课文内容。

例如：《桂林山水》这篇课文，可以带着学生通过在1、4自然段找重点句子，在2、3自然段找关键字，在黑板上梳理出以下结构化板书，概括课文的主要内容。

学生概括主要内容如下：

板书：

桂林山水 ｛
桂林山水甲天下。
水：静、清、绿
山：奇、秀、险
舟行碧波上，人在画中游。

主要内容：

人们都说："桂林山水甲天下。"桂林的水静、清、绿，桂林的山奇、秀、险，桂林的山水，让你感觉是舟行碧波上，人在画中游。

2. 阅读教学中运用这种呈现法促课文内容理解

通过这样的结构化板书，学生概括课文的主要内容就非常简单了。抓住文中的关键词语、重点句式和点睛之笔，用概括的文字、简单的图表、简单的构图、凝练而直观的形式把文段内容浓缩起来。这种方法是简明扼要地厘清文章写作思路的重要方法。

（二）图示法

1. 概念与示例

这种方法是简单、明了地抽取、呈现出文章中的关键信息，用图形、符号来表现文章中的人物、事物之间的关系、情节发展等，然后根据列出的纲要说课文的主要内容的一种呈现方法。

例如：《蛇与庄稼》（第一自然段）就可以用图示法让学生弄明白蛇、田鼠和庄稼三者之间的关系，概括其主要内容。

学生概括主要内容如下：

图示：

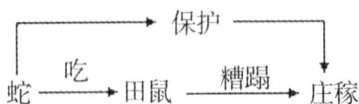

主要内容：

几十年前，广东沿海发生了海啸，被海水淹没后的田地总得不到好收成。老农们想出了一个办法：去外地买一批蛇回来放到田里，大量的田鼠让蛇给吃掉了，庄稼便不会被繁殖得很快的田鼠给糟蹋了。在蛇的保护下，庄稼获得了好收成。

2. 阅读教学中运用这种呈现法促课文内容理解

学习这一段，就要让学生勾画出文段中讲了哪几种关键事物（蛇、田鼠和庄稼），画出它们之间的关系图示。让全班同学看着图示（最后要背着它），用自己的话说清楚蛇、田鼠和庄稼三者之间的关系，概括出这一段的主要内容来。

阅读文章时，为了能够简单、明了地抽取、呈现出文章中的关键信息，可以用图形、符号来表现文章中的人物、事物之间的关系，情节发展等。图示法，可以让我们学习的科学知识变得形象，抽象知识变得具体，零碎知识变得有条理，复杂问题变得更简明，便于主要内容的概括。

（三）图解法

1. 概念与示例

图解法，是指用画图来进行可视化的直观展现，便于解释抽象的、不好理解的语言的一种纲要信号呈现法。

例如，学习《爬山虎的脚》（第三自然段）时，为了让学生准确地了解爬山虎脚长的位置、样子，就需要用图解法。

学生练说如下：

图解：

练说爬山虎脚长的位置、样子：

爬山虎是有脚的。爬山虎的脚长在茎上。茎上长叶柄的地方，反面伸出枝状的六七根细丝，每根细丝像蜗牛的触角。细丝跟新叶子一样，也是嫩红的。这就是爬山虎的脚。

2. 阅读教学中运用这种呈现法促课文内容理解

有些文句的描述，无论怎么用语言阐述，都无法解释清楚时，常常需要借助画图的方式来表现其意思。

如，上述例子，就是让学生在文中勾画出爬山虎的脚长的位置和样子的词句，根据这些关键词句画出图画，并且能够根据自己画的图画向其他同学介绍爬山虎脚的位置和样子。最后，能够背着图画也能讲出爬山虎脚的位置和样子。

图解法不仅能用于课文中某一段、某几句的理解与记忆，更能运用于课文主要内容的归纳与讲述。这种将抽象的文字可视化地呈现于眼前，再用自己的语言加工、整理的方式，不仅有趣，也能帮助学生消化课文语句，并形成自己的理解。

（四）画流程图法

1. 概念与示例

画流程图是指在阅读文章时，将文章的思路或事件的发展阶段或人物连续行为，抽取出关键信息（重点词），用框图（配文字）、箭头等表现出来。

例如，《毕加索和和平鸽》的教学中，学生在学习"老人请求毕加索为死去的小孙子画一幅画"这一段内容，就需要引领着学生在描写小孙子行动的句子中，把小孙子动作的词语圈出来。再找出两个形容动作的词，用方框框出来，完成动作流程图。学生看着流程图，不再看着文段，用自己的话，说出小孙子的一系列行动。

学生练说如下：

流程图：

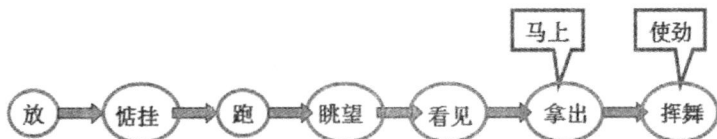

练说小孙子的行动：

一天，老人的小孙子把一群白鸽子放出去玩，但是，其中一只小白鸽很久都没有飞回来。小孙子心里惦挂着，就跑到楼顶上眺望。忽然，他看见蓝天上有一个小黑点。啊，是小鸽子回来了！小孙子马上拿出红布条使劲地挥舞，好让小白鸽认出自己的家。

2. 阅读教学中运用这种呈现法促课文内容理解

运用这种方法读书时，要认真品读文字，围绕一定的要求，提取出关键信息，勾画出重点词语，再尝试按事情发展的阶段、环节，人物表现的变化，画出流程。

在阅读教学中，我们可按事情发展先后、人物表现变化或者思路的先后条理，将流程图在黑板或投影上演画出来，并且让学生边画边讲述清楚。在同学们都明白文本的主要动态信息的基础上，应该让大家面对流程图，说清楚文本的主要信息，即进行说话训练。

画流程图法不仅能让学生在认真阅读文本的同时抓住课文关键词，厘清文本脉络，更能让学生的思维形成一条可视化的线索，让学生能通过一个易于把握的凭借，将课文内容说得更清楚、更有条理。

（五）列表格分析法

1. 概念与示例

列表分析法是指在一篇文章中，同时将两个或两个以上的人物、事物、动物等因素，按照一定的顺序排列在一张统计表内，使各种"物"的特性一目了然地呈现出来，从中分析各种"物"之间的相关关系，进而得出科学结论的一种信息分析方法。

例如，教学《花钟》第一自然段，就可以带着学生把这一个自然段朗读流利，朗读出花开的美丽，然后让大家根据课文内容填写表格，再让学生按照"花名＋开放时间＋开放状态"的顺序进行说话。

学生练说如下：

表格：

花名	开放时间	开放状态
牵牛花	凌晨四点	吹起了紫色的小喇叭
蔷薇	五点左右	绽开了笑脸
睡莲	七点	从梦中醒来
午时花	中午十二点左右	开放了
万寿菊	下午三点	欣然怒放
烟草花	傍晚六点	在暮色中苏醒
月光花	七点左右	舒展开自己的花瓣
夜来香	晚上八点	开花
昙花	九点左右	含笑一现

练说花儿的开放：

牵牛花凌晨四点吹起了紫色的小喇叭。

蔷薇五点左右绽开了笑脸。

睡莲七点从梦中醒来。

午时花中午十二点左右开放了。

万寿菊下午三点欣然怒放。

烟草花傍晚六点在暮色中苏醒。

月光花在七点左右舒展开自己的花瓣。

夜来香在晚上八点开花。

昙花却在九点左右含笑一现。

2. 阅读教学中运用这种呈现法促课文内容理解

运用这种方法，应让学生充分阅读文本，抓住文中的关键词，填到对应的单元格中去，并训练学生看表格，将表格中的内容转化为自己的话语，并在短暂时间的记忆下，能背着书和表格，用自己的话将其内容说出来。

在阅读教学中，有些体裁（或题材）的文章，用列表的方法，便于将文章的信息进行归类整理，进而清晰地把握文章的线索，了解文章的内容，突出文章的重点。

第二节　练朗读

一、四步推进朗读法

（一）概念与示例

四步推进朗读法是"练朗读"诸多方法中最常用的基本朗读方法，通常按照以下四个步骤依次推进朗读训练：

1. 读正确——读准字音，不增减，不重复，不颠倒。

2. 读流利——读通读顺，长短句停顿正确，读出标点符号的语意区别。

3. 读懂——能读明白文章的主要内容，领悟作者表达的情绪情感。

4. 读美——读出感情，读出韵味，读出精彩。要做到这些，就必须研读文本，通过字词句段的学习读懂文本内容，体会作者情感，再入情入境地诵读。

以《七颗钻石》第三自然段为例，四步朗读推进法教学操作为：

第一步：读正确。

提醒学生注意"竟""凑""递给""舔净""涌出""一瞬间""咽了一口唾沫"等字词的读音，通过读一读、考一考、练一练等方式，读准字音，做到字正腔圆。

第二步：读流利。

提醒学生注意，长句句中停顿要做到停顿时值短，符合语意转换。如：

她以为，水/一定都洒了，但是没有，罐子/端端正正地在地上放着，罐子里的水/还是满满的。

当/小姑娘/再拿水罐时，木头做的水罐/竟/变成了银的。

就在这/一瞬间，水罐/又从银的/变成了金的。

这时/突然从水罐里/跳出了/七颗钻石，接着/从里面/涌出了/一股巨大的/清澈而新鲜的水流。

第三步：读懂内容。

引导学生运用关键词法和联系上下文法，体会小姑娘看到水罐一次次变化的惊喜和惊讶。引导学生完整地表述，通过交流读→领读→练读的方式在读懂的基础上朗读，在朗读的过程中深入理解文本内容，体会故事的神奇。

结构化言说：我从＿＿＿（哪个字、词、句）体会到＿＿＿＿＿＿＿＿＿＿，
我要带着＿＿＿＿的语气读＿＿＿＿＿＿＿＿＿＿。

第四步：读出感情。

（二）阅读教学中采用这种方法促朗读

上例中，在教学《七颗钻石》的第三自然段时，我们带领学生通过读正确、读流利、读懂第三自然段的内容读出小姑娘看到水罐一次次变化的惊喜和惊讶这四个步骤，体会故事的神奇，将文段读出自己的理解、读出精彩。

在阅读教学中，我们选择运用这种方法时，应注意引导学生带着体会、带着情感整段诵读。启迪学生读时能有身临其境之感，在眼前出现画面就能做到感情自然地流露。最后辅之以优美轻柔的音乐，便更能促使学生入情入境地朗读，读好读美文本。

二、符号标注落实八字法

（一）概念与示例

朗读情感表达从外显形式来看，可归纳总结为朗读八字：轻重缓急、抑扬顿挫。轻重缓急、抑扬顿挫的朗读符号可以是：停顿：/；轻读：〇；重读：▲；语调上升：↗；下降：↘；时间拉长：～～；语气渐强：<；渐弱：>等。

以六年级上册《这片土地是神圣的》第一自然段为例，符号标注落实八字法教学操作为：

在读准读通的基础上请学生再读下文，并根据语意语情，进行朗读符号批注。如，可批注为：

每一处/沙滩，

每一片/耕地，

每一座/山脉，↗

每一条/河流，↘

每一根/闪闪发光的松针，
　　　　▲▲▲▲

每一只/嗡嗡鸣叫的昆虫，
　　　　〇〇〇〇

还有/那浓密丛林中的薄雾，～～

蓝天上的白云，↗

在我们/这个民族的记忆和体验中，都是圣洁的。↗～～
　　▲▲　　　　　　　　　　　▲▲

接下来让学生根据自己的朗读批注设计，自己读给自己听。

最后可根据教师出示的范例，师生配乐齐读，从而整体提升文本朗读的质量和效果，使学生被文本被自己所感染。

（二）阅读教学中采用这种方法促朗读

朗读不仅需要读出自己的理解与感悟，更需要一定的技巧，帮助我们读得绘声绘色、读得生动悦耳。符号标注落实八字法能让学生通过符号对文字进行处理，感知文字所体现的虚实、快慢、起伏，从而更好地为自己的朗读表达进行渲染。如，在上一例中，我们让学生通过多种标注符号对《这片土地是神圣的》第一自然进行处理，把这一段优美的文字读出最佳的效果，让师生共同沉浸在文本的虚虚实实、起起伏伏中。

中高段学生就可运用这样的朗读技巧，如，正确处理重音、停顿，运用适当的语调、速度和节奏等方式，帮助自己读时做到轻重缓急、抑扬顿挫，从而更好地表达出文章所蕴含的情绪情感或者是自己的所悟所得。

三、朗读情感梳理法

（一）概念与示例

在一篇文章里，文中人物的情感情绪会伴随着事情的发展推进而产生高低起伏的变化，朗读时，要分析文段中人物的情感变化，并采用符号作图的方式绘出情感曲线图，帮助自己更好地领悟人物情绪变化，更好地用适宜的语气语调表达这些情绪变化。

以人教版六年级上册《卖火柴的小女孩》中写小女孩第一次擦火柴的段落为例，朗读情感梳理法教学操作为：

原文：

她的一双小手几乎冻僵了。啊，哪怕一根小小的火柴，对她也是有好处的！她敢从成把的火柴里抽出一根，在墙上擦燃了，来暖和暖和自己的小手吗？她终于抽出了一根。哧！火柴燃起来了，冒出火焰来了！她把小手拢在火焰上。多么温暖多么明亮的火焰啊，简直像一支小小的蜡烛。这是一道奇异的火光！小女孩觉得自己好像坐在一个大火炉前面，火炉装着闪亮的铜脚和铜把手，烧得旺旺的，暖烘烘的，多么舒服啊！哎，这是怎么回事呢？她刚把脚伸出去，想让脚也暖和一下，火柴灭了，火炉不见了。她坐在那儿，手里只有一根烧过了的火柴梗。

一个学生这样展示：

生：刚才，同学们已经将这一段话读正确、读通顺了。但是，我认为，要读出这一段话的感情，必须要注意小女孩第一次擦火柴的情绪变化。请听我分析：

"啊……!"句，是她快冻僵时，渴望温暖；"她敢……吗?"但她对擦火柴是惧怕、内疚和犹豫的；"她终于……"句，表明她下定决心，擦了火柴；"哧!……"句，她看到火焰惊叹；"多么……多么舒服啊!"句，她在火焰中，虚幻地享受幸福；"哎……?"句，诧异的情绪；"她刚……"到最后，她从虚幻中醒来，面对现实，无比失望。

请大家看我画出的情绪变化线索图：

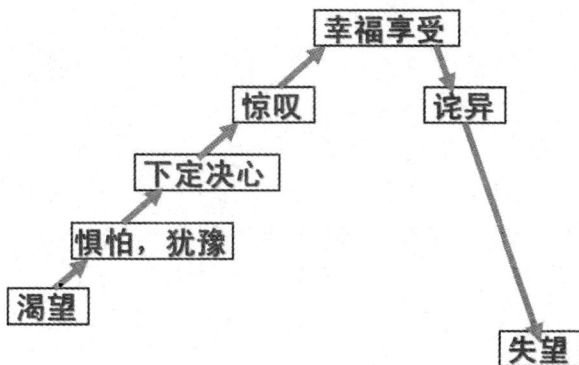

请大家看着这个图示，自己对自己说一下小女孩第一次擦火柴的情绪变化。（练说）

接下来，我试着带着这样的感受，将这段话有感情地朗读一下，请大家认真听。

（示范读，大家读，略。）

（二）阅读教学中采用这种方法促朗读

该例子就是学生示范用朗读情感梳理法，通过理解文本、画出小女孩情绪变化的线索图，有感情地朗读小女孩第一次擦火柴的段落。

像这样，先通过练说，让学生把文段蕴含的情绪或情感进行充分交流，可促进大家对文段的理解感悟。根据情感曲线图的直观演示，学生更容易带着感悟去朗读，才能读得进文本，读得进情境，读得进人物的内心，也才能读出感情，从而提升练读的绩效。

四、情景还原朗读法

（一）概念与示例

情景还原法是指从字到句，从义到情，通过不同的形式办法，帮助学生

唤醒文字背后的物象、情理，整个练读过程是生成语感，即语象感、语义感、语情感的过程。

以人教版六年级上册《这片土地是神圣的》为例，情景还原朗读法的教学操作为：

首先请学生看相关资料：

"1850年，美国政府的势力已经到了北美大陆的西北角，州政府想要用15万美元买下原属于印第安部落的200万英亩土地。

酋长西雅图答应了州政府的要求，决定迁移族群至印第安保护区。离开这块与他共同生活的土地前，发表了这篇告别演说。"

接下来组织学生议论话题：酋长真的愿意带领他的族人们离开这片千百年来养育他们的土地吗？

再请学生看第二组材料：

"1824年，美国成立了'印第安事务局'，迫使印第安人廉价卖出土地，迁移到更贫瘠的土地上去，并以各种手段进行驱赶，甚至是对抵抗者进行屠杀。印第安人进行了猛烈反抗，但是，其结局是什么？1820年，在密西西比河以东还有12.5万印第安人，到1845年不到3万人，到南北战争前，这一地区的印第安人几乎已绝迹了。"

然后再组织讨论话题：酋长在演说背后没有能说出来的是什么心声？

最后启迪学生要把朗读化为演说，自己的眼神、表情、手势、体态，每一处都积极调动起来，配合声音。请全体起立，设想此时此刻，自己就是这位酋长，每个人各自进行激情演讲。

（二）阅读教学中采用这种方法促朗读

如上例中，教师通过补充相关资料，让学生进一步了解西雅图酋长，走进酋长的内心世界，还原酋长演讲时的情境，并将自身代入其中，入情入境地激情朗读。

阅读教学中，我们应注意引导学生充分了解和理解文本的时代背景和人物背景，才能更深入地理解人物内心情感世界，才能更佳地设身处地地表达出文本的情感内涵。

五、角色表演朗读法

（一）概念与示例

角色表演朗读法是指让学生分角色扮演文段中的人物，进行表演朗读，适用于童话、寓言、戏剧等故事性较强的含多个对话的课文。

以一年级下册课文《荷叶圆圆》为例，角色表演朗读法的教学操作为：

例文：

荷叶圆圆

荷叶圆圆的，绿绿的。

小水珠说："荷叶是我的摇篮。"小水珠躺在荷叶上，眨着亮晶晶的眼睛。

小蜻蜓说："荷叶是我的停机坪。"小蜻蜓立在荷叶上，展开透明的翅膀。

小青蛙说："荷叶是我的歌台。"小青蛙蹲在荷叶上，呱呱地放声歌唱。

小鱼儿说："荷叶是我的凉伞。"小鱼儿在荷叶下笑嘻嘻地游来游去，捧起一朵朵很美很美的水花。

教学操作如下：

首先让学生把课文读正确、读通顺。特别注意读准生字词：珠、摇、篮、晶、停、坪、透、翅膀、蹲、嘻。

再指导学生朗读小水珠、小蜻蜓的话，注意加上动作和表情。例如：小水珠躺在一片荷叶（卡纸剪的）上，伸个懒腰，眨着眼睛说："荷叶是我的摇篮。"戴上小蜻蜓的头饰，在教室内飞舞，停在一片荷叶上，展开翅膀说："荷叶是我的停机坪。"

朗读小青蛙、小鱼儿的话，注意加上动作和表情。例如：学小青蛙跳，发出呱呱的叫声，然后蹲在一片荷叶上，放声大叫呱呱呱、呱呱呱，说："荷叶是我的歌台。"戴上小鱼儿的头饰，像鱼儿一样游来游去，躲在一片荷叶上，说："荷叶是我的凉伞。"

最后组织同学们分别戴上小水珠、小蜻蜓、小青蛙、小朋友的头饰，脱离课本绘声绘色地分角色表演朗读课文。

（二）阅读教学中采用这种方法促朗读

进行角色表演朗读练习，首先要把课文读正确、读通顺，在充分阅读课文的基础上，深入体会角色个性特征，揣摩不同角色的内心活动和思想感情，模仿不同角色说话时的语气、语调，设计不同角色的动作、表情，强调朗读者以适当的肢体语言和更为丰富的表情对文本进行朗读表演，用以深化对人物角色的理解。

如上述例子中，我们就是先带领学生把课文读正确、读通顺，再引导学生带着动作和表情朗读小水珠、小蜻蜓、小青蛙和小鱼儿的话，最后组织学生带着头饰分角色表演朗读课文，让课堂充满了趣味。

六、情境表演朗读法

（一）概念与示例

情境表演朗读法就是让学生尝试性地根据一定的素材要求，参与表演朗读，再现具体的生活情景。

以人教版五年级下册《威尼斯的小艇》第四自然段"船夫的驾驶技术"为例，情境表演朗读法的教学操作为：

原文：

船夫的驾驶技术特别好。行船的速度极快，来往船只很多，他操纵自如，毫不手忙脚乱。不管怎么拥挤，他总能左拐右拐地挤过去。遇到极窄的地方，他总能平稳地穿过，而且速度非常快，还能作急转弯。两边的建筑飞一般地往后倒退，我们的眼睛忙极了，不知看哪一处好。

教学操作如下：

1. 学生自由读第四自然段，哪些字词、语句易读错，注意读正确；提示长句的停顿，读流利。

2. 默读课文，勾画表现技术高的关键词，小班交流，完成填空：

船夫驾驶技术特别好：①河上行船速度极快的时候，他能（　　　　　　　），毫不手忙脚乱；②疾驶的时候，他能（　　　　　　　）；③拥挤的时候，能够（　　　　　　　）；④遇到极窄的地方，他总能（　　　　　　　）。

3. 再读课文，教师提示船夫驾驶小艇遇到不同情况时的朗读语气、动作。

4. 创设情境，表演朗读（学生先自由练习，尽量脱稿），感受船夫驾驶技术高：

合作表演：

（生1上，做欲坐船状。）

生2（速迎上）：先生要坐小艇吗？来来来，坐我这个小艇！

（生1号犹豫）

生2（急切地）：保你满意！（带着动作、语气朗读。）船夫的驾驶技术特别好……

生1（兴奋地）：这么厉害！这么刺激！那我得赶快试一试呀！

（二）阅读教学中采用这种方法促朗读

情境表演朗读法，不同于情景还原法，它强调对情景的创设与演绎，着重于"表演"二字。在情境表演中朗读，既能活跃课堂气氛，培养学生的朗读兴趣，又能让学生从形象的感悟中激发其创造性思维与实践思维，从而推进学生对文本理解能力的提高。

例如，上述教学《威尼斯的小艇》之"船夫的驾驶技术"一段，就是在读正确、读流利、读懂的基础上，将段落的朗读放入创设的情境中，边演边读，领会船夫的驾驶技术精湛。在提高学生对文本内容的吸收能力与消化能力的同时，更让学生在课堂的大舞台上倾情表演，训练自己的朗读能力。

七、诵读法

（一）概念与示例

吟诵唱朗读法是指在进行古诗文朗读练习时，还原古人诵读的状态而读，或吟诵或吟唱，诵读技巧突出表现为读时注意做到平长仄短、虚实相间、音韵和谐。

以古诗《江雪》为例，吟诵朗读法的教学操作为：

1. 平长仄短：《江雪》这首诗哪些字是平声，哪些字是仄声？用"—"表示平声，用"｜"表示仄声。（随着学生的回答与比画，教师渐次画出。）

— — ｜ — ｜

千 山 鸟 飞 绝，（"绝"是入声字，仄声。）

｜ ｜ — — ｜

万 径 人 踪 灭。

— — — ｜ —

孤 舟 蓑 笠 翁，

— ｜ — — ｜

独 钓 寒 江 雪。

2. 我们已知道哪些是平声，但并非所有的平声都要读得很长，为了读出这里的空寂和诗人的孤独，可以选择几个字来进行夸张的处理（如，山、踪、翁），齐读。

3. 虚实相间：《江雪》这首诗，哪些字可读"虚"一点（如，千山、独钓寒江雪）？带领学生读"虚"："虚"到只听得见气流声。

4. 带领学生处理最后两行，把"翁"延长，然后用"虚"声读"独钓寒江雪"，并诵读这一句。

5. 带领学生"吟"诗：教师低头，缓慢走动，眼微闭，作陶醉状，轻轻地，反复而有节奏地念："孤舟蓑笠翁，独钓寒江雪。"一次比一次悠长，最后唱出下面二句：

1=E

$$\frac{6}{8} \quad 6\dot{1} \quad 23 \mid 12 \quad \overset{32}{} \cdot \dot{6} \mid \cdot \dot{6} - \mid 23 \, 56 \quad 27 \quad —$$

孤舟 蓑 笠 翁 　　　独钓寒 江雪

6. 学生跟着教师一起吟唱："孤舟蓑笠翁……"

（二）阅读教学中采用这种方法促朗读

在阅读教学中，要很好地运用此法进行朗读练习，教师和学生须知以下几点：

1. 吟诵唱的含义。"吟"是指依着一定腔调缓慢地诵读，"诵"是指依照一定的声调规律，有节奏地读（或背），"唱"是指依照乐律发出的声音。

我们常说的诗词吟唱，实际上是诗词音乐性进一步衍展，其表演性更强，一般都有谱可依。无论是流传下来的古典诗词歌曲，还是当代音乐家的依词配曲，都有着强烈的音乐美。学习者可以依谱演唱，融入自身特点，吟唱出不同风格的作品。

2. 从诵读语音语调看，诵读古诗一般办法为：五言以穆诵，七言以浩歌。穆诵，声音小且低沉；浩歌，声音高亢而响亮。如柳宗元的《江雪》、王维的《鸟鸣涧》当穆诵；李白的《朝发白帝城》、王维的《送元二使安西》当浩歌。

3. 古汉语的声调分为"平、上、去、入"四类，四声调的特点：平声平道莫低昂，上声高呼猛烈强，去声分明哀远道，入声短促急收藏。简言之，便是：平长仄短，它是指阴平、阳平可读长些，上声、去声和入声则读短些。

4. 所谓虚实相间是说虚实结合，一张一弛，方能显示出朗读的效果来，一些静寂的环境是需要读"虚"一点的，虚到什么程度呢？有时发音轻且含混，有时只听到气息的声音。并不是所有的字都须读得字正腔圆，每个字都读得过于"实"并不好。

以上所讲仅是一般方法，在实际的朗读练习中还需根据古诗文情感表达的需要作灵活处理。

例如，上述读《江雪》一诗时，教师针对"平长仄短"，选择其中两三个进行了处理，效果立刻就显现出来；针对"虚实相间"，则把"千山"的"山"字和"翁"字夸张地延长，可让读者感受"山"之连绵和"翁"之孤单。朗读还不足以表达自己的情感，便唱之！若唱都不足以宣泄情感，则可舞之！教师带领学生在古诗的吟诵中，唤醒了那些空寂的文字，唤醒了诗的魂灵，从而展示出了诗歌的生命活力。学生在活动中享受到了读诗的快乐，提高了读诗的兴趣。

第三节　练词句文段品读

一、基本品读法

（一）勾画批注法

1. 概念与示例

勾画批注法，是指通过勾画文章中的重点、难点、疑点或重要的语句，并在对这些勾画内容多次阅读的过程中，作批注、写感悟的品读文章的方法。它包括勾画、批、注三个方面，是指在阅读的过程中，首先，用一些比较固定的简单符号标出字、词、句、段；然后，把字音、词义、作家作品介绍、内容出处等标注在相应的位置；最后，把自己的阅读感悟和对内容的理解等写在相应的位置。

例如，《搭石》一文的第三自然段：

家乡有一句"紧走搭石慢过桥"的俗语。搭石，原本是天然石块。踩上去难免会活动，走得快才容易保持平衡。人们走搭石不能抢路，也不能突然止步。如果前面的人突然停住，后边的没处落脚，就会掉进水里。每当上工、下工，一行人走搭石的时候，动作是那么协调有序！前面的抬起脚来，后面的紧跟上去，踏踏的声音，像轻快的音乐。清波漾漾、人影绰绰，给人画一般的美感。

阅读教学中，我们让大家去勾画出自己认为"美"的句子，并从"美"的句子中再勾画出"美"的词。在反复品读这些"美"句和"美"词后，再把自己的想法批注在一旁。

2. 阅读教学中运用这种方式促品读

勾画批注法是一种边阅读、边勾画标记的阅读方法。几乎所有的课文都可以运用这种方法。这种方法特别适用于课文的自学阶段，勾画批注可以记录你学习中存在的问题，也可记录学习的收获，这对于提高交流和学习的有效性有特别重要的作用。阅读时一边读，一边想，一边品味，一边勾画，画出本课生字词，并注上音；画出自己不懂的地方，并注上符号；标出重要的字、词、句，划分层次；写出感想、归纳要点、概括中心、评价等。如，上

述例子就是通过勾画相关词句，以感悟、批注的方式进行词句文段品读的。

运用勾画批注法特别注意：第一，圈点勾画与批注要结合使用，不能脱节；第二，虽然是读书的辅助手段，也要注意整洁，不能乱涂乱画、潦草不堪，既不美观，也不便于学习。

（二）重点词理解三法

1. 查字词典法或看注释法

（1）概念与示例

通过查字词典或看文中注释理解词语，进而品读文章的方法。

例如《圆明园的毁灭》中的一段话：

圆明园中，有金碧辉煌的殿堂，也有玲珑剔透的亭台楼阁；有象征热闹街市的"买卖街"，也有象征田园风光的山乡村野。

其中"玲珑剔透"一词，学生通过查词典的方式进行理解，从而品悟"金碧辉煌的殿堂"和"玲珑剔透的亭台楼阁"的差异。

（2）阅读教学中运用这种方式促品读

查字词典或看注释的品读方法，是阅读教学中较容易操作的方法。学生通过利用身边的工具书，自己动手，自己找寻字词的释义，例如古诗《送元二使安西》中的"使"，在现代汉语中一般为"使用"的意思。为了正确品读诗文，就应该让学生学会查看在诗后就有的注释，通过对注释的查看，学生就知道此处的"使"应为"出使"。查字词典法或看注释法，除了可以帮助学生解释字词的意思，也能帮助学生对比字词的异同，进而感悟其表达效果。如，上例《圆明园的毁灭》中对"金碧辉煌的殿堂"和"玲珑剔透的亭台楼阁"差异的品读，就是通过查词典的方式来进行理解的。

这种品读方式，不仅可用在一般的现代文阅读教学中，更适用于古诗词、文言文的释义与理解中。学生通过查字词典或看注释找到字词的本意，再将字词代入句子中，品味其意思，进而由点及面，辐射到对整个句子的理解。常采用查字词典或看注释的品读方法进行阅读教学，可帮助学生树立辩证学习的意识，诱发学生进行自主学习。

2. 结合上下文法

（1）概念与示例

结合上下文法，即借助语境，联系上下文理解词语，进而品读文章的方法。

例如，《两个铁球同时着地》中的一段话：

那时候，研究科学的人都信奉亚里士多德，把这位两千多年前的希腊哲学家的话当作不容更改的真理。谁要是怀疑亚里士多德，人们就会责备他：你是什么意思？难道要违背人类的真理吗？

阅读教学中，我们让大家联系上下文，理解"不容更改"一词，从而加深对文中句段的理解。

（2）阅读教学中运用这种方式促品读

结合上下文法是在没有工具书及书上注释，或在工具书上找不到字词意思的情况下，最常用的理解字词的方法。学生通过联系上下文，理解文中的重点字词，从而品味相应的整个语句。如，上述例子中，我们让学生抓住"不容更改"一词，联系上文"研究科学的人都信奉亚里士多德"，由这里可以看出大家不仅仅是简单地相信亚里士多德，而已经达到了"信奉"的程度，再联系下文"谁要是怀疑亚里士多德，人们就会责备他：你是什么意思？难道要违背人类的真理吗"，更加能感受到大家对亚里士多德的信奉。由此不仅可以明白"不容更改"的意思，还能品读为什么"不容更改"。

在阅读教学中，时常使用这种方式进行词句文段品读，可帮助学生形成良好的阅读习惯，让学生通过对文本的仔细推敲与琢磨，理解字词意思，进一步感悟相应句段的内涵。

3. 联系生活实际法

（1）概念与示例

联系生活实际法，即学生根据自己已有的生活经验和生活经历，联系文中重点字词来品读文章的方法。

例如《颐和园》中有一段：

正前面，昆明湖静得像一面镜子，绿得像一块碧玉。游船、画舫在湖面慢慢地滑过，几乎不留一点痕迹。

在阅读教学中，我们让大家联系生活中的一些常见事物，理解昆明湖的静。

（2）阅读教学中运用这种方式促品读

联系生活实际法运用在阅读教学中时，我们应注意让学生通过自己生活的某个事物，或某件具体事例来进行理解，切不可泛泛而谈。如，在上例中，为感受昆明湖的静，学生可以联系自己在生活中常见的事物——镜子，就能感受到昆明湖的平静。同时也可以联系自己的在生活中见到过的滑动的东西，就能感受到游船和画舫在湖面滑过不留一点痕迹的画面。

语言，来自于生活，最终用于生活。无论是教学，还是文本，都应与生活联系，不能脱离生活。因此，针对一些生活性较强的文本，我们在阅读教

学中常用这种方法品味字词意思，进而感悟句段所表达的含义与情感，能帮助学生学会关注生活，将学习与生活建立起很好的联系，促进对文本的理解。

（三）深入重点句抓重点词"发胖"理解法

1. 概念与示例

深入重点句抓重点词"发胖"理解法，就是指从重点句中抓出重点词，对重点词进行换词或从重点词的本义、引申义、比喻义出发，进行联系、联想、想象，进而品读文章的方法。

例如《我的"长生果"》一文中这一段：

渐渐地，连环画一类的小书已不能使我满足了，我又发现了一块"绿洲"——小镇的文化站有几百册图书！我每天一放下书包就奔向那里。几个月的工夫，这个小图书馆所有的文艺书籍，我差不多都借阅了。我读得很快，囫囵吞枣，大有"不求甚解"的味道。

阅读教学中，我们让大家先理解"囫囵吞枣"的本义，再联系文段，想象这个小小的图书馆有多少书，以及作者几个月的工夫读几百册图书时的状态，最后品味这段文字所表述的内容与情感。

2. 阅读教学中运用这种方式促品读

阅读文章时，需要准确把握文章内涵。要想耗时少收效大，我们往往会运用抓住重点词句法来帮助理解文章内容，体会作者表达的情感。

如，上例中的"囫囵吞枣"的本义是把枣整个咽下去，不加咀嚼，不分辨滋味。比喻义是对事物加以分析和思考。在品读这一段时就应该从本义出发，再到比喻义，联系文段中说的"几个月工夫，这个小小的图书馆所有的文艺书籍，我都差不多借阅了"，思考这个小小的图书馆有多少书呢？前文中说了"小镇的文化站有几百册图书"。此时就要想象，几个月的工夫读几百册图书是什么样的状态？通过这样的品读，学生就品读了"囫囵吞枣"在这里并不是吃枣子，也不是说作者对事物不加分析思考，而是指作者渴望看书，看起书来特别快的状态。

（四）参阅资料品读法

1. 概念与示例

参阅资料品读法，即是借助资料的帮忙品读文章的方法。

例如在学习《跨越海峡的生命桥》一文时，学生就可以提前查阅白血病、骨髓移植的相关资料。教师也可以为学生提供以下资料：

骨髓移植是白血病唯一康复的办法！骨髓移植对白血病的有效治愈率可达到75%～80%。移植过程中会出现不同程度的排异反应。在双胞胎中，排异反应发生率为 1%~5%，亲属中为 36%，非血缘关系为 50%~70%。常见的 HLA 分型，在 300~500 人就可以找到相同者，少见的 HLA 分型可能是万分之一的概率，而罕见的就要到几万甚至几十万的人群中寻找。不同人种的 HLA 分型有很大的差异，白人、黑人的骨髓不适合中国人。

2. 阅读教学中运用这种方式促品读

阅读离生活实际远的文章，阅读含义深刻不易读懂的文章，阅读经典名篇，就需要补充介绍文章的写作时代背景、作者简介、原文补充、人物的结局命运、相关链接等资料来品读文段，以达到突破难点、突出重点、升华思想感情的作用。如，通过上例的参阅资料，就可以帮助学生更好地品读《跨越海峡的生命桥》。

阅读教学中，为了更好地理解含义深刻的句子，理解作者的写作意图，理解文章的引申主旨，往往需要补充与课文相关的资料，拓展阅读的内容，来帮助理解词句文段的品析。通过丰富的补充拓展资料，结合自己的生活实际来理解作者的言外之意，不仅能引发读者的深入思考，更能由此及彼，让学生的知识习得发生迁移，从而达到举一反三、思维发散的目的。

二、品读表现法

即品读课文后，将品读结果变回答为展示，在课堂上进行再现、表现的方法。常用的品读表现法有结构化言说法、复述法、解释翻译法、直观呈现理解法等。

（一）结构化言说

1. 概念与示例

结构化言说，是按照一定的言语结构，遵循一定话语技巧，重点突出、条理分明、有理有据地表达思维的言说方式。

例如《自己的花是让别人看的》：

走过任何一条街，抬头向上看，家家户户的窗子前都是花团锦簇、姹紫嫣红。许多窗子连接在一起，汇成了一个花的海洋，让我们看的人如入山阴道上，应接不暇。

在交流这一段话的感悟前，教师给出参考表述模式：

我研读的句子是_____，我从这句话中的_____这个词知道（理解到）_____。我仿佛（看到、闻到、听到、想到）_____，我觉得_____。

于是，就有了学生这样的交流言说：

我学习的是第二句话，我从这句话中的"花团锦簇""姹紫嫣红"这两个词语感受到了德国街道上的花不仅多，而且美。我仿佛看到了家家户户的窗前都开满了花，它们一丛丛，一簇簇，挨挨挤挤地在风中频频点头；我仿佛闻到那时而浓郁、时而淡雅的花香；我还仿佛看到蜜蜂忙碌的身影，听到它们欢快劳动的赞歌。我觉得置身在这花的世界里真是妙不可言。

2. 阅读教学中运用这种方式促品读

在阅读教学中，教师要有意识地组织学生结构化言说。为了让学生的言说更为完整、清晰、有理有据，我们往往可以给学生提供一个结构化言说的"套"。值得注意的是：这个套路的设定应力简、开放，切不可设置成为一道填空题，限制学生言说内容的广度。如，在上述例子的练说中，教师给出的言说套路就极为清晰，一目了然，且练说的角度也很宽阔。

实践证明，在学生完成自主学习任务，呈现品读结果时，只要长期坚持有目的地构段式言说训练，他们就不会像以往那样只针对问题，只言片语地、零碎地、思路混乱地表述，而能整段地、条理清楚地、完整地言说。

（二）复述法

1. 概念与示例

复述是用自己的话和课文中学过的主要词句，把课文内容有条理地叙述出来。

例如《刷子李》的第五自然段：

一间房子，一个屋顶四面墙，先刷屋顶后刷墙。屋顶尤其难刷，蘸了稀溜溜粉浆的板刷往上一举，谁能一滴不掉？一掉准掉在身上。可刷子李一举刷子，就像没有蘸浆。但刷子划过屋顶，立时匀匀实实一道白，白得透亮，白得清爽。有人说这蘸浆的手法有高招，有人说这调浆的配料有秘方。曹小三哪里看得出来？只见师傅的手臂悠然摆来，悠然摆去，如同伴着鼓点，和着琴音，每一摆刷，那长长的带浆的毛刷便在墙面啪地清脆一响，极是好听。啪啪声里，一道道浆，衔接得天衣无缝，刷过去的墙面，真好比平平整整打开一面雪白的屏障。

阅读教学中，我们让学生复述《刷子李》一文中的这个片断时，可出示这样的交流建议（其实是复述的话题）：

《牛人传》栏目组遍寻中国民间"牛人"，请大家抓住他最令你叹服的几个方面，还可调动已有经验，在课文基础上发挥想象，加入自己的内容，力荐成功者获得"伯乐"头衔。

2. 阅读教学中运用这种方式促品读

复述法是对课文内容、语言、情感的内化、重组和表达的过程，因此，切忌照本宣科。在原文基础上加以合理想象和创造，还能发展想象力和创造力。

例如，上述的《刷子李》片断的品读中，复述法让学生更深刻地体会到刷子李刷浆技术的出神入化，复述者在生活化了的情境中更是如鱼得水。

（三）解释翻译法

1. 概念与示例

解释翻译法，即结合注释，理解翻译古诗词、古文，把古人的话语变成今天能理解的句子，从而理解课文意思的方法。

例如《咏鹅》这首诗：

咏　鹅

骆宾王（唐）

鹅，鹅，鹅，

曲项向天歌。

白毛浮绿水，

红掌拨清波。

在阅读教学中，我们让学生结合注释分别理解古诗题目和第一、二句的意思，从而理解全诗的意思。

2. 阅读教学中运用这种方式促品读

阅读教学中运用解释、翻译法时，要抓住课后注释，先理解关键字、词，再把词意放入句子中理解整句话的意思，进而翻译全文。这种品读表现法适用于古诗词、古文的学习。阅读古诗词或古文时，要结合课后注释，整体把握文意，感受作者所要表达的思想感情，达到文从字顺、表情达意的学习效果。

如上述例子，就是在运用解释、翻译法交流《咏鹅》这首诗的意思时，先从整首诗的语言入手，提示同学们作者写这首诗是为了赞美白鹅，因为它们浮游荡漾、快乐呼唤的情景是那样明艳动人，令人快活。再去借助课后注释细读，理解"咏、项、掌、拨"这几个关键字、词，最后把词放入句中帮助我们理解整句话的意思，知晓大意后，方又能体会"浮""拨"等字词的传神与精妙。运用解释、翻译法学习古诗词和古文时，见树木，也见森林，才能在学习中有更深的感悟。

（四）直观（照片、实物）呈现理解法

1. 概念与示例

直观（照片、实物）呈现理解法，就是运用直观形象的照片、实物帮助理解比较复杂难懂文段的品读表现方法。

例如《爬山虎的脚》一文中的一段话：

爬山虎的脚长在茎上。茎上长叶柄的地方，反面伸出枝状的六七根细丝，每根细丝像蜗牛的触角。细丝跟新叶子一样，也是嫩红的。这就是爬山虎的脚。

我们在带领学生品读这段文字时，先让大家提取出指明"爬山虎脚的位置及样子"的关键信息，再勾画出"茎上、长叶柄、反面、枝状、六七根、细丝、像蜗牛触角"等重点词语，厘清这段文字与你要呈现的图画的关系，最后在纸上画出"爬山虎的脚"。

2. 阅读教学中运用这种方式促品读

运用这种方法读书时，要认真品读文字，让同学们根据照片、实物，一一对应着说清楚文本的主要信息，帮助同学们理解文字表达的含义，学习运用语言准确地表达，进行读和说的训练。

例如，上述《爬山虎的脚》一文的阅读教学中，我们通过让学生分析片断中的文字，抓住关键词语进行体会，并在大脑中将文字转换为具体的图案，最终呈现在纸上，帮助学生理解"爬山虎的脚"究竟是什么样子、长在哪里的。

（五）动作演绎法

1. 概念与示例

动作演绎法，即通过动作比画，将不好理解的词语、文句意思演示、表现出来的方法。

例如《爬山虎的脚》的第四自然段：

爬山虎的脚触着墙的时候，六七根细丝的头上就变成小圆片，巴住墙。细丝原先是直的，现在弯曲了，把爬山虎的嫩茎拉一把，使它紧贴在墙上。爬山虎就是这样一脚一脚地往上爬。如果你仔细看那些细小的脚，你会想起图画上蛟龙的爪子。

在这一课的阅读教学中，我们先让学生交流学习这个自然段中的第一二句，并提示大家用圆圈勾画出表现爬山虎爬的动作的词（触、变成、巴住、弯曲、拉、紧贴），再动作演绎示范——以手臂代"脚"，以书桌代墙，动作模拟爬山虎的脚究竟是怎么爬的。（注意关键动作：触、巴住、弯曲、紧贴。）

我们边动作演示边口述，最后请全班同学都照着做，体会"爬山虎的脚"往上爬的样子。

2. 阅读教学中运用这种方式促品读

非严肃主题、庄重气氛、悲伤感情的文章，有些词语、文句，用一般方法都不好理解或将理解到的意思传达出来，可以通过动作比画来演现它的意思。如，上例的教学中，为了让学生理解"爬山虎的脚"往上爬的状态，我们带领大家抓出片断中的关键词，再实际演绎，充分将文字转换为实质的动作，加深学生对语言的理解。

（六）演示法

1. 概念与示例

演示法，是指将文中一些不好理解的字、词语、句子或文段的意思，用形象、直观的方式展演出来的方法。

例如《詹天佑》的第五自然段：

铁路要经过很多高山，不得不开凿隧道，其中居庸关和八达岭两条隧道的工程最艰巨。居庸关山势高，岩层厚，詹天佑决定采用从两端同时向中间凿进的办法。山顶的泉水往下渗，隧道里满是泥浆。工地上没有抽水机，詹天佑就带头挑着水桶去排水。他常常跟工人们同吃同住，不离开工地。八达岭隧道长一千一百多米，有居庸关隧道的三倍长。他跟老工人一起商量，决定采用中部凿井法，先从山顶往下打一口竖井，再分别向两头开凿。外面两端也同时施工，把工期缩短了一半。

在阅读教学中，我们让大家先交流詹天佑用了几种方法开凿隧道，并概括出这两种方法是什么（两端同时向中间凿进法、中部凿井法），再拿出事先准备好的居庸关和八达岭的模型图以及相关的模拟工具，边讲解边演示两种不同的开凿隧道的方法。最后全班同学根据示范边演示边练说。

学生演示两端同时向中间凿进法如下：

（拿出居庸关的模型图）大家请看，这是居庸关，它的特点是山势高，岩层厚（边说边指出相应的部分），但聪明的詹天佑还是想到了如何在这里开凿隧道，大家请看，他是这样指挥工人开凿隧道的——用两根小铁钉（模拟工具）分别向居庸关的模型图两端同时钻进，大家看，这样凿进，是不是就比只从一端打进去要快多了？

2. 阅读教学中运用这种方式促品读

在运用演示法时，首先要弄明确演示的目的，演示过程中要结合演示进行讲解和谈话，注意演示的形象性和直观性。这种方法，可以帮助学生将虚

拟的文字转化为直观、可视的演绎，从而促进对课文的理解。例如，上述《詹天佑》第五自然段的阅读教学中，我们运用演示法，让学生边演示边练说两端同时向中间凿进法和中部凿井法，进而深刻理解了两种方法的实际操作过程与作用。

（七）表演法

1. 概念与示例

在语文阅读教学中，教师和学生为了促进对教学内容的理解和体验，对教学内容进行戏剧化的模仿表演和再现，以达到学习交流的目的。

例如《去年的树》这篇课文：

一棵树和一只鸟儿是好朋友。鸟儿站在树枝上，天天给树唱歌。树呢，天天听着鸟儿唱。

日子一天天过去，寒冷的冬天就要来了。鸟儿必须离开树，飞到很远很远的地方去。

树对鸟儿说："再见了，小鸟！明年春天请你回来，还唱歌给我听。"

鸟儿说："好的，我明年春天一定回来，给你唱歌。请等着我吧！"鸟儿说完，向南方飞去了。

春天又来了。原野上、森林里的雪都融化了。鸟儿又回到这里，找她的好朋友树来了。

可是，树不见了，只剩下树根留在那里。

"立在这儿的那棵树，到什么地方去了呀？"鸟儿问树根。

树根回答："伐木人用斧子把他砍倒，拉到山谷里去了。"

鸟儿向山谷里飞去。

山谷里有座很大的工厂，锯木头的声音"沙——沙——"地响着。鸟儿落在工厂的大门上。她问大门："门先生，我的好朋友树在哪儿，您知道吗？"

大门回答说："树么，在厂子里给切成细条条儿，做成火柴，运到那边的村子里卖掉了。"

鸟儿向村子飞去。

在一盏煤油灯旁，坐着个小女孩。鸟儿问女孩："小姑娘，请告诉我，你知道火柴在哪儿吗？"

小女孩回答说："火柴已经用光了。可是，火柴点燃的火，还在这盏灯里亮着。"

鸟儿睁大眼睛，盯着灯火看了一会儿。

接着，她就唱起去年唱过的歌给灯火听。

唱完了歌，鸟儿又对着灯火看了一会儿，就飞走了。

阅读教学中，我们在每位同学都能将课文读正确、读通顺的基础上，再带领大家圈出人物："鸟儿、树、树根、门先生、小女孩"，并简单说说围绕这些人物讲了件什么事，最后带着大家把对话勾画下来，体会鸟儿寻找朋友的焦急、艰辛与坚定。一切准备就绪后，再由一名同学扮演鸟儿，并邀请同学分饰其他角色，表演鸟儿找树的部分。最后请其他小班（或小组）表演。

2. 阅读教学中运用这种方式促品读

在阅读教学中，对于故事性强、情节曲折生动的童话和寓言，都可以用表演法呈现品读收获，展现创造力和想象力，这不仅可以培养学生主动学习、积极参与的良好品质，也能使其体会到文本语言和语文学习的趣味。

例如，上述课文《去年的树》的教学中，为了让每位同学都能感悟鸟儿忠于友情和信守承诺的美好品质，我们运用了表演法呈现品读收获：为展现鸟儿寻找朋友树的艰辛和义无反顾，教师根据文本和生活大胆想象，创设雷雨天等情境，加入他人的劝告和鸟儿的回答，让学生在潜移默化中感受到了本文质朴的语言。

（八）画画法、图示法、图解法、画流程图法

1. 概念与示例

将"无形"的语言文字描绘转化成"有形"的图画、图形、图示等再现出来。因前面已有介绍，在此只简单介绍"画画法"。

例如《咏鹅》这首诗：

> 咏鹅（骆宾王）
>
> 鹅，鹅，鹅，
>
> 曲项向天歌。
>
> 白毛浮绿水，
>
> 红掌拨清波。

教学中，我们让大家将诗句所呈现的画面画下来。画好后，我们按提示语先示范，再带着全班进行构段式练说："我在图上画了一只(什么样的) 白鹅，它在(哪里) (干什么)。你看它(什么样的) 羽毛，(什么样的) 脚掌，配上(什么样的) 水，多么漂亮啊！为了使我的画面更美丽，我还加上了_____。"

学生画图如下：

2. 阅读教学中运用这种方式促品读

画画法不仅有助于理解文字，还能带动语言的训练。它适用于色彩艳丽或景物鲜明，富有画面感、联想丰富的片断或诗词的学习。如，上述《咏鹅》一诗的品读收获就是运用的画画法。要想把骆宾王笔下的"鹅"画得活灵活现，学生就须得将古诗一句一句地进行研究。画图法不仅能帮助学生理解《咏鹅》，更能让他们从"曲项向天歌"和"白毛浮绿水""红掌拨清波"中感受画面的色彩美和鹅的姿态美，甚至可根据想象添加其他景物：碧绿的荷叶、粉红的荷花、翠绿的柳树、各色的小鱼、蓝蓝的天、白白的云……从而激发学生对情景的塑造。

（九）演说、练说法

1. 概念与示例

演说、练说：顾名思义，有演有说，边演边说。即通过"有声语言"和恰当的"体态、动作"语言，练说课文内容。

例如《好心的小雪人》一文：

在天寒地冻的冬天，路边站着一个小雪人。她有两只桂圆做的眼睛，一根胡萝卜做的长鼻子，还有一顶咖啡色的绒帽，模样儿真惹人喜欢！

一只小松鼠来了。雪地里找不到一点儿吃的东西，小松鼠很饿很饿。小雪人把做眼睛的桂圆给了小松鼠。小松鼠吃下桂圆，肚子不饿了。"谢谢你，小雪人，你真好！"小松鼠一蹦一蹦地走了。

一只小白兔来了。雪地里找不到一点儿吃的东西，小白兔很饿很饿。小雪人把做鼻子的胡萝卜给了小白兔。小白兔吃下胡萝卜，肚子不饿了。"谢谢你，小雪人，你真好！"小白兔一跳一跳地走了。

两只小鸟飞来，站在小雪人的肩上直打哆嗦："好冷啊，好冷！"小雪人问："你们为什么不回家？"小鸟回答："我们的鸟巢都没了。"小雪人说："把我的绒帽带去，做个鸟窝吧！""谢谢你，小雪人，你真好！"两只小鸟高兴地衔着绒帽飞走了。

　　这时候，一位老奶奶从树林里走出来，看着小雪人说："你的模样变了，但是，你身体里的那颗水晶心没有变。"

　　我们首先（按故事情节顺序借助投影演示出下面的图画）带领大家图文对照，自己练习讲述这个故事。再丢开课文，看图讲故事。接着带着全班创设情境演说故事。如情景一：今天你放学回家了，妈妈问你学了什么故事，能讲给她听听吗？（抽同学讲）情景二：有一天，你与几个小伙伴相会了，你很自信地说，我来给你们讲一个故事……

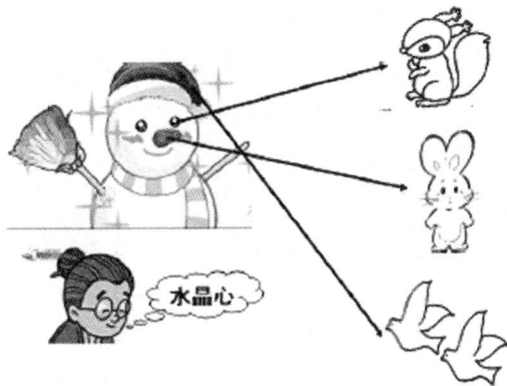

　　2. 阅读教学中运用这种方式促品读

　　演说法适用于情节感强，角色多的片断或文章。与表演法相比，演说法一般是在讲故事的过程中，适时加入一些简单的表演，它更注重的是对学生说的训练。讲故事一般由一人完成，而表演法中表演者的数量取决于角色的多寡。如，《好心的小雪人》这篇文章就是运用演说法来脱离文本讲故事的。

　　（十）解说（导游式）法

　　1. 概念与示例

　　解说（导游式）法就是将文章中的各种信息进行加工处理，内化为自己独有的语言形式向别人进行讲解的一种方式，好似旅游时导游向游客介绍风景名胜、风土人情一样。所以又叫"导游式"。

　　例如《颐和园》的第二自然段：

　　进了颐和园的大门，绕过大殿，就来到有名的长廊。绿漆的柱子，红漆的栏杆，一眼望不到头。这条长廊有七百多米长，分成273间。每一间的横槛上都有五彩的画，画着人物、花草、风景，几千幅画没有哪两幅是相同的。长廊两旁栽满了花木，这一种花还没谢，那一种花又开了。微风从左边的昆明湖上吹来，使人神清气爽。

我们先引导大家做好以下准备：熟读第二自然段，能用自己的话说说本段写了什么内容。能说出文中分别具体写了"长廊"的哪些方面，（柱子——栏杆——廊长——画——两旁）它们的特点分别是什么，作者用了哪些语句来描写这些特点。看着这个图示，能用自己的话向大家介绍长廊。此时，便可由学生担任导游，给"游客"介绍长廊了。

学生导游介绍如下：

目的地到了，大家请下车，这就是北京的颐和园了，颐和园可是一个美丽的大公园哦！今天就让我们感受一番吧！

让我们跨过颐和园的大门，绕过大殿。好了，现在我们来到了颐和园的长廊了，大家请看长廊的两旁，那些给涂了绿漆的柱子和红漆的栏杆，一眼望不到头，这就是长 728 米的长廊了。每一间的横槛上都有一幅五彩的画，有的是人物、花草、风景。这里有几千幅画，没有一幅是相同的，多了不起呀！来，我们边走边欣赏这几千幅美妙绝伦的图画吧！

走完长廊，我们眼前的就是万寿山下的八角宝塔了。八角宝塔的三层建筑耸立在半山腰上。在阳光的照耀下，那黄色的琉璃瓦在闪闪发光，是不是很耀眼？大家知道那是什么吗？那就是佛香阁了！下面一排排金碧辉煌的宫殿，那就是有名的排云殿。

大家请跟我来，大人牵着小孩，注意安全哦！让我们一起登上万寿山。好了！大家请从高处往下看。是不是很美呢？这时有葱郁的树林，有各种各样的美景尽收眼底了吧！大家请看正前方，那就是世界闻名的昆明湖了！大家说昆明湖像不像一块光滑的大镜子呢？昆明湖的湖水很绿，是不是像给花草树木染过似的。赶快用你们的照相机把这一刻拍下来。

来，我们下山吧！从万寿山下来，这一座跨过大湖的桥就是远近闻名的十七孔桥！大家往两旁看，这座桥有上百根石柱，柱子上雕着小狮子。它们神态各异、形态万千，好像在守护着十七孔桥，不让人破坏。

游客们，这天的颐和园之旅已结束了，希望能留给大家一段美好的回忆！再见，不要忘记我哦！

2. 阅读教学中运用这种方式促品读

对文章的解说（导游式）要有针对性、计划性和灵活性。针对不同的文体（写人、记事、描物、状景）抓住其要点组织语言，（可以是文中的语言，也可以是自己的语言，还可以补充一些资料。）自然而巧妙地将其融进导游讲解之中，不断提高讲解水平。如，上例用解说（导游式）法教学《颐和园》第二自然段，教师就是通过抓住该段对"长廊"的描写，让学生消化文字，再用自己的语言表现出的。可见，解说（导游式）法，有助于学生对语言文字的理解与运用，促进思维的双向传递训练。

（十一）模拟记者采访法

1. 概念与示例

模拟记者采访法指一人扮演记者，一人扮演被采访者，围绕一个主题，创设一个采访情景进行采访活动。

例如《威尼斯》的第四自然段：

船夫的驾驶技术特别好。行船的速度极快，来往船只很多，他操纵自如，毫不手忙脚乱。不管怎么拥挤，他总能左拐右拐地挤过去。遇到极窄的地方，他总能平稳地穿过，而且速度非常快，还能作急转弯。两边的建筑飞一般地往后倒退，我们的眼睛忙极了，不知看哪一处好。

我们让每个学生自由读，勾画表现技术高的关键词，再连接关键词，让大家练说船夫驾驶技术高，并布置情景表演，用记者采访式（可采访船夫，可采访游客。）各人找伙伴合作表演说。

学生采访表演如下：

生1（做出刚下船的样子）

生2（记者迎上）：先生，你好！

生1（有点疑惑）：你好，有什么事吗？

生2（出示记者证，礼貌地说）：我是旅游电视台的记者，打扰一下，你方便接受一下我们的采访吗？

生1（看过记者证，有点意外）：哦，可以呀！我很荣幸！

生2（认真地说）：看你满面笑容的下小艇，坐小艇感觉好吗？

生1（兴奋起来）：好极了，坐在小艇上，极其享受，行船的速度极快，简直如同飞起来一般。

生2（担心地问）：是吗？这么快，那你不担心安全吗？

生1（信心满满）：安全得很！船夫的驾驶技术特别好，不用担心。

生2（详细询问）：真的吗？你能为我们的观众朋友们具体描述一下船夫是怎么驾驶的吗？

生1（娓娓道来）：可以呀！坐在船上，只见船夫操纵自如，毫不手忙脚乱。不管水面上的船只多么拥挤，他总能左拐右拐地挤过去。遇到极窄的地方，他也能平稳地穿过去，而且速度非常快，还能作急转弯。两边的建筑飞一般地往后倒退，我的眼睛忙极了，都不知道看哪一处好。

生2（面对观众）：观众朋友们，听见了吗？威尼斯的小艇正等着你哟！

（面对采访者）：谢谢你！

2. 阅读教学中运用这种方式促品读

学习叙事性文章时，针对文中的人物、主要事件、人们关注的话题以记者的身份进行互动采访。模拟记者采访时，可由一人扮演记者，围绕品读内容，对被采访者提问；被采访者可由一人或多人扮演。记者、被采访者在对话过程中，要把文中的介绍内化成自己的语言，再加上自己的观点表达出来，这个再创造的过程源于文本，又高于文本，有助于学生多种能力的培养。

如，上述例子中的《威尼斯的小艇》这段介绍"船夫驾驶技术精湛"的文字，就是练说、练采访极佳的材料，学生在模拟情景中，理解了船夫驾驶技术究竟有多精湛，精湛在哪里，并通过自己的语言表达出来，既训练了学生的思维，加强对文本的解读，又训练了学生的语言、表演等能力。

（十二）辩论法

1. 概念与示例

辩论法指对立双方针对同一问题，持有不同观点或看法，并对自己的观点或看法进行充分的阐释。

例如《一面五星红旗》一文中有这样的片断：

老板拍了拍我的肩膀，告诉我可以用这面旗子换面包。

我愣了一下，然后久久地凝视着手中的五星红旗。

老板转身拿起一块面包，见我没有反应，以为我嫌少，又拿起两块面包递给我。

"可以吗？交换吧。"老板冲着我打手势。我摇摇头，吃力地穿上大衣，拿着鲜艳的国旗，趔趔趄趄地向外走去。突然，我摔倒在地上，就什么也不知道了。

《一面五星红旗》这个片断的阅读交流，我们可抓住"愣""久久凝视"，对"是否愿意用五星红旗换面包"这一问题进行辩论，一面是救命的面包，一面是至爱的国旗。学生脑海里有两个"我"在激烈地争辩：一个"我"说，可以用五星红旗交换面包；一个"我"说，不可以用五星红旗交换……同学自愿选择自己的观点：分组——讨论——迅速整理各自的理由——双方展开辩论。

2. 阅读教学中运用这种方式促品读

某些文章或片断中的问题有争议，两方观点或看法完全对立，又和谐统一。我们就可以采用"辩论法"让学生在实实在在的语言实践活动中，明晰文章的思想感情，更训练学生的思辨与表达能力。

例如，上述《一面五星红旗》这个片断的阅读交流中，我们让学生在自主分组、开展辩论的过程中，将文本内容融汇于语言实践里，深切体会到了爱国情。

（十三）**实验操作法**

1. 概念与示例

通过具体的实践操作，将不好理解的"科学"道理或现象，形象地表现出来。

例如《乌鸦喝水》的片断：

乌鸦看见旁边有许多小石子，它想了一想，有办法了！

乌鸦把小石子一个一个地衔起来，放到瓶子里。瓶子里的水慢慢升高，乌鸦就喝着水了。

教学操作如下：

1号：说乌鸦喝水的办法。乌鸦的办法是什么呢？勾画句子，请大家跟我读句子"乌鸦把小石子一个一个地放进瓶子里"。

2号：我来跟大家演一演，请教师给我们解说，大家帮我数数好吗？读一读，注意"一个一个"。

（生演，根据教师提示的速度往里面放小石子。）

师：①筋疲力尽的乌鸦，把小石子一个一个地放进瓶子里。（表演学生慢放小石子，下面学生跟着放石子的节奏。）飞了很远的乌鸦有点累了，请同学们跟我来读句子……（慢读句子：乌鸦把小石子一个一个地放进瓶子里。）

②继续表演，再数，6、7、8、9、10，师："哎呀，怎么这么慢呀，快点吧，能不能快点儿啊？"（快读句子）

提示：慢读让别人听出耐心来。快读感觉乌鸦……

③继续表演，再数，11、12、13、14、15，师："嘴伸去还是够不到，算了吧，你们放弃了吧。"（重读句子）

提示：重读"一个一个"，体现出不放弃的精神。

④继续表演，再数，16、17、18，师："快看快看，水涨高了，你们的心情？"

读："乌鸦把小石子一个一个地放进瓶子里。"（轻快地读句子）

提示：轻快地读"一个一个"，体现出喜悦。

3号：我能把乌鸦喝水的办法背下来。（示范背——同学练习——抽背。）

4号：同学们，如果水瓶旁边没有小石子，乌鸦还可以用什么办法喝到水？（学生说办法）

2. 阅读教学中运用这种方式促品读

有些文段涉及了一定的"科学"道理或现象，用一般方法不好理解。可通过"实验操作法"将其过程形象地演示出来，帮助理解。

如，上述《乌鸦喝水》的这个片断就用了"实验操作"法，在一步一步的实践中，充分帮助了学生理解乌鸦喝水的办法。

（十四）演算法

1. 概念与示例

通过演示计算过程，将抽象的数字或词句里包含的意思表现出来。

例如《圆明园的毁灭》的片断：

1860 年 10 月 6 日，英法联军侵入北京，闯进圆明园。他们把园里凡是能拿走的东西，统统掠走；拿不动的，就用大车或牲口搬运；实在运不走的，就任意破坏、毁掉。为了销毁罪证，10 月 18 日和 19 日，三千多名侵略者奉命在园里放火。大火连烧三天，烟云笼罩了整个北京城。我国这一园林艺术的瑰宝、建筑艺术的精华，就这样化成了一片灰烬。

《圆明园的毁灭》可这样用演算法让学生体会圆明园的毁灭是"不可估量的损失"，如：

1 号：带领大家读文段，用词概括英法联军的做法。（"统统掠走""任意毁坏""放火焚烧"）

2 号：我带领大家重点体会"放火焚烧"。请勾画出表示焚烧时间的词。（连烧三天）演算"三天"：一天多少小时？（24 小时）三天就是 $3 \times 24 = 72$（小时）。

一小时多少分钟？（60 分钟）三天就是 $72 \times 60 = ?$（同学们计算一下，得出 $72 \times 60 = 4320$ 分钟。）

3 号：带领大家感受 1 分钟大火焚烧的情景。静静地看录像后练说。（无声录像：烈火熊熊，浓烟滚滚，大火焚烧圆明园的镜头 1 分钟。）烧掉一幅历史名画只用几秒钟，烧掉一个建筑，比如"平湖秋月"只需几分钟，那么大火烧 1 分钟，会烧掉些什么呢？（这 1 分钟，我看到……烧掉了；……烧掉了；……也烧掉了。）

4 号：带领大家想象练说 4320 分钟的大火焚烧，圆明园那不可估量的损失。

"大火连烧三天，4320 分钟，烟云笼罩了整个北京城，烧掉了……烧掉了……烧掉了……"

"大火连烧三天，4320 分钟，烟云笼罩了整个北京城，没有了……没有了

······没有了······"

任意一号：总结圆明园的"不可估量的损失"，说体会，再读文段。

2. 阅读教学中运用这种方式促品读

有些文段中的词句或某些数据，不好直接感知，可通过"演算法"将其转变成我们能直接感知的、熟悉的数据，以帮助理解其包含的意思。如，上例就是运用演算法，让学生在对三天时间是多少分钟的计算，及观看焚烧视频，演算烧掉东西所花的时间，想象三天大火焚烧烧掉了些什么的过程中，体会圆明园的毁灭是"不可估量的损失"。

第四节　阅读练习

一、现场积累背诵法

"现场积累背诵法"指阅读文章，切不可满足于将文章内容理解了，还要带领学生好好地积累，当堂让学生积累好文章的好词、好句、好段、好篇，然后根据所记忆的不同内容，采取不同的积累策略的方法。

（一）朗诵积累法

1. 概念与示例

朗诵积累法是指学生针对背诵优美古诗词而采用的记忆策略，要求学生大声地朗读，做到熟读成诵。所谓熟读唐诗三百首，不会作诗也会吟，说的就是这个道理。

例如在《牧童》这首古诗的阅读教学中，教师首先让学生诵读正确，然后是有节奏地读：

草铺/横野/六七里，笛弄/晚风/三四声。归来/饱饭/黄昏后，不脱/蓑衣/卧月明。

最后是弄懂诗意，有感情地熟读成诵。

2. 阅读练习中运用这种方法促练习

朗诵积累法是一种运用较为普遍且易于掌握的方法。无论字词还是文段，无论诗歌还是文言文、现代文，在阅读教学的积累环节中，它都适用。教师在阅读教学中运用这种方法时应注意，这里的熟读并非是"读望天书"一般

地不动脑筋地反复读，而是应让学生在朗读的过程中，理解文本，走进文本，入情入景地读。例如，上述《牧童》这首古诗，就是按照"读正确——读出节奏——读懂诗意——读出感情——熟读成诵"的顺序来完成阅读教学的积累环节的。

这种积累方法，既简单，又易操作。阅读教学中，教师经常采用这种积累方法，可帮助学生养成良好的语感，让学生感受到语言语境渲染的魅力。

（二）音形义用积累法

1. 概念与示例

音形义用积累法是指针对有生字的阅读课文，在小老师的带领下，对阅读文中的生字按照音形义用的顺序进行积累。

例如《走遍天下书为侣》中要积累的生字有：

侣、娱、盒、豫、趟、诵、零、编、某。

阅读教学中，教师先让学生用以下句式练说，积累"侣"字：

"侣"的读音_____，形近字是_____，在文中的词语是____，意思是_____，还可以组词：_____，造句：_____。

学生在小老师的带领下，按照积累"侣"字的方式，当堂练习。

2. 阅读练习中运用这种方法促练习

音形义用积累法，主要运用于阅读教学中的生字词积累环节，帮助学生掌握生字词学习的方法。例如上述《走遍天下书为侣》中的积累生字，教师以"侣"字的音形义用为范本，带领同学们以练说为载体，发散练习，自主积累。

（三）结构化板书积累法

1. 概念与示例

结构化板书积累法指教学中教师指导学生背诵整篇课文的时候，最好引导学生先掌握整篇课文的基本结构，并板书在黑板上，学生根据结构化板书来积累篇章的方法。

例如《桂林山水甲天下》一课的板书：

| 桂林山水甲天下 | 水：静、清、绿 |
| | 山：奇、秀、险 |

2. 阅读练习中运用这种方法促练习

运用结构化板书法积累篇章，首先教师引导学生板书出文章的结构，学生掌握了篇章的机构，便在理解的基础上，使记忆的文字变得有意义与有序，这样积累就轻松多了。如，上例《桂林山水甲天下》一课的板书，清楚明了，寥寥几个字就展现出了课文的结构与特点。学生通过板书所提示的关键词，就能在脑海里形成课文的框架，从而加强记忆的效果。

（四）画流程图积累法

1. 概念与示例

画流程图积累法又叫抓关键词积累法，是指学生在背诵片断或篇章的时候抓文段的关键词，按照一定流程串联起来记忆。

例如《窃读记》中的一个片断：

转过街角，看见饭店的招牌，闻见炒菜的香味，听见锅勺敲打的声音，我放慢了脚步。

教师组织学生通过画流程图来记忆：

看→闻→听→放慢

2. 阅读练习中运用这种方法促练习

画流程图能帮助学生从文本的大段文字中，抓住这几个关键词，按照流程图顺序，梳理思维链，提高记忆的速度。在阅读教学中，教师要注意提醒学生：不能只顾画完流程图，而应根据流程图，关上书，用自己的语言将流程串联起来，完成记忆。

如上述《窃读记》的这个例子，学生就是通过流程图所提示的流程与关键词，当堂快速记忆课文片断的。

（五）一句话概括主要内容积累素材法

1. 概念与示例

在阅读练习中，学生为了积累素材，可以运用一句话概括主要内容的方法。

例如《开国大典》文章很长，可以用一句话概括：

1949 年 10 月 1 日，在首都北京天安门广场举行了开国大典，在隆隆的礼炮声中，中央人民政府毛泽东主席庄严宣布中华人民共和国成立，并亲自升起了第一面五星红旗以及聚集在天安门广场的三十万军民进行了盛大的阅兵。

2. 阅读练习中运用这种方法促练习

如上例所述，学生通过抓主要内容，就能快速积累《开国大典》这一素材。运用一句话概括课文主要内容积累素材法要求学生要掌握概括阅读文章的方法，如，抓中心句法、记叙文的要素法、小标题扩展法等。由于概括课文主要内容一章有详解，在此不作赘述。

二、设计练习题法

（一）概念与示例

"好好读"文章，让学生设计练习题，可以提高其学习语言、积累语言和运用语言的能力及应试能力。

下面以《窃读记》为例，以"字、词、句、段、篇"为结构，设计练习题：

1. 读拼音，写汉字。

chōng zú   má mù   shū guì   zhī chēng
（   ）（   ）（   ）（   ）

chǎo cài   zhòu méi   tuǐ suān   jù pà
（   ）（   ）（   ）（   ）

2. 辨字组词。

梦（   ） 贪（   ） 赡（   ） 碌（   ）
婪（   ） 贫（   ） 檐（   ） 绿（   ）

3. 照样子，写词语。

例如：舒舒服服（AABB）

_____、_____、_____

例如：急匆匆（ABB）

_____、_____、_____

4. 给加点的字选择正确的解释。

顾：A. 注意；B. 拜访；C. 转过头看看；D. 商店或服务行业前来购买东西或要求服务的

（1）顾此失彼。（   ）

（2）像我这样光顾着看书的人很多。（   ）

（3）今天顾客盈门，服务员都忙不过来。（   ）

（4）我环顾四周，只见这里山清水秀。（   ）

光：A. 光彩；B. 完了；C. 只，单；D. 露着；E. 明亮；F. 景物

（1）春光明媚。（   ）

（2）为国争光。（   ）

（3）我担心书被卖光。（   ）

（4）你光着膀子想大干一场啊！（   ）

（5）光明在前头等着我们。（   ）

（6）光靠你们两个人恐怕不行。（　　　　　　）

5. 写近义词。

鼓励（　　　　　）　惧怕（　　　　　）　贪婪（　　　　　　）

6. 判断下列句子是否是比喻句。

（1）我合上书，咽了一口唾沫，好像把所有的智慧都吞下去了。（　　　）

（2）急忙打开书，一页，两页，我像一匹饿狼，贪婪地读着。（　　　）

（3）他读书的时候，像一只蜜蜂在吸取花粉那样专注。（　　　）

（4）她看见饭店的招牌，闻到炒菜的香味，就好像看见了满桌的美味佳肴。

（　　　）

（5）有时我会贴在一个大人的身边，仿佛我是他的小妹妹或小女儿。

（　　　）

（二）阅读练习中运用这种方法促练习

根据文章字、词、句、段、篇的逻辑顺序，可以将设计的阅读练习题分为五类：字的练习题、词的练习题、句的练习题、段的练习题、篇的练习题。如，上述的例子中，学生就是根据字、词、句的顺序完成习题设计的。

发动学生进行习题设计，能有效地引导学生在出题的过程中，关注课文的知识点，促进学生自主理解、掌握知识。在教学中，教师可提醒学生，尽量把习题设计得更新颖、有趣，每一类的题型都可以给它取一个生动活泼的名字，如："生字大本营""词语爬梯"等。

三、自问自答法

自问自答法是指学生根据阅读文本，通过自己提出问题然后回答问题来学习文本的方法，进而帮助学生提高语文素养的能力。根据小学课文不同文体，分为叙事类自问自答法、写景类自问自答法、写物类自问自答法、说明文自问自答法、古诗词自问自答法。

（一）叙事类的自问自答法

1. 概念与示例

叙事类自问自答法，是学生根据叙事文本的角度提出问题、解答问题的自主阅读方法。

例如《草船借箭》一课的教学中，可对课文进行这样的自问自答：

（1）课文的主要内容是什么？（课文写周瑜由于妒忌诸葛亮的才干，要诸葛亮在十天内造好十万支箭，以此陷害他。诸葛亮同周瑜斗智，用妙计向曹操"借箭"，挫败了周瑜的暗算的事。）

（2）课文按什么顺序来叙述的？（故事以"借"为主线，按事情发展顺序进行叙述。先写草船借箭的原因；接着写了诸葛亮做草船借箭的准备；然后重点写草船借箭的经过；最后写了事情的结果箭如期如数交付周瑜，周瑜自叹弗如。）

（3）本文主要人物有哪些？各有什么特点？（诸葛亮足智多谋，周瑜妒贤嫉能，鲁肃忠厚守信，曹操谨慎多疑。）

（4）通过草船借箭这个故事作者想表达什么？（表现了诸葛亮有胆有识、足智多谋、才智超群。）

2. 阅读练习中运用这种方法促练习

从叙事的内容可提问文章的主要内容是什么，讲了什么事，或几件事，主要人物有哪些；按叙事的顺序可以提问事情叙述的顺序什么；按叙事要素，可以问时间、地点、人物、事件；按叙事的意义，可以问作者通过叙事要表达什么。通过自问自答过程，能帮助学生理解叙事文的内容、事情发展脉络与表达色彩等。如，上述例子中，学生通过对课文的自主问答过程，逐步理解了草船借箭这个故事写了些什么，其中的人物都有着怎样的特色，从而向我们传达了哪些信息等。

（二）写景类的自问自答法

1. 概念与示例

根据写景类文章的特点，学生在阅读过程中可以问：写了什么景，有什么特点，按什么顺序来写，作者通过写景想表达什么，然后通过回答这些问题来理解课文提升能力的方法。

例如《桂林山水》一课的阅读教学中，教师可以组织学生进行这样的提问：

写了桂林山水的什么景？桂林山水的景色有什么特别？作者运用了什么修辞手法描写景物？

2. 阅读练习中运用这种方法促练习

在写景文的阅读教学中，通过自问自答的过程，能帮助学生自主读文，抓出景色的顺序与特点等。教师应让学生注意：在运用写景类文章自问自答法的时候，要善于抓文章的关键词。如，对于上述例子的回答，可概括出桂林山水水的特点就是静、清、绿；山的特点就是：奇、秀、险。

（三）写物类自问自答法

1. 概念与示例

写物类文章的自问自答法就是根据写物的"三要素"来提问回答：写了

什么物，物有什么特点，从哪些方面来写的。

例如课文《猫》的阅读教学中，学生可提问：

猫有什么特点？从哪些方面描写这一特点的？

2. 阅读练习中运用这种方法促练习

写物类文章自问自答法，学生在回答问题的时候，特别是回答从哪些方面来写物的，一定要注意两种方式：一是对物直接描写；二是通过具体事实写物，如《猫》这课，老舍先生是通过描写猫大量生活事实来表现它的性格古怪。

（四）说明文的自问自答法

1. 概念与示例

说明文的自问自答法是指学生根据说明文的特点，从说明的对象、说明的方法、说明文的语言等方面来提问自答的方法。

例如根据《鲸》的一个自然段，学生可以提出：

该段说明的是鲸的什么？用了哪些说明方法？"约有十六万公斤重"中的词语"约有"能否去掉，为什么？

2. 阅读练习中运用这种方法促练习

学生通过回答说明的对象、说明的方法、说明语言的准确性来完成对说明文的阅读学习。例如在上述《鲸》的第一自然段的教学中，学生围绕提问进行回答，从而理解课文运用了列数字、打比方等说明方法，对鲸的大小进行了说明。在阅读教学中，教师应提醒学生，注意围绕说明文中所运用的说明方法及其作用进行自问自答，切不可漫无边际地随意提问。

（五）文言文古诗词的自问自答法

1. 概念与示例

文言文古诗词自问自答法是指学生根据古诗词的特点来自问自答的方法。

例如在古诗《山行》的阅读教学中，教师可以引导学生提问：

古今异义词"坐"是什么意思？"于"是什么意思？诗句的意思是什么？诗人表达了怎样的思想情感？

2. 阅读练习中运用这种方法促练习

在阅读教学中，学生通过围绕文言文或古诗词的字词意思、内容或表达情感进行提问，在回答这些问题的过程中，来达到阅读学习文言文古诗词的目的。如上例的阅读教学中，学生根据词语、句子的意思与思想感情自问自答，自主阅读学习古诗《山行》。

四、知识抢答法

（一）概念与示例

知识抢答法是指在课堂上小老师根据阅读课文的知识点设计各种题让下面的同学进行抢答，以达到学习语文知识的目的。

例如在古诗《独坐敬亭山》的阅读教学中，教师组织学生根据知识抢答法，在课前做好抢答题的准备，并且要备好题的答案：

1. 这首诗的作者是谁？（李白）

2. 诗句的意思是？（仰望天空，只见几只鸟儿向远处飞去，直到看不见影子；一片白云也慢悠悠地越飘越远，四周一片寂静。我静静凝视着山，觉得山也在看着我，好像在互相交流，彼此总是看不够。此时此刻，我的心里似乎只有那座敬亭山了。）

3. 抒发诗人怎样的思想情感？（因怀才不遇而产生孤独寂寞的感情与对敬亭山的喜爱之情。）

（二）阅读练习中运用这种方法促练习

知识抢答的内容包括字词句段方面的知识，也包括文章要素、文章概要、写作方法、修辞手法、标点等方面的理解，可以直接回答答案，也可以单项选择或者多项选择、判断等。知识抢答的题型可分为：必答题、共答题、抢答题、风险题这样几个类型。在上述例子中，教师让学生在学习完古诗后，根据相应内容出题，进行快速抢答，既能当堂巩固，又让整个课堂焕发出了活跃的光彩。

五、竞赛巩固法

（一）概念与示例

竞赛巩固法是在一篇阅读课文学习之后，小老师对课文知识梳理清单，在全班进行竞赛巩固的方法。

例如，根据《窃读记》的第三、四自然段，设计的竞赛巩固题如下：

1. "它在这里"中的"它"指的是＿＿＿＿＿＿＿＿＿＿＿＿＿＿＿＿＿。

2. "我像一匹狼，贪婪地读着。"这句话把"我"比作＿＿＿＿＿＿，这个比喻形象地说明了＿＿＿＿＿＿＿＿＿＿＿＿＿＿＿＿＿＿＿＿。

3. 文中的破折号的作用是＿＿＿＿＿＿＿＿＿＿＿＿＿＿＿＿＿＿＿＿

＿＿＿＿＿＿＿＿＿＿＿＿＿＿＿＿＿＿＿＿＿＿＿＿＿＿＿＿＿＿。

4. 作者为什么说"我很快乐，也很惧怕——这种窃读的滋味"？

（二）阅读练习中运用这种方法促练习

竞赛巩固题题型可以多种多样：如判断、选择、填空、抢答……目的是促进学生听说读写的能力。竞赛抢答最好以小班为单位，不仅激发了学生的竞争意识还激发了他们的合作意识。如上述例子中，教师带领学生在阅读完《窃读记》文段后，根据相应内容设计出填空题、问答题，组织知识竞赛，当堂就巩固了新知。

第五节　以小练笔促理解

一、在同课文情境中仿写法

（一）概念与示例

在同课文情境中仿写法，是指在课文的具体情境中，根据语言表达的需要，参照教师所提供的句式，去仿写语段或短文。

例如在教学《慈母情深》时，学生们在理解"母亲说完，立刻又坐了下去，立刻又弯曲了背，立刻又将头俯在缝纫机板上了，立刻又陷入了忙碌……"这个句子时，教师让他们去仿写本课另外一个"主语谓语倒置"句子："背直起来了，我的母亲。转过身来了，我的母亲。褐色的口罩上方，一对眼神疲惫的眼睛吃惊地望着我，我的母亲……"

学生写作如下：

母亲说完。立刻又坐了下去，我的母亲；立刻又弯曲了背，我的母亲；立刻又将头俯在缝纫机板上了，我的母亲；立刻又陷入了忙碌，我的母亲……

（二）阅读教学中采用这种小练笔促理解

学生们在"主语谓语倒置"这种仿写后，不仅理解了重复运用四个"立刻"写出了母亲的忙碌，对家人深沉的爱，而且还理解了这种写法加强了母亲形象的塑造。我们相信学生们是久久难以忘怀的。

在同课文情境中仿写时，课文中没有详写之处就可仿写课文中详写之处，不细腻不深刻之处就可仿写课文中某处写细腻写深刻。还可以仿写人物外貌、

动作、语言、心理或者神态，仿写人物的性格特点，仿写所写之事以及叙述方法、叙述顺序，仿写修辞手法"排比""拟人""夸张""比喻"等，目的就是为了更好地理解文本，促进学生对文本的理解。

二、依课文情境变写法

（一）概念与示例

依课文情境变写法，就是让学生依据课文情境进行文体的变写、写作方法的变写、结构形式的变写、修辞手法的变写、直述转述之间的变写、虚实之间的变写、因果的变写、点面的变写等。

例如学习诗歌《舟过安仁》，有学生将诗歌变写为散文：

一个春日，阳光正好，宋代诗人杨万里乘船来到安仁，他马上喜欢上这个了地方，这里万物复苏，鸟语花香，湖光山色，美呀！

四周群山连绵起伏，湖水清澈见底，微风徐来，水波不兴。一叶渔舟从天边缓缓而来，两个可爱的小孩轻松地撑着竹篙，忽然间小的那个眼珠子转了转，和另一个小声嘀咕了一会儿，两个人一起叫着："就这么办！"两张小脸上透出精灵古怪的神情，不知道又要玩什么花样了。

只见两个小家伙收起了竹篙，也停下了船桨，在船头正襟危坐，一副古灵精怪样，弄得杨万里他们看见了直摇头。他俩从船舱拿来一把雨伞，撑了起来，岸边的人说："又没下雨，撑伞做什么？"话没有说完就发现小船慢慢地向前行驶。

"成功了！"他俩来了个击掌，大家才恍然大悟，"哈哈哈"，笑声在河边回荡。

（二）阅读教学中采用这种小练笔促理解

这首诗歌变写为散文后，画面感很强，就像电影里的一帧帧画面。真是妙不可言啊！一首二十八字的诗歌变写为洋洋洒洒三百多字的散文，将诗歌的抽象文字具化为一幅幅的画面，促进了小作者领悟诗意。

依课文情境变写，好处在于更深刻地理解这段文字，能迁移能运用所学的知识，将抽象概括的文字具体为物象，将具体的物象归纳为抽象概括的文字。总之，就是将现有文本语言化为学习者自身的语言文字。例如《威尼斯的小艇》中写船夫的驾驶技术一流那个自然段，抓住"操纵自如"等几个动词，可以变写为记者采访游客，由游客来夸赞船夫，也可以变写为船夫拉客时的自我夸耀，从而促进学生对船夫驾驶技术高超的理解。

三、补白写法

（一）概念与示例

"补白"是书画作品的专用语，是指在作品留有空白的地方"润色"。小学语文课文大多选自名家之作，这些作品使用的语言是一种具有审美功能的表现性语言，包括很多"不确定"和"空白"，这就是文本语言的"空白点"。这些"空白点"并不是作者行文的疏忽和无奈，而恰恰是作者不忍点破的韵外之致、只可意会的弦外之音或谋篇布局的独具匠心。所谓补白，就是在教学中利用文本的空白点或生发点，引导学生依据课文内容，结合生活体验，展开想象，合理地补上言语的空白、情感的空白以及意境的空白。

在教学《去年的树》时，教师寻找到一处补白——寒冷的冬天就要来到了，一对好朋友即一棵树与一只鸟儿即将分别，来年小鸟回来为树唱歌，却怎么样也找不到那棵树。它们分别之后究竟发生了什么，那棵树怎么盼望鸟儿归来的呢，请学生们进行补白。

有学生写道——

树望着越来越远的鸟儿，心里默念着："我的好朋友，鸟儿，去往南方的路上充满荆棘与风雨，你一定要平安归来。我等着你！"

北风呼啸，刮掉了树茂盛的叶子，吹裂了树皮，树挺立着。它喘息着："鸟儿，快回来，我很孤独！"

大雨滂沱，淋湿了树粗壮的枝干，刨松了树根上的泥土，树挺立着。它泪眼蒙眬："鸟儿，快回来，我很寂寞！"

伐木工人走来了，用斧子砍伐着树，树挺立着。它焦急地呼喊："鸟儿，快回来，可能你会看不见我了！"

一天过去了，两天过去了，三天、四天过去了……树终于倒在了地上。它伤心欲绝："鸟儿，我的好朋友，这次，你是真的看不见我了！再见，我的好朋友！"

（二）阅读教学中采用这种小练笔促理解

此处补白很有意思，采用了并列语段，将故事演绎得很忧伤，将树对鸟儿的友谊演绎得很坚定。学生们在补白小练笔后，更能理解作者省略掉的语言——"树对鸟儿的友爱"那种欲言又止欲罢不能的感觉。

补白，对人物的动作、语言、神态、心理、外貌的补白，对故事发生时典型环境的补白，补白原因补白结果，哪里需要具化的地方哪里就补白。通过补白，学生们能更好地理解文本没有说具体生动没有表达明白的地方。在

教学中，教师要充分引领学生发现空白，填补空白，能缩短学生与文本的时空距离和心理距离，从而排除阅读障碍，使学生深入文章的内核，正确透彻地理解文章的内涵，为学生营造自由想象的氛围，挖掘学生的创新潜能，激发学生的创新思维，使之闪现智慧的火花。可以说，"补白"是文本解读的一个独特的视野，是文本解读的一个永不枯竭的源泉，"补白"式文本解读能给学生打开一个五彩缤纷的世界！

四、续写法

（一）概念与示例

续写，是指从原文出发，遵循着原文的思路，对原文作延伸。续写前，要紧的是熟读原文，做到故事情节烂熟于心，人物性格准确把握，全文旨意透彻理解。只有这样，续写的部分才能与原文一脉相通，融成一体。续写有利于培养联想力和想象力。

教学四年级下册《中彩那天》时，对于爸爸将汽车还给了库伯后，一家人坐下吃晚餐时，大家心里究竟会怎么想，会怎么做，会怎么说，究竟一件看似喜从天降的好事在物归原主后一家人有何变化，教师让学生们续写。

有学生写道——

天色渐渐暗了下来，街道上五彩的灯陆陆续续地亮了起来，人们都三三两两地回家了。一会儿，库伯叔叔把汽车开走……

客厅里亮晶晶的灯光，暖暖地照射在我们身上，就像柔柔的月光洒在我们身上。厨房里飘着香喷喷的菠萝味的披萨饼味道，那香味好浓好浓，仔细一看，母亲脸上还挂着恬静的笑容，好美！我在旁边悠闲地看着书。

一会儿，开始吃饭了。我们一边吃饭，一边快乐地聊天，一切显得那么和谐。

爸爸非常高兴，一边喝着妈妈酿的葡萄酒，一边给我们讲他童年的故事："你奶奶从小就教导我，做人要诚实，对得起自己的良心。只有对得起自己的良心，你才会活得心安理得！噢，今晚，我可以舒舒服服地睡个好觉了！哈哈……"

妈妈一边给爸爸斟酒，一边静静地笑着。我想：爸爸在奔驰汽车的选择上，可以选择不要，还给库伯先生，也可以选择要，不给库伯先生。可爸爸不要，把汽车如实地还给了库伯先生，爸爸真是一个诚实有信的人啊！我站起来，大声地说："爸爸，你真伟大，你给了我一笔巨款，那就是诚实。"

"是呀！你爸爸，是世界上最最伟大的、最最富有的爸爸！"母亲插嘴道，

"对呀！只要一个人活得诚实，就等于有了一大笔财富。"父亲赞许地点了点头！

窗外的灯仍在亮着，照得屋外的树叶晶亮晶亮的……

（二）阅读教学中采用这种小练笔促理解

这篇续写是在把握文章主要内容、领悟文章主题后，对人物进行了细腻描写，符合各自的性格特点和事情的发展。

续写，以写人为主的文章，续写部分可以用原文的事情来补充人物的性格，也可以用其他事情来丰富人物的性格，但是人物的性格特征必须与原文一致，即使人物性格有发展变化，也要合情合理。以记事为主的文章，续写部分应是事件的自然延伸。做到中心事件不变，也就是依照原来的叙述角度，围绕中心事件来续写新的情节。续写的目的，就是要让学生们在延伸事件或者补充情节之后对事件有更深刻的认识，对人物有更全面的了解，从而更好地理解文本。

第六节　练写作方法解析

一、构段方式解析法

"好好读"文章，切不可满足于将文章内容理解了，还要带领学生解析语言形式，让学生学习语言、积累语文和运用语言。篇章教学中带领学生解析文中的构段方式，就是一项教学内容。构段方式是指文章的段落组成之间的逻辑关系，构段是文章的基础。在中小学阶段，让学生写记叙文，至少须让他们掌握以下这些构段方式：连续结构段、并列结构段、总分结构段、概括具体结构段、点面结构段、因果结构段和对比结构段等。

（一）解析连续结构段

1. 概念与示例

连续结构段，也是承接结构段，是指一句连接一句地说出连续的动作或连续的事件，这样的自然段结构方式。

例如：

昨天中午，凛冽的寒风刮起来了，呼呼地刮了一个下午。傍晚，大片大

片的雪花从昏暗的天空中纷纷扬扬地飘落下来。(《下雪》)

2. 阅读教学中解析连续结构段的构段方式

例如上述《下雪》这段话，作者写天气变化，是从"中午"写到"下午"，再写到"傍晚"，时间顺序非常清晰，形成事物变化的先后连续或承接。

在结合不同的文段进行解析时，要相机告诉学生，写连续段，还有按事情的发展顺序连缀成段的，有按空间的转换顺序连缀成段的，有按事物的内在联系连缀成段的。还可以告诉学生，写作连续结构段或承接结构段常常可用"首先……其次……再……最后……"的句式来表述，这样能更好地表示出动作或事物发展的先后与连续性。

（二）解析并列结构段

1. 概念与示例

并列结构段，即分别描述（或说明）几方面的事物或同一事物的几个方面，这样的自然段结构方式。

例如《翠鸟》中一个段中的三句话就构成了并列关系。

头上的羽毛像橄榄色的头巾，布满了翠绿色的花纹。背上的羽毛像浅绿色的外衣。腹部的羽毛像赤褐色的衬衫。

2. 阅读教学中解析并列结构段的构段方式

例如上述《翠鸟》文段，要与学生分析出，三句话中分别写了"头上""背上""腹部"羽毛的样子，三句之间构成并列的关系。要提示学生，同一级的事物或事物相同级别的几个方面，才能构成并列。并列地说事物的几个方面或阐述理由的几点，可用"第一，……；第二，……；第三，……"的连接方式，这样会显得条理更清晰。

（三）解析总分结构段

1. 概念与示例

总分结构段是指表示总叙和分述的关系的自然段结构方式。分为三种形式：总——分；分——总；总——分——总。

例如《放风筝》中的一段话：

天空中的风筝越来越多，热闹极了。那金黄色的"小蜜蜂"翘着两只绿色的翅膀，好像在百花丛中飞来飞去。那鲜红色的"大金鱼"，尾巴一摆一摆的，好像在水里游。还有那精致的"小卫星"，闪着金光，仿佛在宇宙中飞行……

2. 阅读教学中解析总分结构段的构段方式

《放风筝》中的这段话第一句总体写风筝"越来越多"，很"热闹"，然后第二、三、四句具体写了三种风筝放飞的情景，这前后构成了先总后分的关系。

　　要提示学生，总分结构段分的几个方面，至少是三个方面，而且这几个方面一定是并列式的结构。如果有"总述"而后面没有三个方面，只是沿着总的讲述具体地说清楚，就可能是下一种构段方式了。

　　（四）解析概括具体结构段

　　1. 概念与示例

　　概括具体结构段是指概括介绍与具体描述相结合的自然段结构方式。

　　例如《我的教师》一文中的一段话：

　　苏教师教数学，对我们的要求可严啦。有一次数学测验过后，她把批阅过的试卷发下来。我溜了一眼分数，顺手把试卷往书包里一塞。苏教师看见了，走过来对我说："你错了一道题，改过来了吗?"我漫不经心地回答："知道了，明天再说吧!"苏教师严肃地说："马上就改，不要让一道错题过夜。"我只好把试卷拿出来。苏教师和我一起改那道题，给我分析出错的原因。从此以后，我养成了作业有错马上就改的好习惯。

　　2. 阅读教学中解析概括具体结构段的构段方式

　　上述文段中的第一句写出苏教师要求"严"，这是概括（或总括）地讲，然后用她严格督促"我"马上改错题的事例做具体说明，构成概括具体结构段。

　　要告诉学生，这种构段方式，突出表现为概括讲述后再举例说明。它与总分结构段常常容易搞混。

　　（五）解析点面结构段

　　1. 概念与示例

　　点面结构段是指表示点与面、局部与整体、个体与集体关系的自然段结构方式。分为先面后点，或先点后面，"点""面"交错等几种形式。

　　例如《英雄爆破手》中的一个场面描写：

　　战士们像猛龙一般冲过了一道道战壕，摧毁了一个个暗堡，只剩下最后一个暗堡了。敌人躲在里面，疯狂地用机枪扫射，封住了九连战士的前进道路。

　　2. 阅读教学中解析点面结构段的构段方式

　　要与学生一同解析，上述《英雄爆破手》这个段就是点面结构段，第一句是写"面"，战斗的整个概貌，让读者知道许多战士勇猛地冲过许多战壕，毁灭了许多暗堡。第二句是写"点"，强调"只剩下"一个暗堡封住战士们

前进的道路，突出了这个暗堡难攻，为后文英雄爆破手如何克服困难去炸毁它做了铺垫。

可告诉学生，点面结构段写场面，如同拍电影时，长镜头扫视全景，这就是面；特写镜头写某一个人，某一个局部，某一个细节，这就是点。点与面结合可使得有大场面而不空泛，有具体内容而不单薄、孤立。用点面结构来描写场面、情景或事物状态，可以"先面后点"，或"先点后面"，还可以"点""面"交错进行。

（六）解析因果结构段

1. 概念与示例

因果结构段是指表明原因和结果的关系的自然段结构方式。分为两种形式：因——果；果——因。

例如《我的弟弟》中的一段话：

弟弟跟着妈妈住在女牢房里。牢房一年到头不见阳光，阴暗潮湿。弟弟穿的是妈妈改小的囚衣，吃的和大人一样，是发霉发臭的牢饭。长期监狱生活的折磨，弟弟长得脑袋大，身子小，面黄肌瘦。难友们都疼爱地叫他"小萝卜头"。

2. 阅读教学中解析因果结构段的构段方式

阅读因果结构段是，要与学生分析出原因与结果的关系。如上述文段：

原因——牢房阴暗潮湿，穿的是囚衣，吃发霉发臭的牢饭。

结果——脑袋大，身子小，面黄肌瘦，叫"小萝卜头"。

要告诉学生，因果结构段用来写人、写物或写事，具体构段时先原因后结果，也可以先结果后原因。交代清了前因后果，才能把人、事、物写具体、清楚。

（七）解析对比结构段

1. 概念与示例

对比结构段是指以两种事物相对比较的自然段结构方式。

例如《美丽的公鸡》中的一段话：

有一天，公鸡吃得饱饱的，挺着胸脯，唱着歌，来到一棵大树下。他看见一只啄木鸟，说："长嘴巴的啄木鸟，咱们比比谁美。"啄木鸟冷冷地说："对不起，老树生了虫子，我要给他治病。"

2. 阅读教学中解析对比结构段的构段方式

阅读教学中要与学生厘清这一种构段方式的思路：两相比较，写出人、事或物的特点。如上述文段分别写了：公鸡贪吃不干活，满足于自己外表的美观；啄木鸟勤于劳动，表现出乐于助人的美德。这样鲜明的对比，突出了两者的不同特点，给人的印象更为深刻。

要提示学生，用对比构段，人、事或物要有可比之处，比较的目的是突出不同之点。

二、谋篇技巧解析法

阅读文章时，为了准确把握作者的写作意图和学习文章的写作特点，分析文章的谋篇技巧显得尤为重要。谋篇技巧是指写文章时，按照一定的逻辑顺序，在主题的统帅下，把表现主题的有关材料进行安排，先写什么，后写什么，怎么展开，怎么过渡，怎么结尾，有条不紊地组成完整的篇章。常见的谋篇技巧方式有：文章的立意选材、详略组材、过渡、照应、构篇结构（包括连续结构、并列结构、总分结构、点面结构、因果结构、对比结构等）。

（一）**解析立意、选材**

1. 概念与示例

立意就是文章的写作角度是一篇作品所确立的文意。它包括全文的思想内容、作者的构思设想和写作意图及动机等，其概念的内涵要比主题宽泛得多。立意产生在写作之前。简单说文章的立意就是你要明白你要写什么，你想表达什么思想感情。选材，就是在文章写作中，按照一定的写作意图对所占有的材料进行鉴别、剪裁的过程。

例如人教版五年级上册课文《梅花魂》。

2. 阅读教学中解析立意、选材

例如上述《梅花魂》一文，是通过赞美梅花来颂扬像梅花一样有气节的中国人，寄托老人对祖国深深的眷恋之情。为表现这一文意，作者以梅花为线索，讲了外祖父的五件事，从中表现了这位老人对梅花的挚爱，表达了身在异国的华侨眷恋祖国的思想感情。

在结合文段解析时提示学生立意要注意以下问题：立意要准确，这与切题相关；立意层次要高，这与文章的主旨深刻相关；立意要积极，这与文章的价值观导向有关。关注选材原则，选材要围绕和突出主题，具有真实性和典型性，材料要新颖而生动。

（二）**解析详略、组材**

1. 概念与示例

详写，是指对能直接表现中心意思的主要材料加以具体的叙述和描写，放开笔墨，写得比较充分；所谓略写是指对虽与表现中心意思有关但不是直

接表现中心意思的材料，少用笔墨，进行概括式的叙述。详略组材即写文章时要根据中心的需要，安排好材料的详写和略写，也就是安排好文章的主次，这样的谋篇技巧方式。

例如人教版六年级上册课文《詹天佑》。

2. 阅读教学中解析详略、组材

如上述《詹天佑》这篇课文中，詹天佑在修筑京张铁路的过程中遇到了很多的困难，其中只选取了勘测线路、开凿隧道、设计"人"字形线路三件最困难的事来写，文章选材典型，详略得当。

在结合不同的文段进行解析时，要相机提示学生详写和略写的安排必须紧紧围绕中心，有取有舍，与重点内容细致入微、充分生动，写次要内容清楚明了、简明扼要，这样就做到了主次分明、详略得当。

（三）解析过渡

1. 概念与示例

过渡，是使文章连贯、结构严谨的一种手段。文章的各部分是靠过渡来连缀的。可以用词语、用句子、用段落过渡。过渡段的作用是"承上启下"，这有两层含义，一层是结构上的，另一层是内容上的。结构上就是对整体的把握，增加条理和文章的语言的流畅性。内容上就是对上面篇幅的总结和对下面篇幅的开头总起作用。

例如人教版三年级上册《赵州桥》：

赵州桥非常雄伟。桥长五十多米，有九米多宽，中间行车马，两旁走人。这么长的桥，全部用石头砌成，下面没有桥墩，只有一个拱形的大桥洞，横跨在三十七米多宽的河面上。大桥洞顶上的左右两边，还各有两个拱形的小桥洞。平时，河水从大桥洞流过，发大水的时候，河水还可以从四个小桥洞流过。这种设计，在建桥史上是一个创举，既减轻了流水对桥身的冲击力，使桥不容易被大水冲毁，又减轻了桥身的重量，节省了石料。

这座桥不但坚固，而且美观。桥面两侧有石栏，栏板上雕刻着精美的图案：有的刻着两条相互缠绕的龙，嘴里吐出美丽的水花；有的刻着两条飞龙，前爪相互抵着，各自回首遥望；还有的刻着双龙戏珠。所有的龙似乎都在游动，真像活了一样。

2. 阅读教学中解析过渡

如上述《赵州桥》课文，前一自然段写赵州桥的雄伟、坚固，下一自然段写赵州桥的美观，中间用"这座桥不但坚固，而且美观"一句承上启下，将赵州桥的两个特点自然过渡连接。

在阅读文段中解析时提示学生：我们可以用设问、反问的形式，或者用平铺直叙的语言，用上关联词语，串起上下文内容。这样，就能自然地从一个阶段转入另一阶段。

（四）解析照应

1. 概念与示例

为了使文章内容衔接紧凑、结构严谨，一篇文章中，前面写到的，中间或结尾要有交代；后面提到的，前面要有所铺垫，这种安排设计叫做"照应"。常见的照应方法有三种：首尾照应，前后照应，文题照应。

例如人教版六年级下册《十六年前的回忆》中的开头与结尾：

开头讲：

1927 年 4 月 28 日，我永远忘不了那一天。那是父亲的被难日，离现在已经 16 年了。

课文最后具体讲了：

她（母亲）低声问我："昨天是几号？记住，昨天是你爹被害的日子。"……我低声对母亲说："妈，昨天是 4 月 28。"

2. 阅读教学中解析照应

例如上述《十六年前的回忆》这篇课文中，文章开头点出"我"永远也忘不了"1927 年 4 月 28 日"，结尾在"我"与母亲的对话中再次提到"记住""4 月 28"，这样前后照应，首尾连贯，使文章结构严谨，又增强感染力，更好地表达了作者对父亲深深的怀念和失去父亲的痛苦之情。

提示学生，照应要巧妙，切忌刻意、显露。前呼后应，前后不宜紧贴。如果照应前后贴得过近，反而会使文章显得呆板，读起来反而显得枯燥。

（五）解析构篇结构（连续结构、并列结构、总分结构、点面结构、因果结构、对比结构等）

结构是文章部分与部分、部分与整体之间的内在联系和外部形式的统一。

如果说中心意思是文章的"灵魂"，要明确无误；材料是"血肉"，要丰富，并能集中地反映中心；那么结构就是文章的"骨架"，是谋篇布局的手段，是运用材料反映中心思想的方法。常见的构篇结构有连续结构、并列结构、总分结构、点面结构、因果结构、对比结构等。

1. 连续结构

（1）概念与示例

即按照先后顺序谋篇布局。这种结构的文章，段落与段落之间的关系是按照所写内容的先后顺序，一层紧接一层连起来写的，前后不能颠倒。有的

按事情发展的先后顺序承接，有的按时间顺序承接，也有的按物体变化的过程承接。

例如人教版二年级下册《雷雨》：

满天的乌云，黑沉沉地压下来。树上的叶子一动也不动，蝉一声也不叫。

忽然一阵大风，吹得树枝乱摆。一只蜘蛛从网上垂下来，逃走了。

闪电越来越亮，雷声越来越响。

哗，哗，哗，雨下起来了。

雨越下越大，往窗外望去，树哇，房子啊，都看不清了。

渐渐地，渐渐地，雷声小了，雨声也小了。

天亮起来了。打开窗户，清新的空气迎面扑来。

雨停了。太阳出来了。一条彩虹挂在天空。蝉叫了，蜘蛛又坐在网上。池塘里的水满了，青蛙也叫起来了。

（2）阅读教学中解析连续结构

连续结构的文章，读之井然有序、富有条理。如上述课文《雷雨》，按照时间的先后顺序来叙述课文，为我们描绘了雷雨前、雷雨中、雷雨后的自然景象，感受自然景观的美。

在具体的篇章中解析时提示学生，使用连续结构作文时注意选材剪裁得当、重点突出。否则，容易出现罗列现象，犯平铺直叙的毛病，像一本流水账，使人读了索然无味。

2. 并列结构

（1）概念与示例

是指围绕文章中心主题，在文章的主体部分分别写作几个（一般三个）并列的段落层次，或递进的几个层次，各段落层次平行排列，或呈递进形式，分别从不同角度、不同侧面来表述诠释或验证中心主题，使文章呈现出一种多管齐下、齐头并进的格局。常见的并列组合式结构安排有：文字标题式，即给每个独立的片断拟一个合适的题目；镜头组合式，即将几个典型的人物、事件或者场景有机组合起来，可以突破时空限制，更加灵活自由；日记连缀式，即选择一个主题的三篇日记连缀成文；数字符号式，即用数字作为小标题。

例如人教版六年级上册《索溪峪的"野"》：

走进张家界的索溪峪，脑子里只剩下了一个字：野。

山是野的。……

水是野的。……

山上的野物当然更是"野"性十足了。……

在这样的山水间行走，我们也渐渐变得"野"了起来。……

（2）阅读教学中解析并列结构

如上述《索溪峪的"野"》一文中，2～5自然段分别从山是野的、水是野的、山上的动物是野的、"我们"也变野了四个方面围绕课题进行描写，这四部分内容之间存在着并列关系。这样写，清晰明了地表现出了索溪峪"野"的特点。

解析并列结构时提示学生：并列构篇的几项内容虽然各自独立，但必须紧紧围绕着一个中心（人物性格或主旨）行文；并列的各个部分必须是平行的，不能出现交叉或从属的部分。

3. 总分结构

（1）概念与示例

"总"是文章内容的总体概括，出现在文章的首和尾；"分"是文章内容具体展开，它实际上是文章的主体部分。一篇文章在总体布局上，可以先总后分，也可以先分后总，还可以先总后分再总。

例如人教版三年级上册《美丽的小兴安岭》：

我国东北的小兴安岭，有数不清的红松、白桦、栎树……几百里连成一片，就像绿色的海洋。

春天，……

夏天，……

秋天，……

冬天，……

小兴安岭一年四季景色诱人，是一座美丽的大花园，也是一座巨大的宝库。

（2）阅读教学中解析总分结构

上述《美丽的小兴安岭》一文，开头就从整体上写出了小兴安岭的美——树多，树的种类多，像绿色的海洋。然后从春、夏、秋、冬四个季节分别描述了小兴安岭的美丽，结尾总结"小兴安岭一年四季景色诱人，是一座美丽的大花园，也是一座巨大的宝库"。

在不同文段中解析总分结构时注意提示学生：运用总分结构写文章时，关键要会分层，"分"的部分要分为三个或四个方面，不宜过少或过多。"总"的部分开头要起到总领作用，有的放矢；结尾要围绕上文总结，努力做到深刻有力。

4. 点面结构

（1）概念与示例

所谓"点"，指的是最能显示人事景物的形象状态特征的详细描写；所谓"面"，指的是对人事景物的叙述或概括性描写。点面结合就是"点"的详细描写和"面"的叙述或概括性描写的有机结合。即将最能表现文章主题、刻画中心人物的关键材料作为"点"安排在最突出的位置上，把其他起补充、陪衬、铺垫、烘托以及联接过渡作用的材料作为"面"来谋篇布局的一种写作方法。

例如《快乐的儿童节》一文：

盼望着，快乐的"六一"儿童节终于来临了。学校为了庆祝"六一"儿童节的到来，特意在学校操场举行了一次形式丰富、内容精彩的"六一庆祝会"。

早上九点，隆重的庆祝活动终于正式开始了。第一项是升国旗，随着雄壮的音乐声，一排排整齐的正步顿时在操场上"啪"地清脆一响，极是好听，旗手把旗帜系在旗杆上，手臂用力一挥，暖暖的春风徐徐吹过，鲜艳的五星红旗立刻在空中飘扬。

紧接着，校园集体舞比赛开始了。随着优美的音乐响起，整个操场刹时像进入了一个花的海洋，五彩缤纷，各个班的同学们一个个翩翩起舞。就连坐在旁边的观众也不由得竖起大拇指赞扬。

随后，是"亲子赛跑比赛"。要想跑赢这场比赛可不容易，因为参赛的每个同学和家长的两只脚都是绑在一起的，这个需要学生和家长的同心协力，步伐一致。你瞧，有些同学跑得太快了，出现了差错，摔跤了；有些同学因为跑得太慢被落在了后面。到了最后，几位同学和家长终于齐心协力，战胜敌人，终于获得了胜利。

最后，是由全校师生合唱抗震救灾歌曲《让世界充满爱》。随着教师的指挥，"轻轻地捧着你的脸，为你把眼泪擦干……"的声音立刻在耳边想起，震耳欲聋。虽然我不知道远在灾区的小朋友们是否能和我们一样过上一个快乐的儿童节，但是我知道，有了我们十三亿人的爱，灾区的人们一定能重建美好家园！

（2）阅读教学中解析点面结构

如上述《快乐的儿童节》一文中，文章主要讲了两层意思：第一自然段讲学校为庆祝"六一"举行庆祝会，从"面"来写；2～5自然段具体讲开展了哪些活动，笔墨集中，描写详细，抓"点"来写。两部分之间是由面到点的关系。这样写，读者既对整体有所了解，又能重点"欣赏"最精彩处。

提示学生，场面写作时要点面兼顾，要在"面"的整体中写"点"，在"点"的基础上写"面"，使得以"点"显"面"，以"面"衬"点"，切不可"点""面"游离，甚至相互抵触。

5. 因果结构

（1）概念与示例

这种结构，文中段与段或部分与部分之间的关系是"因"和"果"的关系。例如人教版三年级下册《一个小村庄的故事》：

山谷中，早先有过一个美丽的小村庄。山上的森林郁郁葱葱，村前河水清澈见底，天空湛蓝深远，空气清新甜润。

村里住着几十户人家。不知从什么时候起，家家有了锋利的斧头。谁家想盖房，谁家想造犁，就拎起斧头到山上去，把树木一棵一棵砍下来。就这样，山坡上出现了裸露的土地。

一年年，一代代，山坡上的树木不断减少，裸露的土地不断扩大……树木变成了一栋栋房子，变成了各式各样的工具，变成了应有尽有的家具，还有大量的树木随着屋顶冒出的柴烟消失在天空了。

不管怎样，家家户户靠着锋利的斧头，日子过得还都不错。然而，不知过了多少年，多少代，在一个雨水奇多的八月，大雨没喘气儿，一连下了五天五夜，到第六天黎明，雨才停下来。可是，小村庄，却被咆哮的洪水不知卷到了何处。

什么都没有了——所有靠斧头得到的一切，包括那些锋利的斧头。

（2）阅读教学中解析因果结构

例如上述人教课标版小学语文三年级下册《一个村庄的故事》一文中，前三个自然段交代事情发生的原因，即小村庄里的人们拿着斧头乱砍滥伐，后两个自然段阐述了事情发展的结果，即村毁人亡。

在具体篇章中解析时要告诉学生，因果结构用来写人、写物或写事，具体构篇时由因推果，也可以由果索因，交代清楚了前因后果，才能把人、事、物写具体、清楚。

6. 对比结构

（1）概念与示例

就是把两种事物（或意见）加以对比，更加突出某种事物（或意见）的谋篇技巧。这种构篇方式更多的运用于议论文写作中。

例如《遗人玫瑰，手有余香》一文：

外国一位著名的企业家曾说过：当别人遇到困难时，我不会坐视不管，我会尽力帮助他，这样做不但不会让我损失什么，反而会给我带来荣誉，让我的事业更加顺利。这便是一种双赢的智慧。当我们在帮助别人的时候，无形之中体现出自己的价值，让自己赢得竞争中的优势。

因此，我们应善于利用双赢的智慧，用自己的长处来弥补别人的短处，从而使自己的长处得到彰显。

当我们积极帮助别人时，自身的价值便会得到体现，会使自己获得极高的信誉。二战结束后，各国经济极度萧条，企业由于受到战争的破坏，资金匮乏。而此时各国银行大多停止接济困难企业。然而，此时的花旗银行却积极办理各项贷款业务，尽力挽救各国企业。企业由于受到援助，迅速发展，促进了经济的复苏，按时归还了花旗银行的贷款。花旗银行的这一友好做法，不仅没有使自己蒙受经济损失，反而给自己带来了极高的信誉。在此后的发展中，花旗银行凭借良好的信誉，使自己成为世界知名银行之一。这一双赢的举措不但救活了企业，而且让花旗银行赢得了许多商家的信赖和支持。

相反，如果缺乏双赢的意识，疏于施助于人，那么我们自身的发展也会受到限制进而缓慢下来，因为我们无法体现自己的价值，不会获得别人的信任。外国一位传教士曾经说过："当他们去攻击革命党的时候，因为这与我无关，所以我保持沉默；当他们去攻击农民军的时候，因为这与我无关，所以我保持沉默；而现在他们来攻击我了，我该怎么办呢？"这名传教士由于以前没有帮助过别人，"现在"便处于四面楚歌的境地。现在的一些企业，当同行陷入困境时，不是伸出援助之手，而是落井下石，在企业处于平稳发展时，有时还采取诋毁别人等不正当竞争手段来达到自己的目的，这样做其实是极不明智的，他们既会失去买家的信任，又会败坏自己的声誉。

由此可见，通过帮助别人既可以给别人机会，又能彰显自己的长处，促进我们自身的发展。可以说遗人玫瑰，手有余香。

（2）阅读教学中解析对比结构

《遗人玫瑰，手有余香》开篇引用一位企业家的话，点明题旨。本论部分先引用正面事例花旗银行的双赢举措为例证，证明了利用双赢的举措赠人玫瑰，手有余香的道理。然后采用反面的事例，与上文构成正反对比，一正一反，对比鲜明，大大增强了文章说服力。告诉学生，用对比结构构篇时，对比的事物要有可对比之处，并让读者知道为何要进行对比，不能生搬硬套。

三、文章开头技巧解析法

写文章时，开头如何引人入胜呢？这里面有一些技巧。此外，在阅读文章时，也可以通过分析作者巧妙的开头方法，体会那样写作的妙处。下面，介绍五种常见的开头方法。

（一）交代四素法

1. 概念与示例

提到记叙文的要素，一般都说"六要素"，即时间、地点、人物、起因、经过、结果。将事情的起因、经过、结果整合一起总称为事件，就变成了记叙文的"四要素"，即时间、地点、人物、事件。"四素"就是一篇文章所具有的时间、地点、人物、事件四方面内容，行文开始将四素作必要的交代、说明，让读者读了不感到突兀或莫名其妙。

这种方法往往会在开始或者事物发展进程中的第一步或者是第一部分，直接点出文章的时间、地点、人物，为下文展开故事情节作准备，是全文最初的一段或一部分，它适合于以记事为主的记叙文。

例如《狼牙山五壮士》开头：

一九四一年秋，日寇集中兵力，向我晋察冀根据地的狼牙山区大举进犯。当时，七连奉命在这一带坚持游击战争。经过一个多月英勇奋战，七连决定向龙王庙一带转移，把掩护群众和连队转移的任务交给了六班。

2. 阅读教学中解析交代四要素法的开头技巧

上述例子，就是在文章的开头直接点出文章的时间、地点、人物、事件（时间：一九四一年秋；地点：晋察冀根据地的狼牙山区；人物：六班的五壮士；事件：把掩护群众和连队转移的任务交给了六班。），为下文五壮士如何诱敌上山、英勇杀敌、跳崖牺牲作铺垫。

文章开头运用交代四素法，要注意：第一，必须要有四要素，如果把这四要素串起来，概括成一句话，即某人某时在某地做了某事。第二，交代四素法很少单独使用，它往往与其他文章开头法进行整合运用。文章开头交代四要素，能给读者留下一个清晰的印象，让读者对文章所陈述的事件一目了然。

（二）开门见山法

1. 概念与示例

"开门见山"是个比喻，"开门"，指的是文章的开篇；"山"，指的是文章的正题。开门见山式开头法指的是文章一开篇就直入正题，直接交代本文要写什么人、什么事，要讲一个什么样的道理等等。"开门见山"是作文中最基本的一种开头方法。

例如《我爱故乡的杨梅》的开头：

我的故乡在江南，我爱故乡的杨梅。

2. 阅读教学中解析开门见山法的开头技巧

课文《我爱故乡的杨梅》作者一开头就开门见山地点出"我"的故乡所在地，"我故乡在江南，我爱故乡的杨梅"。这里既有突出强调的作用，又能引起读者的好奇："我"为什么爱杨梅，杨梅有哪些可爱之处呢？这一开头言简意赅，具有很强的吸引力。

从以上的例子不难看出，开门见山式开头法是引人入胜的好方法。它直截了当，简明扼要，一开篇就给读者一个鲜明、强烈的印象，吸引读者迫切地读下去。对于初学写作的同学来说，不必为怎样开头多花时间，多动脑筋，这是一种易懂好学的方法。但是，要用好开门见山式开头法，还必须注意开头要简明扼要，用少量的字数，表达意思明白完整，这是开门见山法的最基本的要求。此外，"开门"应紧扣文章的中心，成为文章的有机组成部分，帮助文章的展开，因此，在动笔之前安排文章的结构时就应考虑好开头。

（三）提出问题法

1. 概念与示例

文章一开头，就把所写的主要内容，以问题的形式提出来，引人注意，发人思考，这种开头方法就叫提问式开头法。

例如《哥哥变了样》的开头：

这几天，我家的客人特别多，又是穿白制服的民警叔叔，又是穿绿色衣服的邮电局伯伯。他们接二连三地来我家串门子，这是为什么呢？

事情还得从上个月 7 日开始说起……

2. 阅读教学中解析提出问题法的开头技巧

提问式开头法，作者首先提出问题，紧紧抓住读者的思维情绪，激发读者一阅读就势必要寻求答案的兴趣，使其急切地想阅读下文。以提问式开头，可以避免呆板化，使文章生动活泼，饶有情趣；娓娓动听，感染力强，更使整篇文章增色生辉。

如上述例子中，穿白制服的民警叔叔、穿绿色衣服的邮电局伯伯，他们接二连三地来"我"家串门子，"这是为什么呢？"这个设问，牵动着读者的心，激发读者迫切地去揭开谜底，寻求答案。原来"哥哥"赤手空拳抓住了持刀行凶、抢劫邮电所钱财的坏蛋，且不留姓名，他再也不是以前爱打架的"哥哥"了。小作者运用提问式开头法，自然引出下文，巧妙地激发了读者的阅读兴趣。

运用提问式开头法，要做到把握中心而问，预测读者心理而问，精心选择问的方式而问，使问话问到点子上，切忌随意甚至胡乱提问。

（四）描写引入法

1. 概念与示例

描写引入法，就是在文章的一开头就运用细致的描写，把事物形象生动地再现出来，使人如见其物、如闻其声、如临其境的文章开头技巧。

例如《抢险》开头：

一天夜里，山洪暴发了。河水不断上涨，快要漫到堤上来了。风很大，拥着浪花不断向河堤上猛扑，刚退回去，又猛扑上来。忽然天崩地裂一声响，堤决口了。

2. 阅读教学中解析描写引入法的开头技巧

在写人、记事的作文中，用描写引入开头法，可一开始就把读者带入你描绘的境界，或一下子就在头脑中形成人物的形象。上例的文字就是在一开篇描写出了山洪暴发、河水猛涨、风大浪急、河堤决口的险情，表明了必须快"抢"。这样的自然环境的描写为事件发展、人物活动拉开了序幕，渲染了气氛。

描写引入法，常见的有自然环境描写引入法和社会环境描写引入法，运用环境描写引入法要做到：目的明确，为表达中心思想服务；形象生动，给人身临其境之感；抓住特征，写出独具特色的景物。

（五）抒发感情法

1. 概念与示例

抒发感情法是指文章一开头就将作者的亲身感受和思想感情抒发出来，让作者能产生感情上的共鸣。这种方法适合写人记事的文章。例如，有篇文章这样开头：

1976 年 1 月 9 日清晨，当我从广播里听到敬爱的周总理不幸逝世的消息时，剧烈的震惊和极度的悲痛紧紧地缠住了我的心，泪水不住地夺眶而出，我久久凝视着在周总理家里做客时合影的珍贵照片，默默念着："敬爱的老首长，老首长！你永远活在我们心里，我们永远怀念你！"

2. 阅读教学中解析抒发感情法的开头技巧

上例的这段开头直接抒发了作者从广播里听到敬爱的周总理不幸逝世的消息时的悲痛心情，表达了作者对周总理的热爱之情。

抒情一般分直接抒情与间接抒情两种。直接抒情是作者在描述感情时，不借助任何事物和景观，而直接对作品中的人物、事件、景观做公开的表白和坦露，常采用直抒胸臆法、运用排比和反问法、运用呼告与反复法等。抒

发感情的开头式，能有助于增强文章的感染力，引发读者与之共鸣。抒发感情的方法主要有借人抒情、借事抒情、借物或借景抒情。运用抒发感情法，最重要的一点就是要做到"感情真挚"，要能巧妙地抒发自己内心真实的情感，不能死搬硬套。

文章开头技巧分析法适用于开头很有技巧和特色的文章，在内容理解基础上，对该方面的写作特色进行分析，启发自己和别人予以学习、借鉴，提高写好文章开头的能力。

四、文章结尾技巧解析法

俗语说"编筐编篓全在收口"，说的就是结尾的重要性。结尾和开头一样，处在文章中的显著位置，是文章的有机组成部分，是全文内容发展的必然结果。常说评价一篇好文章的标准为"凤头猪肚豹尾"，结尾的好坏直接关系到文章的全局，关系到文章中心思想的表达：一个精彩的结尾，可以使文章熠熠生辉。因此，在进行篇章教学时要带领学生关注文章结尾的技巧，让学生领会、积累和运用技巧进行文章结尾。好的结尾，或叙述结果，彰显自然；或点明主题，严谨缜密；或展示未来，催人奋进；或抒发感情，增强感染；或进行描写，含蓄隽永。

（一）事情结果结尾法

1. 概念与示例

事情结果结尾法，广泛应用于写人、记事类文章，这样的结尾很容易，事情记叙完了，结果也出来了，文章也就结束了。也就是说，文章把要叙述的事叙述完了，以所记过程的结果作为结尾，不另外再写结束的话。

例如《飞夺泸定桥》的结尾：

红四团英勇地夺下了泸定桥，取得了长征中的又一次决定性的胜利。红军的主力渡过了天险大渡河，浩浩荡荡地奔赴抗日的最前线。

2. 阅读教学中解析事情结果结尾法的结尾方式

上述《飞夺泸定桥》的这段结尾，作者用质朴平直的语言讲述了事情的结果，一经讲完，立即结束，使结构完整，不画蛇添足、拖泥带水。貌似平淡无奇，但能产生干净利落、简洁明快的表达效果，可以点明事情的意义，有利于表达中心思想。

《飞夺泸定桥》讲述的是整个夺取泸定桥的过程，在教学的过程中只需要引导学生，联系夺取泸定桥的起因、经过，明确其自然而然发展的结果。

（二）点明主题结尾法

1. 概念与示例

点明主题结尾法是指在文章结尾用精彩简练的语言点明主题或中心，即将题目或有关题目中的"题眼"写进结尾里。

例如《星》中的结尾就直接点明了标题：

事隔现在已经好几年了，那绵延几千里的巍巍大青山与奔腾了几万年的滚滚善溪水在我的记忆里却永存，因为那里生活着一群与自然走得最近，具有崇高品质与坚定信念的人们。在我成长的岁月里，他们犹如一颗颗光彩夺目的星辰，为我指引人生之路。

2. 阅读教学中解析点明主题结尾法的结尾方式

上述《星》文段的标题为"星"，结尾中"他们犹如一颗颗光彩夺目的星辰"与标题相扣，并且"那里生活着一群与自然走得最近，具有崇高品质与坚定信念的人们。在我成长的岁月里，他们犹如一颗颗光彩夺目的星辰，为我指引人生之路"，点明了主旨，使读者与作者一同受到启发。

阅读教学的过程中，要引导学生分析出：有的篇末点题，将结尾扣到标题上；有的则彰显其志，不扣到题目，只点明主旨，使读者受到某种启发。

（三）展示未来结尾法

1. 概念与示例

展示未来结尾法即在叙述现状之后结尾预示或展开一个美好的前景，鼓舞人心，激励斗志。这样的结尾紧扣题目，照应文章的开头，衔接文章的重点和主体，不仅能引起读者对文章全文的回味，加深对文章中心思想的印象，而且会使读者受到启示和鼓舞。

例如《富饶的西沙群岛》一课的结尾：

岛上的英雄儿女日夜守卫祖国的南大门。随着社会主义建设事业的蓬勃发展，可爱的西沙群岛必将变得更加美丽富饶。

2. 阅读教学中解析展示未来结尾法的结尾方式

《富饶的西沙群岛》在课文的前面主要描写了西沙群岛的富饶和美丽，文章的结尾则以文章主题为基调，进一步展示了未来——"可爱的西沙群岛必将变得更加美丽富饶"。

在阅读教学中可以提醒学生，如果文章开头是点明中心，结尾往往会采用展示未来的方法。当然，在文章的结尾展示未来时不要泛泛而谈，一定要切合实际，并且要突出文章的中心思想，切忌生搬硬套。

（四）抒发感情结尾法

1. 概念与示例

抒发感情结尾法，即结尾时作者对描述的事物直接抒发真情实感，饱含赞美之情的方法。

例如《我的教师》一文是这样结尾的：

啊，敬爱的王老师，您就是这样，像一位慈爱的母亲，无微不至地关怀呵护着我们；像一位辛勤的园丁，无怨无悔地哺育我们成长；您对事业的忠诚与执着，深深地感动着我们每一个人，我们为有您这样的好教师而骄傲、而自豪！

2. 阅读教学中解析抒发感情结尾法的结尾方式

上述文段中的作者针对描述的对象"我的教师"，直接抒发自己的真情实感，表达了对王老师关心学生、辛勤耕耘、无私奉献伟大教育情怀的赞美之情，从而引起读者的共鸣，并从中受到感染，受到教育。

教师在教学时要提示学生，在应用此方法进行文章结尾时，所表达的赞美、歌颂、佩服之情在前文应有所铺垫，有所积淀，不能无病呻吟。

（五）描写结尾法

1. 概念与示例

描写结尾法是以环境、景物描写来作为文章的结尾。这是写人叙事作文常用的方法。

例如《小鸟，你飞向何方》的结尾：

我抬起头来，幽蓝的天空，辽远而纯净——这是春天的晴空啊！一群又一群鸟儿从远方来了，它们欢叫着，抖动着翅膀，划过透明的春天，飞呵，飞呵，飞……

2. 阅读教学中解析描写结尾法的结尾方式

要与学生一同解析，上述赵丽宏的这篇文章，前面行文以小鸟为贯穿全文的主线，结尾用小鸟隐喻十年动乱后热爱学习的年轻人，这样的结尾虚实结合，含蓄隽永，耐人寻味。

可告诉学生，结尾中的景物描写，绝不是为了描写而描写，而必须有一定的作用，可以寄托一种情思，可以象征一种情态，可以表达一种含义，可以突现一种情境等。或者，在文章开篇以及文中贯穿这种景物，这样结尾才会水到渠成。

五、记叙顺序解析法

写作顺序是文章的层次，内容的条理，作者的思路。文章结构是否完整，材料安排是否妥当，条理是否清楚，脉络是否分明，关键都在于组织材料时能否找到一个合理的次序。

先写什么，接着写什么，然后写什么，最后写什么，应该按照同一个标准（一定的记叙顺序）来排列。写作顺序不清，就会产生结构混乱的现象，写出的文章就会颠三倒四，东拉西扯，别人读了就难以读懂、难以留下清晰的印象。常用的写作顺序有哪些呢？

（一）解析时间先后顺序

1. 概念与示例

按时间先后顺序（早——中——晚，前——中——后）组织材料。即以时间推移为序，将文章要用的各个材料串成一体，或将情节发展的各个阶段连接起来，使文章形成一个完整的整体。时间顺序是文章常见的记叙、说明顺序之一。

时间顺序主要有：凌晨、破晓、早上、上午、中午、下午、傍晚、晚上、半夜、午夜等。用于跨度比较大的，如一年过去了一个月过去了，但不能用于一天后，要不就不是时间顺序。

例如：

清晨，湖面上飘着薄薄的雾。天边的晨星和山上的点点灯光，隐隐约约地倒映在湖水中。

中午，太阳高照，整个日月潭的美景和周围的建筑，都清晰地展现在眼前。要是下起蒙蒙细雨，日月潭好像披上轻纱，周围的景物一片朦胧，就像童话中的仙境。（《日月潭》）

文中以清晨与中午两个特写镜头来展示日月潭的迷人风姿，令人陶醉其间，流连忘返。

再如，《大自然的语言》一文中：

立春过后，大地渐渐从沉睡中苏醒过来。冰雪融化，草木萌发，各种花次第开放。再过两个月，燕子翩然归来。不久，布谷鸟也来了。于是转入炎热的夏季，这是植物孕育果实的时期。到了秋天，果实成熟，植物的叶子渐渐变黄，在秋风中簌簌地落下来。北雁南飞，活跃在田间草际的昆虫也都销声匿迹。到处呈现一片衰草连天的景象，准备迎接风雪载途的寒冬。在地球上温带和亚热带区域里，年年如是，周而复始。

2. 阅读教学中解析时间先后顺序

作者运用了时间顺序来表现四季更迭。再如,《雷雨》写了下雨前、下雨时、下雨后。《美丽的小兴安岭》按"春—夏—秋—冬"四个季节描写了小兴安岭一年四季的美丽景色。

运用这种构段方式,要告诉学生:无论是写一件事还是几件事,无论是通过一件事写人还是通过几件事写人,或者写景,写活动,写参观记、游记都可以采用这种顺序写。写作时按时间先后顺序写,表达清楚、自然,便于别人阅读、理解。

但是,按时间先后顺序写,还是有许多讲究的,要写得好也并不容易。如:发展变化着的事物,随着时间的推移,总有着发生、发展直至结束的过程,无论是突发性的救人、让座、借伞、吵架,还是事先有计划的参观、访问、慰问,或者自然界的下雨、降雪、刮台风等。

(二)解析事情发展顺序

1. 概念与示例

按照事情发展顺序(起因—发生—发展—高潮—结果)组织材料,即先发生的情况先写,后发生的后写。这种安排材料的方法又叫做"顺叙"或"正叙"。这也是最常见、最基本的记叙方式。

如《开国大典》一文记叙了:

1949 年 10 月 1 日首都北京举行开国大典的盛况,按照开国大典进行的顺序叙述。先讲大会开始前会场上的情况,然后讲典礼的主体部分——毛泽东宣布中华人民共和国中央人民政府成立、升国旗、宣读中央人民政府公告,接着讲阅兵式的盛况,最后讲群众游行。

文章主要通过对开国大典一个个场面的描写来表现人民自豪、激动的感情,展现毛泽东的领袖风采。

这种方法多适用于记叙文,按"起因——发展——高潮——结局"来写,但有的文章会少一个或几个环节,基本按"起因——经过——结局"来构建。如《草船借箭》:

起因:周瑜妒忌诸葛亮的才干,用十天造出十万支箭的任务来为难诸葛亮。

发展:周瑜不给诸葛亮造箭的材料,进一步增加诸葛亮造箭的难度,诸葛亮巧妙地做好借箭的准备。

高潮:诸葛亮利用草船向曹操借箭。

结局:诸葛亮如期交箭,周瑜自叹不如。

2. 阅读教学中解析事情发展顺序

顺叙是写记叙文最常用、最基本的方法，一般是指按照事件发展的时间先后次序来叙述。顺叙的方法可分为以下几种：一是完全按时间顺序记叙；二是以地点的转换为序来叙述事件；三是以事情的内在逻辑联系为序来叙述事件。

运用"顺叙"写一件事时，要抓住重点。详细写事情发展过程中最典型、最具有自己特色的那部分，要把重点写具体，使中心突出。切忌见什么写什么，或者平均使用笔墨，把作文写成流水账。

同时，因为顺叙是按事情的发展变化过程或时间的先后来写的，跟人们的认识过程或参与进程相一致，所以更应当把事情的发展过程、来龙去脉写得清清楚楚，易于被读者理解和接受。

（三）**解析变序**

写作顺序中的变序通常有：倒叙、插叙和补叙。

1. 倒叙

（1）概念与示例

倒叙即先写结果，再交代前面发生的事。

如《一件珍贵的衬衫》一文：

在我的家里，珍藏着一件白色的确良衬衫。这不是一件普通的衬衫，这衬衫，凝聚着敬爱的周总理对工人群众的阶级深情。每当我看到它，周总理那高大光辉的形象就浮现在我的眼前；每当我捧起它，就不由得回想起那激动人心的往事。

那是 1972 年 8 月 3 日的夜晚。我在马路上骑自行车，不留神插进了快行线。……

（2）阅读教学中解析倒叙

上例文章一开头就点明"家里珍藏着一件白色的确良衬衫"，然后才叙述这件衬衫的由来。可见，倒叙是根据表达的需要，把事件的结局或某个最突出的片断提在前边叙述，然后再从事件的开头按原来的发展顺序进行叙述。倒叙能造成悬念，增强文章的吸引力，使文章引人入胜。

使用倒叙方法应注意的是：文章开头交代了事件的结局后，要转回到事件的开头，从起因写起；在叙述完事件的经过后，还要回到结局上来，这样才能首尾相合、结构完整。

2. 插叙

（1）概念与示例

插叙是叙事时中断线索，插入相关的另一件事，再接着原线索继续叙述。

如，《羚羊木雕》课文的情节围绕羚羊木雕展开：

故事的发生是妈妈查问木雕，其后父母逼"我"要回木雕，插叙了"我"把木雕赠送好友的情景，奶奶劝阻父母未成，含蓄地批评了父母的重财轻义、不尊重孩子友情的行为；高潮和结局是"我"违心地取回木雕，好友体谅"我"，给了"我""友谊的温暖"。

（2）阅读教学中解析插叙

插叙是在叙述中心事件的过程中，为了帮助展开情节或刻画人物，暂时中断叙述的线索，插入一段与主要情节相关的内容，然后再接着叙述原来的内容。插叙的内容能对中心内容起补充、解释或衬托作用，根据中心内容的需要可长可短，但不能超越表现中心思想的范围，否则会喧宾夺主、烦琐累赘。使用插叙时，要安排好与中心内容的衔接语句，使过渡自然，内容贯通一气。

3. 补叙

（1）概念与示例

补叙也叫追叙，是行文中用三两句话或一小段话，对前边说的人或事作一些简单的补充交代。

例如人教版四年级下册课文《小英雄雨来》，就是在结尾时交代雨来没有死的原因的：

原来枪响以前，雨来就趁鬼子不防备，一头扎到河里去。鬼子慌忙向水里打枪，可是我们的小英雄雨来已经从水底游到远处去了。

（2）阅读教学中解析补叙

补叙通常是中心事件的有机组成部分，文章的关键之处。没有补叙，故事情节上就会出现漏洞，令人不解。运用补叙，有助于更好地表达主题，使文章结构完整，行文跌宕起伏，收到出人意料的效果。

（四）解析地点转换顺序

1. 概念与示例

地点转换顺序，即按照空间转换顺序组织材料，按照方位、处所或地点变换来安排材料，决定材料先写后写的次序。

如《记金华的双龙洞》：

作者按游览的先后顺序，先写了去双龙洞途中的风光，接着写来到双龙洞洞口和外洞；再写怎样通过孔隙来到内洞；最后写出洞。即以"路上——洞口——外洞——内洞——出洞"为写作线索。

2. 阅读教学中解析地点转换顺序

写景状物，写参观记、游记的文章，都可以采用这种顺序来写。当然写人记事的文章，根据其中心的需要和材料的特点，也可以按照这种顺序写。文章按照这种顺序写，有助于把握主线，使文章结构明晰、条理清楚、主次分明。同学们一旦掌握了这种方法，就不会面对要写的事物而无从下手了。

（五）解析事物类型分类顺序

1. 概念与示例

事物类型分类顺序，即按照事物（或内容）类别顺序组织材料。面对众多的事物（或内容），把同类的放在一起，然后一类一类地写，写完这一类再写那一类。按照事物（或内容）几方面顺序组织材料，即全篇若只写一个事物（或内容），如，写一个人、一处景色、一个物件，就可以采用这种顺序，从几个方面来介绍他（它）的特点。另外，像写一种动物、植物等，也都可以从既有紧密联系又相对独立的几个方面组织材料，安排顺序。

如《鲸》一文：

课文从"鲸有大小——鲸的类属和种类——鲸的生活习性"这几个不同的侧面分别对鲸进行了叙述。从表面上看都是写鲸的各个方面，但是通过作者的分类描述，这篇文章的叙述却让人感到条分缕析，读起来有条有理。

2. 阅读教学中解析事物类型分类顺序

这种顺序多用于写景状物，写游记、参观记或写某种植物、动物。写人记事的文章，根据其材料的特点和表达的需要，也可以按照这种顺序写。采用这种顺序，能使文章脉络清楚，内容充实，说服力强，从而完整、深刻地反映文章的中心思想。按照这种顺序组织材料，可以使文章结构、层次清晰，步步深化主题，深刻、完整地表现中心。

需要强调指出的是：组织材料的顺序是多种多样的。就一篇文章而言，写作的顺序也是灵活变通的。至于到底应该采用哪种顺序，要依据材料的特点、记叙事物的规律来定，尤其是要依据是否能够更好地突出中心思想而定。一句话，组织材料的顺序应该是文章中心最恰当的表现形式。

六、写人技巧解析法

（一）一事表人法

1. 概念与示例

一事表人法，是指用一件事来表现人物的思想品质或性格特点，是最基本、最常用的人物描写表现方法。可分为用两种表现形式：用一件事表一人；一件事表几人（集体）。

例如《中彩那天》中的一段话：

当商店的扩音器高声叫着我父亲的名字，表明这辆车已属于我家时，我简直不敢相信那是真的。不一会儿，我看见父亲开着车从拥挤的人群中缓缓驶过。只是，他的神情严肃，看不出中彩带给他的喜悦。

我几次兴奋地想上车与父亲共享这幸福的时刻，都被他赶了下来。

2. 阅读教学中解析一事表人法

例如上述《中彩那天》，课文讲述了我父亲是一个修理厂的技工，一次无意买中了大奖，但因买中了大奖的彩票是他同事让他代买的，在家庭的困难和诚信两者之间，他陷入了痛苦的矛盾当中，经过了激烈的思想斗争后，他最终选择了诚信，把大奖还给了同事这一感人故事，赞美了父亲诚实守信的美好品质。

教学时，教师要教会学生如何通过记叙一件事来表达人物特点：首先要选择一件很有代表性的事件，其次就是要交代清楚事件的起因、经过和结果，最后画龙点睛，突出主题，人物形象跃然纸上。

（二）几事表人法

1. 概念与示例

几件事表人法，是指通过几件事来表现人物的思想品质或特点。可以分成两种形式：一是用几件事表现某个人的一种品质；二是用几件事表现某个人的多种品质。

例如《詹天佑》中有这样一段话：

铁路要经过很多高山，不得不开凿隧道，其中居庸关和八达岭两条隧道的工程最艰巨。居庸关山势高，岩层厚，詹天佑决定采用从两端同时向中间凿进的办法。山顶的泉水往下渗，隧道里满是泥浆。工地上没有抽水机，詹天佑就带头挑着水桶去排水。他常常跟工人们同吃同住，不离开工地。八达岭隧道长一千一百多米，有居庸关隧道的三倍长。他跟老工人一起商量，决定采用中部凿井法，先从山顶往下打一口竖井，再分别向两头开凿，外面两端也同时施工，把工期缩短了一半。

2. 阅读教学中解析几事表人法

人物形象和品质的描写，应该借助于鲜活的事例。例如《詹天佑》一文，描写了詹天佑修筑京张铁路的三件最困难的事情，分别是：勘测线路、开凿隧道、设计"人"字形线路。

教学时，要让学生明白写好一件事必须按照事情的发展顺序，做到重点突出、文从字顺。

（三）几品质表人法

1. 概念与示例

几品质表人法是指通过描写一个人物几种不同的品质来表现人物特点的人物描写方法。

例如《小英雄雨来》里的一段话：

雨来摇摇头，说："我在屋里，什么也没看见。"

扁鼻子军官的眼光立刻变得凶恶可怕，他向前弓着身子，伸出两只大手。啊！那双手就像鹰的爪子，扭着雨来的两只耳朵，向两边拉。雨来疼得直咧嘴。鬼子又抽出一只手来，在雨来的脸上打了两巴掌，又把他脸上的肉揪起一块，咬着牙拧。雨来的脸立刻变成白一块，青一块，紫一块。鬼子又向他胸脯上打了一拳。雨来打个趔趄，后退几步，后脑勺正碰在柜板上，但立刻又被抓过来，肚子撞在炕沿上。

雨来半天才喘过气来，脑袋里像有一窝蜂，嗡嗡地叫。他两眼直冒金花，鼻子流着血。一滴一滴的血滴下来，溅在课本那几行字上：

"我们是中国人，

我们爱自己的祖国。"

鬼子打得累了，雨来还是咬着牙，说："没看见！"

扁鼻子军官气得暴跳起来，嗷嗷地叫："枪毙，枪毙！拉出去，拉出去！"

2. 阅读教学中解析几品质表人法

《小英雄雨来》一文中记叙了抗日战争时期，晋察冀边区的少年雨来为了掩护交通员李大叔，机智勇敢地同敌人做斗争的事情，从而歌颂了雨来热爱祖国、不畏强敌、机智勇敢的品质。

教学时提示学生通过阅读课文，分别找出描写人物一种或几种美好品质的语句，然后用抓关键词的方法加以品析。让学生在朗读和理解中感受人物的优秀品质及其形象，从而激发学生情感，深化文章主题。

（四）外貌描写法

1. 概念与示例

外貌描写是指人物的长相、穿着、体态，也叫肖像描写，是通过对人物的容貌、神情、衣着、姿态、语调、外貌特征的描写，来揭示人物性格的一种方法。

例如《丰碑》一文中有这样一段话：

一个冻僵的老战士，倚靠光秃秃的树干坐着。他一动不动，好似一尊塑像，身上落满了雪，无法辨认他的面目，但可以看出，他的神态十分镇定，

十分安详；右手的中指和食指间还夹着半截纸卷的旱烟，火已被雪打灭；左手微微向前伸着，好像在向战友借火。单薄破旧的衣服紧紧地贴在他的身上。

2. 阅读教学中解析外貌描写法

提示学生：这段外貌描写先从整体上描写老战士的全貌"好像一尊塑像"，然后再描写他的神情、身上穿着，顺序清晰，栩栩如生。此处外貌描写共有三句话，第一句话是讲这位老战士冻死在那里。第二句话是讲老战士牺牲时的神态：他浑身落满了雪花，神情十分镇定、自然，以及牺牲时的动作。第三句话是讲老战士身上的穿着，从"单薄破旧"等词语可以看出他的衣服是十分少的，也从中可以看出他是被冻死的。

教学中一定要教给学生从整体到局部、从上到下，从外到内的人物外貌描写方法。

（五）动作（表情）描写法

1. 概念与示例

动作描写是指对人物举止、动作、行为的描写。

例如《灰雀》一文中有这样一段话：

有一年冬天，列宁在郊外养病。他每天到公园散步。公园里有一棵高大的白桦树，树上有三只灰雀：两只胸脯是粉红的，一只胸脯是深红的。它们在树枝间来回跳动，婉转地歌唱，非常惹人喜爱。列宁每次走到白桦树下，都要停下来，仰望这三只欢快的灰雀，还经常给它们带来面包渣和谷粒。

2. 阅读教学中解析动作（表情）描写法

例如上述《灰雀》这段话，要细细地品味描写列宁行动的词句，特别注意"每次""都要""经常"这几个关键词语，以及他欣赏灰雀的歌唱，给它们带来食物。"仰望"是指抬头望（作动作），而列宁长时间仰望三只灰雀会使脖子发酸的，充分体现了列宁对灰雀喜爱的程度。

（六）语言描写法

1. 概念与示例

语言描写是指通过对人物对话的描写，表现人物身份、思想、感情和性格的写作方法。语言描写有对话和独白两种，独白是人物的自言自语，对话是两个人或几个人的谈话。

例如《穷人》一课中，桑娜与丈夫的对话：

"我也不知道，大概是昨天。唉！她死得好惨哪！两个孩子都在她身边，睡着了。他们那么小……一个还不会说话，另一个刚会爬……"桑娜沉默了。

渔夫皱起眉，他的脸变得严肃、忧虑。"嗯，是个问题！"他搔搔后脑勺说，"嗯，你看怎么办？得把他们抱来，同死人呆在一起怎么行！哦，我们，我们总能熬过去的！快去！别等他们醒来。"

但桑娜坐着一动不动。

"你怎么啦？不愿意吗？你怎么啦，桑娜？"

"你瞧，他们在这里啦。"桑娜拉开了帐子。

2. 阅读教学中解析语言描写法

例如，上述《穷人》这段话，先通过语言描写桑娜的善良，表现在她对邻居的关心："寡妇的日子真困难啊！进去看看吧！"。再写渔夫的善良："……我们，我们总能熬过去的！……"一个"熬"字，却极大容量地表明不遗余力收养孤儿的决心。又如，桑娜知道丈夫和她的想法一致时，才"拉开了帐子"，文章戛然而止，却给人留下了无穷的余味。运用一系列语言描写，把穷人的心灵表现得多么美好高尚啊！

教学时，教师引导学生找出人物对话内容，可用抓关键词的方法，评析人物形象。"语言"是人物内心世界和个性特征的直接透露，教会学生进行人物对话，把人物写活，并在语言交流中渗透想要表达的优秀品质。

（七）解析心理活动描写法

1. 概念与示例

心理活动描写，是指在文章中，对人物在一定的环境中的心理状态、精神面貌和内心活动进行的描写，是表现人物性格品质的一种方法。

例如人教版课标本第十二册课文《卖火柴的小女孩》中，对小女孩心理的描写：

啊，哪怕一根小小的火柴，对她也是有好处的！……多么温暖多么明亮的火焰啊，简直像一支小小的蜡烛。这是一道奇异的火光！小女孩觉得自己好像坐在一个大火炉前面，火炉装着闪亮的铜脚和铜把手，烧得旺旺的，暖烘烘的，多么舒服啊！

2. 阅读教学中解析心理活动描写法

例如上述《卖火柴的小女孩》这段话，可以参考随文认识、美读、练说、微写的方式进行教学。即：教师在教学时针对当时的教学进度，指出文章此处所用到的心理活动描写的方法是什么，再进行美读训练，随后进行练说训练，最后进行微写作。

此方法的运用能让学生体会作者用词准确、写作手法高超、表达思想感情准确的同时，增加对心理活动描写方式的认识，感受语言文字的音韵美，品味人物的真情实感，提高学生的习作能力。但在教学时，要提醒学生：心

理描写的文段不宜过长，否则会使文章沉闷，有损人物形象的生动性。

（八）解析托物言志法

1. 概念与示例

托物言志法，是指借助外界的某种事物来表明自己的好恶爱憎的情感，把自己的思想感情寄托在某种外物之上的一种写作方法。

例如人教版课标本第十册课文《白杨》中的这段话：

爸爸的微笑消失了，脸色变得严肃起来。他想了一会儿，对儿子和小女儿说："白杨树从来就这么直。哪儿需要它，它就在哪儿很快地生根发芽，长出粗壮的枝干。不管遇到风沙还是雨雪，不管遇到干旱还是洪水，它总是那么直，那么坚强，不软弱，也不动摇。"

2. 阅读教学中解析托物言志法

例如上述《白杨》这段话，作者表面写白杨树的外形特点和生长环境，赞美白杨树的坚强不屈，随遇而安。实则在"表白"自己作为戍边人的昂扬斗志和坚定决心。在讲解时，应让学生提前查找戍边人的事迹，了解戍边的工作环境，方便和白杨的品质联系起来。

托物言志法，可以使文章表达得更巧妙、更完美、更充分、更富有感染力。教学中，教师应引导学生注意：其所托之物要贴切，物与志之间可以是有着某种相似性，也可以是有着某种相关性，不论是相似还是相关，这种关系必须是明确的，让人认同的。对其所托之物，更需要细致描绘，尤其要突出物与志的相似或相关的一面，力求通过精彩的描摹，达到外形与内情的统一，物性与人品的交融，从而避免空洞式的抒情。

（九）解析细节刻画法

1. 概念与示例

细节刻画法，是指对文学作品中的人物、环境或时间的某一局部、某一特征、某一细微事实所作的具体、细致、深入的描写。它是文章的血肉，是解决内容空洞无物的杀手锏。

例如人教版课标本第十册课文《人物描写一组之"凤辣子"初见林黛玉》对王熙凤的刻画：

这个人打扮与众姑娘不同，彩绣辉煌，光若神妃仙子：头上戴着金丝八宝攒珠髻，绾着朝阳五凤挂珠钗；项下戴着赤金盘螭璎珞圈；裙边系着豆绿宫绦双鱼比目玫瑰佩；身上穿着缕金百蝶穿花大红洋缎窄褙袄，外罩五彩刻丝石青银鼠褂，下罩翡翠撒花洋绉裙。一双丹凤三角眼，两弯柳叶吊梢眉。身量苗条，体格风骚，粉面含春威不露，丹唇未启笑先闻。

2. 阅读教学中解析细节刻画法

例如上述《人物描写一组之"凤辣子"初见林黛玉》这段话，采用先"面"后"点"的写作形式，详细刻画了王熙凤的外形——从头到脚，一"点"不落，最后再画龙点睛地写了"凤辣子"最大的特点：眼睛和嘴巴。

细节刻画法，其特点是真实、生动，并服从主题思想。教学时，教师可根据实际情况，要求学生对自己或同学的外形进行微写作，或先"面"后"点"，或先"点"后"面"，可面面俱到，也可只写最具特点的地方。这样以写促悟，使学生了解细节刻画法的精妙之处。教学中可常训练，以解决学生习作内容空洞的难题。

（十）解析慢镜头法

1. 概念与示例

慢镜头，原是电影艺术的专用名词，这儿是指文学作品中那种把人物的动作、神态、语言进行精雕细琢，将一个很短的过程给拉长、分解成段，在刻画每个镜头时，运用准确的动词把这一过程写具体，从而让人物的活动场面再现的一种表现手法。

例如人教版课标本第十册课文《人物描写一组之小嘎子和胖墩儿比赛摔跤》中对小嘎子和胖墩儿动作的描绘：

可是小胖墩儿也是个摔跤的惯手，塌着腰，合了裆，鼓着眼珠子，不露一点儿破绽。……小嘎子已有些沉不住气，刚想用脚腕子去钩他的腿，不料反给他把脚别住了。胖墩儿趁势往旁侧里一推，咕咚一声，小嘎子摔了个仰面朝天。

2. 阅读教学中解析慢镜头法

例如上述《人物描写一组之小嘎子和胖墩儿比赛摔跤》这段话，作者将小胖墩儿和小嘎子的动作都分解成一个个细微的动作，把一个摔跤的动作，刻画得犹如电影中的慢镜头回放一样细致。

教学时，采用勾句圈词的方式依次找出词语，并做一做，体会作者用词的准确性，并要求学生说一说同一动作应用到了哪些东西。如：把课本放进书包。沿着动作发生的先后顺序，具体地边做边说，最后再写下来。要提示学生，一定做到用词准确。

（十一）解析侧面描写法

1. 概念与示例

侧面描写，又叫间接描写，是从侧面烘托人物形象，是指在文学创作中，作者通过对周围人物或环境的描绘来表现所要描写的对象，以使其鲜明突出，

即间接地对描写对象进行刻画描绘。

例如汉乐府民歌《陌上桑》：

行者见罗敷，下担捋髭须；少年见罗敷，脱帽著帩头。耕者忘其犁，锄者忘其锄；来归相怨怒，但坐观罗敷。

2. 阅读教学中解析侧面描写法

例如上述《陌上桑》这段话，通过长者、少年、耕者、锄者的不同动作、神态、表情，烘托出了罗敷的美丽。不仅富有浓郁的生活气息，更主要的是它生动而巧妙地烘托了罗敷的美貌，给人以无尽的想象天地，无论认为罗敷怎样地美，也是不过分的。

侧面描写，因激活了人们的想象力而收到了强烈的艺术效果，更收到了正面描写达不到的艺术效果。教学时，可通过好好说或者好好写的环节训练学生，如：爸爸做的鱼非常好吃，说一说、写一写家人吃鱼时的动作、神态、语言等。但要提示学生：侧面描写大都放在正面描写之后，且篇幅不易过长，否则就喧宾夺主了。

（十二）解析衬托法

1. 概念与示例

衬托法是指为了突出主要对象，用一些另外的人或物来陪衬或烘托。衬托法主要类别：一是正衬法，即从下面衬托；以宾衬主，以美衬美。二是旁衬法，即以旁人的反应来衬托；三是反衬法，即从反面衬托，以动衬静，以静衬动，以好衬坏，以劣衬优，以悲衬喜，以喜衬悲。

例如《卖火柴的小女孩》一课中的以下话语：

（1）天冷极了，下着雪，又快黑了。

（2）第二天清晨，这个小女孩坐在墙角里，两腮通红，嘴上带着微笑。

2. 阅读教学中解析衬托法

例如上述《卖火柴的小女孩》这两句话，第一句用的是正面衬托法中景衬托人的方式，用天气的恶劣寒冷至极，及天色的黯淡，衬托小女孩的心情非常糟糕、失望；第二句用的是侧面衬托法中人衬托人的方式，用小女孩死后的幸福，衬托她生前的悲惨。

写人技巧分析法主要用在对典型人物的学习和展练上，这种方法对人物的学习超越了只是对人物形象的理解，更是从描写人物的方法入手，有利于借鉴作者写作方法，提高写作技能。但在教学中要提示学生，衬托法和侧面描写法一样，忌篇幅过长，喧宾夺主。

七、状物写景解析法

写状物写景的文章时，要抓住景和物的特征来写。写景、状物要言之有序，在此过程中要进行合理的联想，抒发自己的真情实感。阅读这类文章，为了更好地把握景和物的特征，常常需要掌握分析文中描写景物的方法。

常见的状物写景的方法有：

（一）说明事物方法

1. 概念与示例

是指为了把事物写得生动、形象采用的下定义、分类别、列数字、作比较、打比方、画图表、引资料等方法。

例如《鲸》这篇文章中就运用了很多说明方法：

不少人看过象，都说象是很大的动物。其实还有比象大得多的动物，那就是鲸。目前已知最大的鲸约有十六万公斤重，最小的也有两千公斤。我国发现过一头四万公斤重的鲸，约十七米长，一条舌头就有十几头大肥猪那么重。它要是张开嘴，人站在它嘴里，举起手来还摸不到它的上腭，四个人围着桌子坐在它的嘴里看书，还显得很宽敞。

2. 阅读教学中解析说明事物方法

例如上例《鲸》这一文段，作者用了作比较、列数字、举例子等这些方法来描写鲸的大。这样学生就能感受到鲸到底有多大。在教学中要和学生探究：作者把"鲸与大象"比较，"一条舌头"与"十几头大肥猪"比较；"十六万""两千""四万""十七米""十几头""四个"等一系列数字列举出来就是"列数字"法；最后一句话是"举例子"法。

要让学生明白说明一个事物，还有"下定义""分类别""打比方""画图表""引资料"等方法，根据所需要说明的事物恰当地选择运用，就可以把"抽象"变"具体"，将"枯燥"变生动。

（二）动物描写法

1. 概念与示例

是指抓住动物的外形或外貌、爱好、生活习性等来描写的方法。

例如《猫》这篇文章就是抓住了猫的生活习性来写：

猫的性格实在有些古怪。说它老实吧，它的确有时候很乖。它会找个暖和的地方，成天睡大觉，无忧无虑，什么事也不过问。可是，它决定要出去玩玩，就会出走一天一夜，任凭谁怎么呼唤，它也不肯回来。说它贪玩吧，的确是呀，要不怎么会一天一夜不回家呢？可是，它听到老鼠的一点响动，

又多么尽职。它屏息凝视，一连就是几个钟头，非把老鼠等出来不可！

2. 阅读教学中解析动物描写法

例如上例《猫》中的文段，作者抓住了猫的性格特点——古怪。具体表现在老实、贪玩、尽职三个方面来写猫的生活习性。在教学中要引导学生抓住"老实""贪玩""尽职"几个关键词，理解猫在生活中养成的"古怪"性格。

要告诉学生描写动物的一般方法就是要抓住动物的外形或外貌、爱好、生活习性等某一方面或几方面来描写其特点。

（三）植物描写法

1. 概念与示例

是指抓住植物的外形、颜色、姿态、生长、结构等特点的描写方法。

例如《荷花》一课就是描写了荷叶的外形、荷花的颜色、姿态等：

荷花已经开了不少了。荷叶挨挨挤挤的，像一个个碧绿的大圆盘。白荷花在这些大圆盘之间冒出来。有的才展开两三片花瓣儿。有的花瓣儿全都展开了，露出嫩黄色的小莲蓬。有的还是花骨朵儿，看起来饱胀得马上要破裂似的。

2. 阅读教学中解析植物描写法

例如上例《荷花》中的文段，我们在教学中，要指导学生理解"大圆盘"写出了荷叶的形状；"碧绿""白""嫩黄色"等分别写出了荷叶、荷花的颜色；"全都展开""莲蓬""花骨朵儿"写出了荷花的姿态。

要让学生知道植物的描写方法，学会抓住植物的根、茎、叶、花、果等的外形、颜色、姿态、生长、结构等特点来描写。

（四）物品描写法

1. 概念与示例

是指对物品形状、材料、作用、工艺、价值等进行仔细、具体的描写。

例如课文《威尼斯的小艇》第二自然段：

威尼斯的小艇有二三十英尺长，又窄又深，有点儿像独木舟。船头和船艄向上翘起，像挂在天边的新月，行动轻快灵活，仿佛田沟里的水蛇。

2. 阅读教学中解析物品描写法

例如上例《威尼斯的小艇》的文段中，作者观察独到，先写清了小艇的长度："二三十英尺长"，宽度与深度："又窄又深"。再分别把船身比作"独木舟"，突出其细、长、深的特点；把"船头和船艄向上翘起"比作"新月"，写出小艇的外形特点；把小艇比作"田沟里的水蛇"，表现了小艇行动轻快灵活。

要告诉学生写一件物品，可以分别从物品的大小、形状、材料、结构、颜色、工艺、作用、价值等诸多方面着手或选择其中最能代表所描写物品特色的每一方面或几方面来写。

（五）建筑物描写法

1. 概念与示例

是指运用远眺近看、内外结合、移步换景、说明介绍、环境衬托等介绍建筑的方法。

例如《赵州桥》一文，就是采用说明介绍的方法进行描写的：

赵州桥非常雄伟。桥长五十多米，有九米多宽，中间行车马，两旁走人。这么长的桥，全部用石头砌成，下面没有桥礅，只有一个拱形的大桥洞，横跨在三十七米多宽的河面上。大桥洞顶上的左右两边，还各有两个拱形的小桥洞。平时，河水从大桥洞流过，发大水的时候，河水还可以从四个小桥洞流过。这种设计，在建桥史上是一个创举，既减轻了流水对桥身的冲击力，使桥不容易被大水冲毁，又减轻了桥身的重量，节省了石料。

2. 阅读教学中解析建筑物描写法

例如上例《赵州桥》一文中的文段，作者用了"说明介绍"的方法把赵州桥的雄伟和设计的意图都介绍得清清楚楚。在教学中要与学生一道解析作者为了说明赵州桥的雄伟，分别从桥的长、宽、材料、结构等多方面描写；它的创举是"只有一个拱形的大桥洞，横跨在三十七米多宽的河面上。大桥洞顶上的左右两边，还各有两个拱形的小桥洞"。这样设计的作用是减轻冲击力、减轻重量、节省石料。

要让学生知道，描写建筑物选好观察点，从不同的角度仔细观察建筑物所处位置即环境、内外结构即建造、具体介绍即说明等方法。尤其是采用移步换形法描写建筑物时，一定要抓住建筑物的最主要的特征来写。如果采用面面俱到的方法来描写，文章就容易变成一本流水账。

（六）场面描写法

1. 概念与示例

是指摄取一个有意义的生活场景或自然景观，充分调动各种感官多方位多角度地去观察与体验，做到用"眼"看，用"耳"听，用"心"感受，使所观察到的场景入脑入心，然后用简洁的语言，采用比喻、夸张、拟人等修辞手法，使景物特征更突出、形象更鲜明、情感更感人。

例如《草原》一文中有场面描写：

蒙古包外，许多匹马，许多辆车。人很多，都是从几十里外乘马或坐车来看我们的。主人们下了马，我们下了车。也不知道是谁的手，总是热乎乎地握着，握住不散。大家的语言不同，心可是一样。握手再握手，笑了再笑。你说你的，我说我的，总的意思是民族团结互助。

2. 阅读教学中解析场面描写法

例如上例《草原》一文中的文段，是迎客时的热闹场面描写。这是场面描写中的"大场面"，烘托出了草原人民的热情好客。教学时研讨文段通过"许多匹马""许多辆车""握住不散""握手再握手，笑了再笑"等描写，凸显出了人多、热情的场面，作者用眼观察、用心感受，把热闹非凡的场面入情入境地呈现出来，让人无比感动。

还要告诉学生场面是由人、事、物、景组合起来的综合画面。因此，它要求：要突出主角；要以点带面；要围绕结构中心；要渲染气氛；要按一定顺序。但又不是平均使用力量，要做到：有点、有面；有全貌、有细节；有全景、有特写。点面结合，重点突出。其中"大场面"（如上）和"特写"往往是结合在一起的。

（七）景色描写法

1. 概念与示例

是指抓住景色的形状、颜色、质地、气味、感受等方面进行的描写。

例如《草原》一课中的景色描写：

在天底下，一碧千里，而并不茫茫。四面都有小丘，平地是绿的，小丘也是绿的。羊群一会儿上了小丘，一会儿又下来，走在哪里都像给无边的绿毯绣上了白色的大花。那些小丘的线条是那么柔美，就像只用绿色渲染，不用墨线勾勒的中国画那样，到处翠色欲流，轻轻流入云际。这种境界，既使人惊叹，又叫人舒服，既愿久立四望，又想坐下低吟一首奇丽的小诗。在这境界里，连骏马和大牛都有时候静立不动，好像回味着草原的无限乐趣。

2. 阅读教学中解析景色描写法

例如上例《草原》一文中的文段，作者采用比喻、夸张、拟人等修辞手法，把草原的景色淋漓尽致地展现在读者面前。教学时要与学生一起学习，抓住景色的形状，如"千里""小丘""平地"等；景色的颜色，如"绿毯""白色"等；作者的感受，如"既……又，既……又"等。此外，本文段在修辞的运用上十分贴切，比喻、夸张的用法让人敬佩不已，描写出来的草原景色让人叹为观止。

要让学生知道，景色描写是指对自然环境和社会环境中的风景描写，包括对山水景色、田园风光、草木鱼虫、风霜雨雪等自然风物进行描绘、摹状的一种描写方法，赞美大自然，抒发作者感情。

（八）分解事物法

1. 概念与示例

是指事物的整体按一定的顺序分成若干部分，然后一部分一部分地去写，使写出来的文章既具体，又有条有理。分解事物法适用的范围很广，人物、动植物、景物、场面、时间、空间等的描写都常常用到它。

例如《我爱故乡的杨梅》一课中对杨梅的分解：

杨梅圆圆的，和桂圆一样大小，遍身生着小刺。等杨梅渐渐长熟，刺也渐渐软了，平了。摘一个放进嘴里，舌尖触到杨梅那平滑的刺，使人感到细腻而且柔软。

杨梅先是淡红的，随后变成深红，最后几乎变成黑的了。它不是真的变黑，因为太红了，所以像黑的。你轻轻咬开它，就可以看见那新鲜红嫩的果肉，嘴唇上舌头上同时染满了鲜红的汁水。

没有熟透的杨梅又酸又甜，熟透了就甜津津的，叫人越吃越爱吃。我小时候，有一次吃杨梅，吃得太多了，发觉牙齿又酸又软，连豆腐也咬不动了。我才知道杨梅虽然熟透了，酸味还是有的，因为它太甜，吃起来就不觉得酸了。吃饱了杨梅再吃别的东西，才感觉到牙齿被它酸倒了。

2. 阅读教学中解析分解事物法

例如上例《我爱故乡的杨梅》一文的文段，作者就把杨梅的"形、色、味"分解开来单列成段，一样一样地分别介绍，没有相互穿插。

教学时要让学生明白，事物分解法主要应把握好把一个"整体"分解为几个部分来逐一介绍（描写）。一般来说，写植物的就是把植物分解为根、茎、叶、花、果等；写人物的就是把人物分解为外貌、语言、动作、心理等；写景物就是把景物分解为形状、颜色、姿态、气味等。每一种事物都可以采用分解法来写。

（九）追根问底法

1. 概念与示例

是指在进行事物描写的时候，往往我们无话可说，如果采用追根问底，多问几个怎么样的方法，以帮助我们充分追问下去，就容易把事物写具体。

例如《乡下人家》一文的文段：

有些人家，还在门前的场地上种几株花，芍（sháo）药，凤仙，鸡冠（guān）花，大丽菊，它们依着时令，顺序开放，朴素中带着几分华丽，显

出一派独特的农家风光。还有些人家，在屋后种几十枝竹，绿的叶，青的竿，投下一片绿绿的浓阴。几场春雨过后，到那里走走，常常会看见许多鲜嫩的笋，成群地从土里探出头来。

2. 阅读教学中解析追根问底法

例如上例中的文段是对乡下人家门前屋后风光的描写，作者就采用了追根问底法，把农家房屋周围的景色具体写出来了。在教学时，可以引导学生进行这样的追问：（1）农家门前有什么——栽有各种花；（2）花怎么样——花开华丽；（3）屋后有什么——种几十枝竹；（4）竹子如何——绿的叶，青的竿；（5）竹林还有什么——许多鲜嫩的笋探出头来；（6）总的景色怎么样——一派独特的农家风光。

要让学生清楚，像上例，在层层深入的刨根问底中，不仅把农家的门前屋后的景色写具体了，而且还描绘出了一幅乡村美景图。所以，在作文时遇到难于动笔写下去的情况，就可以一个一个地接二连三往下追问"为什么""怎么样"等，进而把想写的内容写出来。

（十）多角度考虑法

1. 概念与示例

是指人对同一人、事、物、景的看法、认识，要站在不同的角度予以考虑，尽量地考虑周详，不能顾此失彼、以偏概全。

例如《秋天的雨》一文中的文段：

秋天的雨，有一盒五彩缤纷的颜料。你看，它把黄色给了银杏树，黄黄的叶子像一把把小扇子，扇哪扇哪，扇走了夏天的炎热。它把红色给了枫树，红红的枫叶像一枚枚邮票，飘哇飘哇，邮来了秋天的凉爽。金黄色是给田野的，看，田野像金色的海洋。橙红色是给果树的，橘子、柿子你挤我碰，争着要人们去摘呢！菊花仙子得到的颜色就更多了，紫红的、淡黄的、雪白的……美丽的菊花在秋雨里频频点头。

秋天的雨，藏着非常好闻的气味。梨香香的，菠萝甜甜的，还有苹果、橘子，好多好多香甜的气味，都躲在小雨滴里呢！小朋友的脚，常被那香味勾住。

秋天的雨，吹起了金色的小喇叭，它告诉大家，冬天快要来了。……

2. 阅读教学中解析多角度考虑法

例如上例《秋天的雨》中的文段，作者分别从"有一盒五彩缤纷的颜料""藏着非常好闻的气味""吹起了金色的小喇叭"三个不同的角度来写秋天的雨。教学时，与学生一起研讨，作者站在人们的视觉——看颜色，嗅觉——闻气味，听觉——听喇叭等多角度考虑，就给读者耳目一新的感觉。

告诉学生多角度考虑法就是可以将时间顺序划分为春、夏、秋、冬来考虑，可以把空间变换顺序划分为上、下、左、右、远、近、高、低来考虑；可以把事物种类属性划分为形状、颜色、气味、作用等来考虑。

（十一）**联想与想象法**

1. 概念与示例

"联想"指由于某人或某事物而想起其他相关的人或事物。如，比喻和拟人修辞手法也都是作者的联想。"想象"指想出不在眼前的具体形象或情景。想象出来的内容比较丰富，一般都有具体的、形象化的情景描写。

例如《雨》一文中的几句：

雨越下越大。我透过玻璃向外望去，天地间像挂着无比宽大的珠帘，迷蒙蒙的一片。雨落在对面屋顶的瓦片上，溅起一朵朵小花，像一层薄烟笼罩在屋顶上。雨水顺着房檐流下来，开始像断了线的珠子，渐渐地连成了一条线。地上的水越来越多，汇合成一条条小溪。

2. 阅读教学中解析联想与想象法

例如上例《雨》中的文段，就是作者看到实实在在的"雨"而联想到的事物。教学时要与学生分析，文段中画了曲线的句子就是联想。"天地间像挂着无比宽大的珠帘"就是作者看到雨一颗接一颗的落下所产生的联想；"薄烟"联想到雨花溅起的形；看到雨从小到大地下着，联想到"珠子""一条线"；"地上的水越来越多"联想到"小溪"。

要让学生知道写文章时展开联想与想象，不仅能把所见之"物"写得具体，还能增强文章的情趣，文章也就更生动。

（十二）**动态静态结合法**

1. 概念与示例

是指进行景物描写的时候，将动态描写与静态描写结合起来，以动衬静，以静写动，使景物更加生动形象。

例如《鸟的天堂》一文中的片断：

榕树正在茂盛的时期，好像把它的全部生命力展示给我们看。那么多的绿叶，一簇堆在另一簇上面，不留一点缝隙。那翠绿的颜色，明亮地照耀着我们的眼睛，似乎每一片绿叶上都有一个小生命在颤动。这美丽的南国的树！

起初周围是静寂的。后来忽然起了一声鸟叫。我们把手一拍，便看见一只大鸟飞了起来。接着又看见第二只，第三只。我们继续拍掌，树上就变得热闹了，到处都是鸟叫声，到处都是鸟影。大的，小的，花的，黑的，有的站在树枝上叫，有的飞起来，有的在扑翅膀。

2. 阅读教学中解析动态静态结合法

例如上例《鸟的天堂》中的文段，就运用了动静结合的写作方法。教学时要让学生明确：前面部分是静态描写。一棵茂盛的大榕树静静躺在哪里，没有丝毫动态；"起初周围是静寂的"，更是静得出奇，是"静寂"。后面是动态描写。"到处……到处……""有的……有的……有的……"，把热闹场面绘声绘色地凸显出来。以上两段文字的描写，生动地展现了由寂静到热闹的过程。通过动静结合的描写，鸟的天堂便有形有色又有声，鸟与人、物与景融为一体，真正是鸟的天堂。

要让学生知道动静描写，有以静衬动的，有以动衬静的，也有动静互相衬托的。两者相互映衬，能更好地渲染环境气氛；使得描写的对象动者更生动，显得更加绘声绘色；使描写对象形象鲜明可感，如亲历其境的现场感。

（十三）借景抒情法

1. 概念与示例

是指作者带着强烈的主观感情去描写客观景物，把自身所要抒发的感情、表达的思想寄寓在此景此物中。

例如《草原》一文中的文段：

饭后，小伙子们表演套马、摔跤，姑娘们表演了民族舞蹈。客人们也舞的舞，唱的唱，并且要骑一骑蒙古马。太阳已经偏西，谁也不肯走。是呀！蒙汉情深何忍别，天涯碧草话斜阳！

2. 阅读教学中解析借景抒情法

例如在上例《草原》中的最后一段的学习中，要让学生知道，作者表面描写蒙古"小伙子们表演套马、摔跤，姑娘们表演了民族舞蹈""客人们也舞的舞，唱的唱，并且要骑一骑蒙古马"的热闹场景，其实多处运用了借代手法。"蒙汉"借代蒙汉两族人民，"天涯"借代边疆，"碧草"借代大草原，"斜阳"借代傍晚时分。通过"天涯碧草话斜阳"的蒙古特有景色，作者借景抒发了"蒙汉情深"的感情：蒙汉人民之间的情谊深厚，怎么忍心马上分别呢？直到夕阳西下，我们在这一碧千里的大草原上互相倾诉着惜别之情，希望友谊天长地久。

告诉学生借景抒情首先要把景物描写得逼真传神，为抒情打好基础；其次，要把真切的感受融入所写的景物之中，做到情景交融；再次，要把立足点放在抒情上，因为借景抒情，即写景是次，抒情是主，写景是手段，抒情是目的。借景抒情的方法一般是先写景后抒情或边写景边抒情。

八、修辞运用解析法

修辞手法，就是通过修饰、调整语句，运用特定的表达形式以提高语言表达作用的方式和方法。它是人们长期使用，逐渐定型的语言格式。现在常用的修辞手法主要有比喻、排比、拟人、夸张、对偶、设问、引用和反问等。恰当地运用修辞手法，可以把话说得更具体、生动、形象，表达富有说服力和感染力，更能够发挥语言的最佳表达作用。

修辞运用分析法是指在进行文章阅读时，在好词佳句的品读中产生美感的同时，去探寻作者使用的修辞手法，体会作者运用修辞手法的技巧。同时，还要品味使用修辞手法与否在表达效果上的差异，并在自己写作中恰当运用修辞手法。要体会到，恰当地运用修辞手法，有助于语言表现力的提高。修辞必须恰当、贴切，否则，反而会有损句子乃至文章的表情达意。

（一）**解析比喻**

1. 概念与示例

比喻是根据事物之间的相似点，用某一事物来比方想要说的另一事物，以便表达更加生动鲜明的一种修辞手法。比喻能把抽象的事物变得具体，把深奥的道理变得浅显。

例如《火烧云》中的这一段话：

太阳西沉，天空出现粉红的绸丝缎，那是晚霞。天上的云彩，有的像山峰，有的像奔马，有的像狮子……形态万千，颜色各异，好看极了！

2. 阅读教学中解析比喻的运用

上述文段中，作者在描写天空中形态各异的云彩时，就运用了比喻的修辞手法，形象生动地描绘出了火烧云出来时，天空中云彩的万千形态：有团团簇簇的，有丝丝缕缕的，有静止的，有流动的……

教学中解析这种修辞运用时，要相机告诉学生，比喻一般由三部分组成，即本体（被比喻的事物）、喻体（作比喻的事物）和比喻词（比喻关系的标志性词语）。一个句子是不是比喻句，不能单看有没有比喻词，而是要看比喻的两种事物是不是本质不同的两种事物，并且这两种事物之间是否具有相似点。用好比喻，能恰到好处地对事物进行描绘渲染，使事物生动形象，引发读者联想和想象，给人以鲜明深刻的印象，并使语言文采斐然，富有感染力。

（二）**解析排比**

1. 概念与示例

排比是由三个或三个以上结构相同或相似、内容相关、语气一致的短语

或句子排列在一起，用来增强语势，强调内容，加重感情的一种修辞手法。

例如《桂林山水》中的这一段话：

桂林的山真奇啊，一座座拔地而起，各不相连，像老人，像巨象，像骆驼，奇峰罗列，形态万千；桂林的山真秀啊，像翠绿的屏障，像新生的竹笋，色彩明丽，倒映水中；桂林的山真险啊，危峰兀立，怪石嶙峋，好像一不小心就会栽倒下来。

2. 阅读教学中解析排比的运用

上面的例句就用三个分句组成了一组排比句，把桂林的山"奇、秀、险"的特点淋漓尽致地展现了出来，罗列了桂林的山各种明显不同特征的同时，也增强了表达的语势和效果。

教学中解析这种修辞运用时，要相机告诉学生，排比句在运用时，表达的内容都是集中呈现的，有着鲜明的节奏，主要用于抒情表达。

还可以告诉学生，有排比关系的几个句子，可以是并列的关系，也可以是递进的关系。

例如《中华少年》中这一段话：

从巍峨峻拔的高原走来，我是冰山上的一朵雪莲；从碧波环抱的宝岛走来，我是海风中的一只乳燕；从苍苍茫茫的草原走来，我是蓝天下翱翔的雄鹰；从七沟八梁的黄土坡走来，我是黄河边鲜嫩的山丹丹。（并列关系）

再如：

它是共产党人的大敌，是人民的大敌，是民族的大敌，是全人类的大敌。（递进关系）

（三）解析拟人

1. 概念与示例

这是一种把事物人格化，赋予事物以人的思想情感或言行动作的修辞手法。

例如朱自清的《春》一文中这句话：

桃树、杏树、梨树，你不让我，我不让你，都开满了花赶趟儿。

2. 阅读教学中解析拟人的运用

上述句子就是将桃树、杏树、梨树当作人来写，赋予了它们人类特有的争先恐后的心理，赋予了它们争奇斗艳的行为。

教学中解析这种修辞运用时，要相机告诉学生，使用拟人句，就是把本来不具备人的一些动作和感情的事物变成和人一样，具有人的动作和感情。

同时，要引导学生认识到：拟人句要找到人和物之间的相似或者相近之处，并且符合所处的环境、气氛，这样才能把物写得像真正的人一样。如，例句在描绘桃树、杏树、梨树在开花时节竞相开放的场景时，用词语"不让""赶趟儿"，惟妙惟肖地赋予了各种树木以人的情态，写出了春天百花竞放、热闹非凡的景象，表达了作者对春天的喜爱与赞美之情。

（四）解析夸张

1. 概念与示例

夸张是为达到某种表达的需要，故意对事物的形象、特征、作用、程度等方面，着意扩大或缩小的一种修辞手法。

例如：

他饿得都可以把一头大象给吃了。

这块地方没有巴掌大，怎么能盖房子呢？

要说渴，真有点渴，嗓子冒烟脸冒火，我能喝他一条江，我能喝他一条河。

2. 阅读教学中解析夸张的运用

上面的三个句子，就是三个夸张句。第一句把人的饥饿夸张到了极限，有多饿？饿到能吃完一头几千上万斤的大象；第二句本意是说因地方小，故不能盖房子，究竟多小？小得没有巴掌大，这地方小到了极致；第三句说自己渴，渴到了什么程度？渴到了嗓子冒烟脸冒火，能喝一条江能喝一条河的程度。三个句子都极尽夸大（夸小）之能事。

教学中解析这种修辞运用时，要相机告诉学生，夸张的本意是突出事物的本质特征，使人联想、创造意境，从而鲜明地表达作者的情感，引起读者共鸣、烘托气氛、增强表达的感染力。

运用夸张要以客观事实为基础，否则不能给人以真实感。夸张要明确、显豁，不能又像夸张，又像描写事实。

（五）解析对偶

1. 概念与示例

对偶是把一对结构相同或相似、字数相等的句子，对称地排列在一起，用来表达相似、相关或者相反、相对意思的一种修辞手法。对偶在内容上有正对、反对、串对三种，在结构上有宽对、严对两种。

例如：

响鞭催快马，重捶敲响鼓。

良言一句三冬暖，恶语伤人六月寒。

2. 阅读教学中解析对偶的运用

上面两句对偶，可见字数相等、词性相同、结构相同、平仄相对、用字不重。第一句"响鞭""重捶"是名词对名词，"催""敲"是动词对动词，"快马""响鼓"是名词对名词。第二句"良言"与"恶语"相对，"三冬"与"六月"相对，"暖"与"寒"相对，且押"ɑn"韵。

教学中解析这种修辞运用时，要相机告诉学生，对偶通称对仗，要求上下句字数相等、词性相同、结构相同、平仄相对、不重复用字。使用对偶可使内容表达凝练而集中、概括力强；表现形式上语言整齐匀称，顿挫感强，抒情酣畅而富有美感。

（六）**解析设问**

1. 概念与示例

设问是为了引起别人的注意，故意先提出问题，然后说出自己看法的一种修辞方法。也谓之自问自答。

例如《匆匆》一文中的这句：

在逃去如飞的日子里，在千门万户的世界里的我能做些什么呢？只有徘徊罢了，只有匆匆罢了。

2. 阅读教学中解析设问的运用

在上面的例句中，作者通过设问，深刻地表达了对时间流逝的怅惘，对"去日苦短"的恐惧与悲伤。提醒自己要珍惜时光，珍惜生命，暗示自己要惜时奋进。

教学中解析这种修辞运用时，要相机告诉学生，使用设问，是为了突出表达的某些内容，使文章波澜起伏，有变化。设问可起到吸引读者、启发读者思考的作用。设问有时用在文章中间，也可起到承上启下的作用。

（七）**解析引用**

1. 概念与示例

引用是指写文章时，援引现成的语言材料（名言、诗句、格言、谚语等），以提高表达效果的修辞方法。引用又分为直接引用和间接引用。

例如《为人民服务》一文中这句：

中国古时候有个文学家叫做司马迁的说过：人固有一死，或重于泰山，或轻于鸿毛。

2. 阅读教学中解析引用的运用

在上面的例句中，毛泽东引用司马迁的名句，言简意赅地说明了人的一生，生命的意义和价值的不同，赞扬了张思德这样为人民利益而死就是死得重于泰山的人，因为他的人生价值实现了。

教学中解析这种修辞运用时，要相机告诉学生，引用在说明问题、阐明观点时，能够增强说服力，使语言活泼生动，丰富多彩，具有言简意赅的表达效果。

（八）解析反问

1. 概念与示例

反问也叫反诘，是用疑问的形式表达确定的意思，以加强语气的一种修辞手法。它是无疑而问，表达的意思均包含在问句里。常用肯定形式表示否定意思，用否定形式表示肯定意思。

例如《养花》一文中这一句：

不劳动，连棵花儿也养不活，这难道不是真理么？

2. 阅读教学中解析反问的运用

在上面的例句中，老舍先生用反问的手法，非常肯定地告诉人们，做什么事都要付出劳动，想不劳动便得到劳动果实，那只能是空想，只会一事无成。

教学中解析这种修辞运用时，要相机告诉学生，反问是无疑而问，表达的意思就包含在问句里面。它的主要作用是加强表达的语气，强调、突出表达的内容。

九、标点符号解析法

标点符号是书面语言的有机组成部分，是书面语言不可缺少的辅助工具。它帮助人们确切地表达思想感情和理解书面语言。《语文课程标准》关于对标点符号的运用对不同学段提出了不同的要求。小学低段"要求认识课文中出现的常用标点符号。在阅读中体会句号、问号、感叹号所表达的不同语气""根据表达的需要，学习使用逗号、句号、问号、感叹号。"小学中段"在理解语句的过程中，体会句号与逗号的不同用法，了解冒号、引号的一般用法""学习修改习作中有明显错误的词句。根据表达的需要，正确使用冒号、引号等标点符号"。小学高段"在理解课文的过程中，体会顿号与逗号、分号与句号的不同用法""根据表达需要，正确使用常用的标点符号"。

小学阶段要会用的标点符号有逗号（，）、顿号（、）、分号（；）、冒号（：）、句号（。）、问号（？）、叹号（！）、引号（双引号：""；单引号：''）、书名号（双书名号：《》；单书名号：〈〉）、破折号（——）、省略号（……）等。

（一）概念与示例

1. 逗号（，）表示一句话中间的停顿。如：

我们看得见的星星，绝大多数是恒星。

2. 顿号（、）表示句子内部并列词语之间的停顿。如：

正方形是四条边相等、四个角均为直角的四边形。

3. 分号（；）表示小于句号、大于逗号的停顿的一种标点符号。它的用法如下：

（1）表示一句话里并列分句之间的停顿。如：

白天，战士们坚守着已得的阵地；夜里，战士们向敌人发起新的攻击。

（2）表示并列关系（如，转折关系、因果关系等。）的多重复句，第一层的前后两部分之间。如：

在长江上游，瞿塘峡像一道闸门，峡口险阻；巫峡像一道迂回曲折的画廊，每一曲，每一折，都像一幅绝好的风景画，神奇而秀美；西陵峡水势险恶，处处是急流，处处是险滩。

4. 冒号（：）表示提示语后的停顿或表示提示下文或总括上文。它的用法如下：

（1）在称呼语后边，表示提起下文。如：

同志们，朋友们：现在开会了……

（2）在"说、想、是、证明、宣布、指出、透露、例如、如下"等词语后边，表示提起下文。如：

他十分惊讶地说："啊，原来是你！"

（3）在总说性话语的后边，表示引起下文的分说。如：

北京紫禁城有四座城门：午门、神武门、东华门和西华门。

（4）在需要解释的词语后边，表示引出解释或说明。如：

座右铭：不求最好，但求最亲。

（5）用在总括性话语的前边，以总结上文。如：

想不通，九条牛也拉不回；想通了，不要人说就直往前冲：他就是这样一个直性子。

5. 句号（。）表示一句话末尾的停顿。它的用法如下：

（1）用于陈述句的末尾。如：

北京是中华人民共和国的首都。

（2）用于语气舒缓的祈使句末尾。如：

请您稍等一下。

6. 问号（？）表示一个疑问句完了之后的停顿。它的用法如下：

（1）用于疑问句的末尾。如：

他叫什么名字？

（2）用于反问句的末尾。如：

难道你还不了解我吗？

7. 叹号（！）表示一句有强烈感情的话完了之后的停顿。它的用法如下：

（1）用于感叹句的末尾。如：

为祖国的繁荣昌盛而奋斗！

（2）用于语气强烈的祈使句末尾。如：

停止射击！

（3）用于语气强烈的反问句末尾。如：

我哪里比得上他呀！

8. 引号（双引号："　"；单引号：'　'）表示文中引用的部分。它的用法如下：

（1）文中直接引用的话。如：

"满招损，谦受益"这句格言，流传到今天至少有两千年了。

（2）有特殊含义的词语。如：

这样的"聪明人"还是少一点好。

（3）引号里面还要用引号时，外面一层用双引号，里面一层用单引号。如：

他站起来问："教师，'有条不紊'的'紊'是什么意思？"

9. 书名号（双书名号：《》；单书名号：〈〉），表示书籍、文件、报刊、文章等的名称，亦用于歌曲、电影、电视剧等与书面媒介紧密相关的文艺作品。它的用法如下：

（1）书名、篇名、报纸名、刊物名等，用书名号标示。如：

《红楼梦》的作者是曹雪芹。

（2）书名号里边还要用书名号时，外边一层用双书名号，里边一层用单书名号。如：

《〈中国工人〉发刊词》发表于1940年2月7日。

10. 破折号（——）表示话题或语气的转变，声音的延续等的符号。它的用法如下：

（1）文中解释说明的语句用破折号标明。如：

为了全国人民——当然也包括自己在内——的幸福，我们每一个人都要就就业，努力工作。

（2）话题突然转变，用破折号标明。如：

"今天好热啊！——你什么时候去上海？"张强对刚刚进门的小王说。

（3）声音延长，象声词后用破折号。如：

"呜——"火车开动了。

（4）事项列举分承，各项之前用破折号。如：

根据研究对象的不同，环境物理学分为以下五个分支学科：

——环境声学；

——环境光学；

——环境热学；

——环境电磁学；

——环境空气动力学。

11. 省略号（……）表示行文的省略或说话断断续续。它的用法如下：

（1）行文的省略。如：

她轻轻地哼起了《摇篮曲》："月儿明，风儿静，树叶儿遮窗棂啊……"

（2）例举的省略，用省略号标明。如：

在广州的花市上，牡丹、吊钟、水仙、梅花、菊花、山茶、墨兰……春秋冬三季的鲜花都挤在一起啦！

（3）说话断断续续，可以用省略号标示。如：

"我……对不起……大家，我……没有……完成……任务。"

（二）阅读教学中解析标点符号

例如，课文《穷人》中的片断：

桑娜脸色苍白，神情激动。她忐忑不安地想："他会说什么呢？这是闹着玩的吗？自己的五个孩子已经够他受了……是他来啦？……不，还没来！……为什么把他们抱过来啊？……他会揍我的！那也活该，我自作自受……嗯【ng】，揍我一顿也好！"

教师带领学生首先默读文段，勾出文中运用了多少个省略号，联系上下文说说每个省略号的用法。接着，认真朗读体会，选择一处说说自己从省略号感受到的桑娜此刻的内心活动，并和同桌交流后，思考总结，完成下面表格：

省略号	用法（①行文的省略。②例举的省略。③说话断断续续。）请写出正确选项的序号	此刻，桑娜在想什么？
第一处		
第二处		
第三处		
第四处		
第五处		

最后，根据表格进行练说：

1. 结合上下文，选择一处大声、大胆地自己练说下列任务。

2. 大声、大胆地和同桌相互练说。

3. 大胆、自信地上台展示说。

该例中，教师抓住文本段落中出现的五个省略号，通过带领学生联系上下文分析每个省略号的用法，从而揣摩、体会桑娜此时的心理活动，加强对文中人物形象的解读力度。

标点符号的学习与运用，是小学语文教学中极为重要的一环。在阅读教学中，教师可针对文本中较为特别的标点符号，从其作用入手，展开阅读理解，帮助学生更为全方位地感知文本语句所传达的内容与情感，学习标点符号运用于语言文字中的巧妙。

第四章　"好好说"该怎么说

●概述

着眼于教懂的阅读教学课，鲜有让学生扎实练说、达到说清楚状态的。现实阅读课，甭说状态常见，即使偶见有说，也常常是弱说，浅说，点说（零碎说、点状说、只言片语说，少见整段地、整体地、连贯地说）。蒙昧之中，我们上阅读课，实际上是存在诸多误区的：

1. 通过讲、问、答将课文或文段教了，就以为懂了。其实这个"懂"只是大体意会，是朦胧的懂。

2. 教懂了，就以为学生会了，甚至会用了。其实，通过听、看而点头称"懂了"时，离会了、会用了，还相当遥远。

3. 学生答问了，就以为是练说了；少数几个学生发言"说"了，就以为全体都得到"练"了。其实答问与练说是两回事；课堂精英发言与全体学生都得到练说实惠，相去甚远。

4. 以为练说主要通过口语交际课完成，阅读课堂主要完成阅读理解的事。殊不知，阅读教学是语文教学的综合途径，几乎可以包含语文教学的全部训练内容。而且，阅读课是语文课的主阵地，占据语文学习天地之大部，阅读课的低效直接导致语文教学低效。阅读课没练好学生的说，仅靠辅渠道提高学生的口语表达能力，非常困难。

我们必须要明确：在阅读课中，让学生扎实练说，说清楚，是极其重要的事件。这种重要，不仅因为言说能力是现代人的重要素质，也不仅因为，练说就是训练思维，促进智力核心因素的发展，所以要通过语文课堂着实培养。也还因为，扎实练说会直接增强语文课堂的有效性，而且练说还是阅读课中练读、练写、积累的纽带和中轴，也就是练说会连带性地增加其他练能的有效性。这极其重要，具体分解为以下几个方面：

一、练说，促进对文本的真正理解

先来看一个例子。我在多地教师培训中，让大家针对《詹天佑》一文中一个文段，做教懂与练能不同教法的参与式培训。

铁路要经过很多高山，不得不开凿隧道，其中居庸关和八达岭两条隧道的工程最艰巨。居庸关山势高，岩层厚，詹天佑决定采用从两端同时向中间凿进的办法。……八达岭隧道长一千一百多米，有居庸关隧道的三倍长。他跟老工人一起商量，决定采用中部凿井法，先从山顶往下打一口竖井，再分别向两头开凿，外面两端也同时施工，把工期缩短了一半。

我给大家演示通常教师们怎么教的：首先问"这段主要讲了什么？"（答"两种开凿隧道的方法"），再请大家找到哪些句子写了这两种不同开凿方法，读，接下来，重点进行边画图边说明"两端凿进法"和"中部凿井法"分别是怎么回事。至此，问教师们："懂了吗？"都回答"懂了"或点头。我说，这样教就是教懂。

怎么教才是练能？我让大家根据"因为……所以采用……这样开凿的好处……"的句式来说清楚文章中两种开凿方法究竟是怎么回事。先真正练习说几分钟，我再抽说（加大难度时不看原文而说）。

接下来，令人不可思议的情景出现了：抽一个，再抽一个……似乎没有一个教师，能够真正将其清楚、明白、完整地表述出来。我还告诉大家，近些年来，我在多地做过这个训练，只在一个地方，一次性抽到一个男教师站起来清楚、明白、完整、没有语病地表述道："因为居庸关山势高，岩层厚，所以詹天佑采用两端凿进法，即从山的两端同时向中间开凿，这样开凿的好处是，比只从一端开凿，工期缩短了一半；因为八达岭山不高，但很长，所以詹天佑采用中部凿井法，就是从山顶上向下打一口竖井，从里面分别向两头开凿，同时山外面从两端也向中间开凿，这样开凿的好处是，有四个工作面同时施工，比只从一端开凿，工期缩短了四分之三。"

大家也疑惑了，明明先前感觉是懂了，为什么就表述不清楚、准确和完整呢？这除了口头表达能力不强外，其实，所谓"感觉懂了"，只是一种大体意会，信息只简单印留在大脑中，没有经过自己主动的加工、重组，形成属于自己的知识，所以算不上真正的理解（而且这样的"感觉懂了"容易忘却）。但是，如果经过上面这样的方式言说了，说得清楚、明白了，那肯定是理解了，而且是深刻理解了。这是练能式教学对于阅读理解的价值，通过练说的方式去理解，可理解得到位，理解得更深刻。

二、练说就是练思维，促进思维的发展

思维是智力的核心，是一个人能力包括语文能力的核心要素。学科教学要重视思维能力的培养，语文概莫能外。思维是借助于语言训练，或通过活动将内部语言外显化（或叫思维可视化）而培养的。因为"语言是现实的思维，是思维的物质外壳"，"语言是思维本身的要素"，甚至有人说语言与思维具有同一性、不可分性等。

但是，通过语言训练特别是练说来培养学生思维，我们是意识不够、重视不足的。

比如课文《穷人》的第一部分这样写道：

渔夫的妻子桑娜坐在火炉旁补一张破帆。屋外寒风呼啸，汹涌澎湃的海浪拍击着海岸，溅起一阵阵浪花。海上正起着风暴，外面又黑又冷，这间渔家的小屋里却温暖而舒适。地扫得干干净净，炉子里的火还没有熄，食具在搁板上闪闪发亮。挂着白色帐子的床上，五个孩子正在海风呼啸声中安静地睡着。丈夫清早驾着小船出海，这时候还没有回来。桑娜听着波涛的轰鸣和狂风的怒吼，感到心惊肉跳。

古老的钟发哑地敲了十下，十一下……始终不见丈夫回来。桑娜沉思：丈夫不顾惜身体，冒着寒冷和风暴出去打鱼，她自己也从早到晚地干活，还只能勉强填饱肚子。孩子们没有鞋穿，不论冬夏都光着脚跑来跑去；吃的是黑面包，菜只有鱼。不过，感谢上帝，孩子们都还健康。没什么可抱怨的。桑娜倾听着风暴的声音，"他现在在哪儿？上帝啊，保佑他，救救他，开开恩吧！"她一面自言自语，一面在胸前画着十字。

教师们在教学这部分时，常常会这样：

师：文章题目写的是"穷人"，那桑娜一家的穷表现在哪些地方呢？请在文章第一二自然段中找到相关的语句，读读，说说。

生：这家家里没有什么陈设，只有"火炉""食具""搁板""挂着白色帐子的床"等，说明很穷。

生：我是从这句中发现这家人很穷的，"吃的是黑面包，菜只有鱼"。

生：这家孩子穿得差，说明穷，"孩子们没有鞋穿，不论冬夏都光着脚跑来跑去"。

……

这就是通过问答式教学理解文章的常态，学生的发言只是答问，不是练能式地说。说得不到位、理解不深刻姑且不论，单从练思维的角度来说，是非常欠缺的。

　　一个优秀的语文教师应该意识到，围绕这个问题或目标"文章题目写的是'穷人'，那桑娜一家的穷表现在哪些地方"的教学，是通过练说来练思维的重要契机。而这儿的练思维，主要可以练分析和综合。首先如何分析穷人的穷？要提示学生用一定的分析方法："穷"是一个笼统的概念，你认为它表现在哪儿？找出"证据"——语句。再重点抓住关键词，阐释为什么从这儿看出了穷？于是，分析，练说，就应该是这样：

　　生：我是从"吃"的方面看出桑娜一家非常穷的。证据是第二自然段中这句"吃的是黑面包，菜只有鱼"。我们不妨通过抓关键词来理解他们的穷："黑面包"，联想到我们吃的面包不会质量这样差，说明他们买不起好的面包；"只有鱼"说明菜很单调，有的同学可能会说，好舒服哟，还能吃鱼，但你不要忘记了，天天吃鱼是什么感觉，不仅会吃腻，而且营养也不全。

　　这样分析有理有据，思路清晰，而且学生的表述是整段地、连贯地说。

　　如此分析性地练说，很多教师也还容易做到，而以下综合的环节归纳性地练说，培养学生整体架构的思维方法，就很少有教师意识到并做得到位了。请看：

　　师：以上同学们从多方面，交流了桑娜一家人很穷，体会得非常深刻，到位。现在，教师再给大家一点时间，请你整理一下，文章第一二自然段，从哪些方面写出了桑娜一家的穷。请你在笔记本上归纳出几个方面，并抓住关键词。一会儿，我要请你来全面地汇报。

　　（学生进行整理）

　　生：请大家看我的整理：

　　穷：吃的方面——黑面包，只有鱼，勉强填饱

　　穿的方面——没有鞋穿，光着脚

　　用的方面——家里陈设简单

　　工作时间——从早到晚

　　工作条件与环境——黑，寒风，波涛，小船，冷

　　家庭人员——七口之多

　　（该学生在展示的同时用自己的话语表述出来，略。）

　　师：刚才这位同学归纳得非常好，说得也不错。现在，请大家也按这个整理，用自己的话，说说文章第一部分是怎样写出桑娜一家的"穷"的。先自己对自己说说，然后，我再请一位同学来给大家说。

　　（学生练说，略。）

作为语文教师应该意识到，在阅读课的练说中，常常需要练分析与综合、比较与分类、抽象和概括等思维过程，需要练分解、归纳、演绎、推理、求异、综合等思维方法和技巧，需要通过练而培养学生思维的条理性、系统性、深刻性、独特（创）性等品质。

三、以练说辅助练读，催化语感的生成

语文能力的核心是语感。语文学习的建构是语言与精神同构共生，形成以语感积淀为核心的语文素养。而语感"如水到口，冷暖自知"的感受性，是靠阅读、积累和运用而生成和积淀的。其中，语言积累是基础（"举三反一"），语感领悟是中介，语感沉淀是归宿。怎样才能让学生感悟、感悟效率更高？通过读（包括朗读），特别是伴随言说感悟的阅读，无疑对语感的生成与积淀是有重要的催化作用的。

比如，上一章第二节"练朗读"中《卖火柴的小女孩》的一例，通过该例练说的方式，让学生把文段蕴含的情绪或情感，进行充分交流，促进大家对文段的理解感悟。再带着感悟去朗读，才能读得进文本，读得进情境，读得进人物的内心，也才能读出感情，从而提升练读的绩效。舍掉这个练说——感悟交流的过程，只是一般性地读，虽希冀读出感情，实难练读到位。

四、练说促进练写，甚至练说本身就是练写

读写结合是老话题，练能教学主张，阅读课中要练写。但这个练写，不等于写作文，尤其是不等于写成篇的作文，而是结合阅读进行与"写"相关的活动，可以是小练笔（围绕一个小主题写一片断），可以是"类写作"：作笔记，阅读理解时批注感受，甚至抄写、听写词句等——"不动笔墨不读书"地写。

练写的一个重要替代形式就是练说。再次强调，练说，绝不是一般意义的回答问题或发言。在明确、具体的任务驱动下，有准备过程，围绕话题进行过构思，呈现出来的是整段的表述（甚至配合着其他思维可视化的表达方式），这样的发言或交流展示才是练说。如此有打腹稿的练说，基本等同于练写。特别对于小学生而言，尤其是小学低年级的学生，内部语言与口语同一性程度高，二者没有完全分化，怎么想可以怎么说，怎么说基本可以怎么写，所以曾经有人主张，低年级的作文教学，要先说后写，通过说理清表达的思路，通过说优化写。

阅读课中的练写，从阅读本位的角度讲，写是为读服务的，练写是阅读

的深化和拓展。

比如，教《詹天佑》一课时，很多教师都会在结课之前，安排这样一个小练笔：模仿"感动中国"，写一段给詹天佑的颁奖词。

于是有的学生写道："是你，詹天佑，把外国著名工程师都不敢轻易尝试的京张铁路修好了，为我们中国人争了一口气；是你，詹天佑，用汗水冲刷了中国人那些屈辱的记忆；是你，詹天佑，用自己的生命捍卫了中国人的尊严，你是一个为中国付出而不求回报，一心想着中国的人！"

像这样的写作，它的形式本身——是一个段吗，是一篇短文吗，已经不重要了，重要的是通过这个过程，通过"所写"本身，深化了对课文的理解、感悟，升华了学习者的情感和思想。而这"所写"，可以是简单的打腹稿，在草稿上拟几个关键词，通过发言言语通畅地表述出来，也就达到了理解和练写、练说的目的。

五、练说有助于积累，练说就是浸润性积累

学习是累积的结果，这是学习的共性原理，而语文学习则更甚。语文学习的积累对于语用，是"举三反一"，不是举一反三。比如，对于一个事物或情景的描述，如果心中储存了描述它的多种语词，那就能够针对这特定事物或情景恰当选择而使用语词；反之，如果心中只有一个描述它的语词，便没得选择，也很难生成新的语词来描述它。所以，语文如果没有丰厚的积累，是绝难说有极强的语文能力、极高的语文素养的。

但积累是需要考量其有效性的。死记硬背的积累定然有效性差：难以记住，记后易忘。怎样才能有效性高？研究表明，所记的材料，必须经过记忆者的情感浸养、滋润，才能真正积淀下来，正如苏霍姆林斯基所说："只有当感情的血液在知识这个活的机体中流过的时候，知识才能触及人的精神世界。"对于语言材料，要想活现、映留、嵌入学生的语文仓储，就得语像活现于眼，语义意会于脑，语情融化于心，其中语情将"象"与"义"有机粘合。这样自然融入一个人的精神世界的积累，就是浸润性积累，也是最有效的积累。

那么，学一篇课文，如何将词句元素、段落篇章有效地积累下来？最简便易行的方式，就是在理解基础上的练说。不要小看"用自己的话说一说"，这是一个知识消化、情感浸润、旧知接纳、新知嵌入的糅合的过程。练说得越清楚，与语言相配合的思维可视化方式越生动，融入个体情感色彩越充分，那积累就越牢固，也就越有效。

六、练说，让课堂的交流展示更深透而精彩

超越了一讲到底的课堂，定要看学生表现的；超越了串讲串问的课堂，定要重学生展示的。学生在课堂的表现或展示，主体方式一定是言说。（读、写及画、唱、演之类定然要次之或只为辅助方式。）长期以来，我们常常埋怨该学生表现或展示时，他们的表现或展示不尽人意。该怪学生吗？其实，这恰恰是问答式教学、无练式发言之局限与流弊。你没给学生准备表现或展示的过程，没有让他们好好练说，岂能奢望他们表现出彩、语出惊人？

比如教学《"精彩极了"和"糟糕透了"》中"她搂住了我，赞扬声雨点般落到我身上"这一句时：

师：从这一句你体会到了什么？

生：我感悟到母亲对我不断的赞扬，感受到了浓浓的爱。

看，这样的文段品读后的发言，很空泛，不实在，不具体，不能打动人。原因就是缺乏一个练的过程。

如果让学生有练有准备，并提示他们要依据这样的方法来准备：首先要抓住关键句子，再找到句子中的关键词语，接下来，重点在关键词上"做文章"——分两步，一是对关键词进行解释：它的本义是什么，近义词是……反义词是……换一个词与它相比较……；二是围绕关键词，结合这一个句子，参照语言环境，还可以联系文章相关的历史背景，以及生活经验等，深刻理解这个词及句子的意思。品读时还要注意方式的选用，如"发胖"性地说；解说与朗读展示相结合；解说与图示、演示等方法相结合……

可以给学生这样的言说套路：

我从这句话体会出了_____，我重点抓住_____这个词来理解的，这个词的意思是_____，让我联想到_____。整个句子表明了_____，带着这种感悟，我来朗读……

之后再交流展示，你就会发现，学生的言说立时精彩起来：

生：我从这句话体会出了深深的母爱。我重点抓住"雨点般"这个词来理解的，这个词让我联想到，下雨时雨点儿肯定是多，下得密集，落得很快。"雨点儿"般的赞扬声，表明母亲对我的赞扬语言丰富，语词密集，不断地不停地说出来。这句话让我感受到母亲兴奋的心情，浓浓的慈爱。

综上所述，"好好说"有两层含义：一是深刻理解文本，将解读进行结构化言说；二是以说、以交际为主的读后言语活动。（前面所说的 N，结合在所营造的情景中，通过情境性活动，达到包括练说在内的练多方面能力。）

阅读教学课堂中让学生说起来、说清楚，极其重要。忽略了、弱化了、舍掉了练说，阅读教学的效益将损失严重。要想让学生理解到位、感悟深刻，就让他说起来、说清楚；要想让学生思维活跃、所思外显，就让他说起来、说清楚；要想让学生读得入情、感人动己，就让他说起来、说清楚；要想让学生从读中学写、积累运用，就让他说起来、说清楚；要想让学生出彩表现、灵动展示，就让他说起来、说清楚。

第一节　练说的内容

一、说事

（一）概念与示例

说事，是指在阅读教学中，根据文本的内容，说清楚事情的整个过程。有的本身是故事的文章，为讲清这个故事，可用复述或概括的形式练说；有的是写人的文章，为讲清这个人的特点，可根据"四要素"，即时间、人物、地点和事件练说事例的过程。

例如教学《我的伯父鲁迅先生》一文时，教师让学生通过抓"四要素"，练说"救助车夫"一事。

学生练说如下：

有一天黄昏，在离伯父家门口不远的地方，我们看见一个拉黄包车的车夫因光脚，被玻璃片扎进脚底，坐在地上呻吟，爸爸跟伯父拿了药和纱布出来，为车夫清洗、包扎伤口。我问伯父车夫怎么在这么冷的天里，光着脚拉车。伯父变得很严肃，没有回答我。

（二）阅读教学中开展说事活动

通过抓"四要素"，练说事情过程，是比较常见的，也是学生较容易掌握的一种说事方式。此外，还能通过画流程图、列表、抓关键词、表演或纲要板书等方法，进行说事活动。

说事，能帮助学生厘清事件的脉络，在叙事性文本中，抓住课文记叙的重点；在写人的文本中，把握好人物的形象；在写景的文本中，体验到景物

的面貌与特点。如，在以上练说中，通过说清伯父救助车夫这件事，学生在理解课文内容的同时，也进而体会到鲁迅先生对旧社会的痛恨和对劳苦人民的深切同情。

二、说人

（一）概念与示例

说人，是在阅读教学中，通过文本内容进行推测，说清人物的心理活动、性格特点和精神品质等，从而对人物有更深刻的认识，把握人物形象。说人物心理，往往是根据文本对人物的描写，联想人物的心理状态，再通过自己的语言描述出来。说性格特点与说精神品质，思路基本一致，都可从文中找到依据，从而有理有据地说清人物的性格、品质。

例如《穷人》一课的教学的中，教师可以让学生从课文中找到证据，说一说渔夫的妻子安娜是一个什么样的人。

学生练说如下：

第一，我从文中"地扫得干干净净，炉子里的火还没有熄，食具在搁板上闪闪发亮""她自己也从早到晚地干活"这两句看出，桑娜是一个勤劳的人；第二，我从文中"他现在在哪儿？上帝啊，保佑他，救救他，开开恩吧""自己的五个孩子已经够他受的了""不过，感谢上帝，孩子们都还健康。没什么可抱怨的"等句子看出，桑娜是一个关爱家人的人；第三，我从文中"桑娜想起了傍晚就想去探望的那个生病的邻居""唉，寡妇的日子真难过啊！进去看看吧"这两句看出，桑娜是一个有同情心的人；第四，我从文中"她的心跳得很厉害，自己也不知道为什么要这样做，但是觉得非这样做不可""……他会揍我的！那也活该，我自作自受……嗯，揍我一顿也好"这两句看出，桑娜是一个宁愿自己吃苦也要帮助他人的、善良的人。

综上所述，桑娜是一个勤劳、关爱家人、有同情心、善良、乐于助人的人。

（二）阅读教学中开展说人活动

这里的练说，学生根据自己在文中找到的语句，提炼、推测、梳理、加工为一整段的语句，并一一道来。在说清安娜是一个怎样的人的过程中，不仅训练了学生的思维能力，也促进了学生对安娜整体形象的理解。

说人，既可说人物性格与品质，又可说人物的心理活动。如《临死前的严监生》一课，教师可在研读严监生的三次伸手指行为时，用抓住关键词（严监生的神态、动作）、联系上下文的方法，让学生想象，并说一说临死前的严监生心里到底在想些什么，以此促使学生对严监生这一人物形象的深刻认识。说人活动开展的目的，就是让学生在以文本为依托的练说中，将文本的描绘转换为自身思维的呈现状态，将文本语言转换为自己的语言，将文本中的抽象人物转换为立体可视的具体形象，从而加深对文本所刻画人物的认识。

三、说物

（一）概念与示例

阅读教学中的说物，通常是针对描写物体的文本而言，根据课文内容，说清物体的形态、作用、功能等。有的课文本身便是说明文，可以抓住物体的一个方面进行练说，也可以从物体的多个方面整体练说。而有的课文是通过描写物体来表达作者的情感与寄托，如，运用借物喻人手法的课文，在说物时，往往主要针对练说物体与人之间具有共同性的某种特征，进而体会作者对某种人精神与品质的赞美。

例如《威尼斯的小艇》的教学中，教师可让学生抓住文中描写小艇的关键词，一边画小艇，一边用自己的话说出小艇是什么样子。

学生练说如下：

威尼斯小艇，有二三十英尺长，又窄又深，长得有点儿像独木舟。船头和船尾向上翘起，像挂在天边的新月。小艇行动起来时，既轻快，又灵活，像田沟里的水蛇。

（二）阅读教学中开展说物活动

这一段练说是针对威尼斯小艇的外形来进行的。通过抓关键词、画小艇的方法，学生说清威尼斯小艇的形态，也进一步地体会到小艇作为威尼斯的主要交通工具，对于威尼斯这个水上城市的重要性。

教师在让学生说物时，还能通过板书、列表、情景创设等方式开展练说活动。说物活动的目的就是让学生说清物体的形态、特征、功能或作用等，使文本抽象的文字在学生的脑海里勾画出具体的形象，让思维可视化，让思维能力、理解水平得到提高，甚至在某些课文的教学中，促进学生对作者情感的体会。

四、说景

（一）概念与示例

在写景的课文教学中，说景即是根据文本的语句，说清楚景物的概貌、

方位、特点等，或者是在对文本语句的推测中，联想到自己置身于这种景物中的所见所闻等。在运用到场景描写的写事或写人的文本中，也可针对某一场面进行说景活动。

例如在教学《记金华的双龙洞》时，教师让学生通过抓住文中的景物顺序，画出游览图，再用自己的话把作者游览时见到的景物简要地说出来。

学生练说如下：

"我"在游览双龙洞的路上，看到了粉红色的山，各色的映山红，再加上或浓或淡的新绿，眼前一片明艳；来到洞口，我看到了从洞里流出的溪流，抬头望，山相当高，相当突兀森郁，很有气势；进入外洞，我仿佛到了个大会堂，在那里聚集一千或是八百人开个会都不觉得拥挤，很宽敞；穿过狭窄的空隙时，只能容下一只两个人并排仰卧那么宽的小船进出，感觉要是把头稍微抬起一点儿，都会撞破额角，擦伤鼻子；内洞里一团漆黑，什么都看不见，举着汽油灯能看到长得很奇异的双龙、石钟乳和石笋。

（二）阅读教学中开展说景活动

该段练说，是通过抓住文中的景物顺序，画出游览图，用自己的话说清作者游览双龙洞时见到的景物。此外，教师也能通过抓关键词或创设情景等方式，让学生说清景物的方位、面貌和特征等。通过说景活动的进行，于写景文本而言，学生能在练说过程中，进一步吃透文字、消化文字，将景物风貌、地理方位在自己的脑海中可视化地呈现而出，进而理解课文对景物的描述；于写人记事的文本而言，学生能在情景交融的场面描写中，以景悟情，感知作者所寄寓的思想情感。

五、说想象

（一）概念与示例

想象不同于联想，它是人在头脑里，对已储存表象的基础上，创造出新形象的心理过程。在阅读教学中，说想象就是指针对文本中的"空白点""延伸点"等，根据其内容进行合理想象，将自己在脑海中形成的抽象事物，以口述的方式，具体展现出来。

例如在《凡卡》这篇课文的教学中，教师让学生根据课文语句的描绘，想象，并说一说：凡卡醒来后会发生什么？

学生练说如下：

一星期过去了，一个月过去了，半年过去了，小凡卡却还是天真地坚信爷爷会来接自己回家，他盼望着，过了无数个日日夜夜。

这天，小凡卡因为被伙计诬陷，说他偷了老板的一个很珍贵的玉器拿出去卖了。老板很轻易地相信了伙计的话，不顾凡卡的辩解，抓起一个铁棍想要打死他。凡卡害怕极了，赤着脚跑出了鞋铺，再不敢回去了。他决定了，自己要回乡下去。

小凡卡不顾一切地跑着，脚底被地上的碎玻璃割伤了，手臂也被摔伤了。他饿了只能吃别人丢掉的、发了霉的东西，睡觉也只能睡在小角落里，晚上刺骨的寒风吹得他瑟瑟发抖。

一个月后，有人指着一个躺在地上、面色苍白的男孩，对凡卡的爷爷说道："老康司坦丁·玛卡里奇，那不是你小孙子吗？"凡卡的爷爷忙跑上去看，顿时惊呆了：那不是小凡卡吗？只见他的衣服破烂不堪，脸上青一块、紫一块的，手上跟脚上满是伤口，他已经死了，眼睛还睁着，他心不甘啊！凡卡，这个可怜的小男孩，在快要到家时，饿死了。

（二）阅读教学中开展说想象活动

上述说想象活动中，教师抓住"延伸点"，让学生以文中描写的细节为依据，进行合情合理的想象，说清凡卡醒来后会发生的事情，从而深刻阅读课文，分析课文语句，体会到凡卡想象中的美好与现实的残酷。

想象可以加深学生对文本的理解，辨别真假、善恶、美丑，提高鉴赏能力，丰富知识，接受美的陶冶，受到教育与启迪。学生通过抓住文本的某个点，说清楚自己的想象，在训练思维能力，提高自己的创造力、想象力的同时，也能深入文本，透析文本语言，感受文本所赋予的情感体验。

六、说阅读理解

（一）概念与示例

说阅读理解，就是在研读文本的过程中，将大脑内对事物的认识，进行还原、翻译、解析，再现于口头表达中，理解性地、整段地说出来。也就是说清自己对文本的理解。

例如《跨越百年的美丽》一课，教学中，教师出示一些含义深刻的句子，让学生从中各选一句话，进行深刻品读，并用完整的一段话说出自己的理解。

学生练说如下：

我理解的句子是"她从一个漂亮的小姑娘，一个端庄坚毅的女学者，变成科学教科书里的新名词'放射线'，变成物理学的一个新的计量单位'居里'，变成一条条科学定律，她变成了科学史上一块永远的里程碑"，从这个句子的四个"变成"中，我体会到这种"变成"不是一般的变成，而是一种

人生价值的提升，生命境界的飞跃，这四个"变成"概括了居里夫人奋斗的一生以及不朽的功绩。对整个句子，我感悟到尽管居里夫人的美丽不再，但是居里夫人却用自己的美丽和健康换来了科学实验的巨大成功，换来了对人类的巨大贡献。我觉得这是平常人难以做到的，正是这种牺牲精神使得居里夫人取得了别人无法得到的成功。这种美丽比外表的美丽更美、更持久。

（二）阅读教学中开展说阅读理解活动

这一段练说的语言，是以教师出示的一些含义深刻的句子为前提进行的。学生通过抓住句子中的关键词，品味词语所表达的效果，进一步辐射到整个句子，体会句子的深刻含义，从而促进学生对整篇课文的内容与情感的理解。

阅读理解，不仅需要学生的深入阅读，更需要学生走进课文，从课文的字里行间中读懂作者想要向读者传递的丰富信息，并将之表达出来。通过说阅读理解，学生徜徉于或直抒胸臆，或含蓄委婉的文本语言语境中，去发现，去感悟，去抒发，结合自己的理解，说清自己从文本中获得的体验，以达到更加细腻而透彻地解读文本的目的。当然，为了让学生说的话是深刻的、全面的，我们也可采用结构化言说的形式，进行说阅读理解活动。

第二节　在交际情景中说

在阅读教学中，教师可以设置一定的口语交际情境，组织学生进行练说活动。我们研究认为，通过模仿性练说、迁移性练说、转化性练说、创造性练说等情境化的运用，不仅可以让课堂变得更有趣味，还可以帮助学生更好地理解文本内容，将书本的文字有效消化、转化、内化为自己的语言，并创造性地表达而出，从而扎实培养学生的语文能力。

一、概念与示例

（一）请求

在课文学习中，经常会遇到一些请求别人帮助的对话片断或情境，教师可以借助课文，设置一定的口语交际情境让学生练说，使学生初步掌握"请求"的本领。如《小壁虎借尾巴》一课，教师可引导学生模仿课文语言，说说小壁虎是怎样向其他动物借尾巴的，让学生在练说中学会礼貌地向他人进行请求。

（二）**劝慰**

劝慰的语言情境容易与安慰混淆，虽然两者都有使人宽心的意思，但安慰侧重慰问，使人舒心，可以通过言行进行；劝慰侧重在劝解，使人解忧消愁，只通过语言进行。例如在《再见了，亲人》一课的阅读教学中，教师可以组织学生也试着劝慰练说，让学生在练说中理解与感悟劝慰的语气与作用。

（三）**说理**

说理，即讲明某个道理。阅读教学中，经常会遇到一些通过故事情节来阐述某个道理的文本。在教学时，可以针对课文让学生进行言说，从而悟出故事的寓意或道理。如《守株待兔》一课，教师就可以通过结构化言说的方式，让学生说清只有自己劳动才能有所收获的道理。

（四）**说服**

说服，从字面上理解，即通过"说"，使之"服"，是让对方能接受的，试图使对方的态度、行为朝特定方向改变的一种影响意图的沟通。在阅读教学中，有的课文是通过记叙日常生活中的小事，让学生能在教师的教学引导中，用一些话语来进行相互说服，从而悔悟自己的不当行为。如《一分钟》一课，教师可以借助课文故事情节，让学生讨论"1 分钟 = 20 分钟"的问题，使学生在练说中明白：在生活中怎么说服别人，让犯错者有所悔悟？

（五）**赞美与批评**

人人都需要真诚的赞美，也需要善意的批评。赞美是鼓励，批评是督促。在阅读教学中，我们可以创设情境，让学生通过练说，学会真诚地赞美他人、善意地批评别人。如《画家与牧童》一课中，一个牧童面对地位尊崇的大画家的失误，竟然"挤"进赞美着的人群中大喊"画错啦"。在此类语言情境中，教师可以设置一定的人物情境让学生练说，在练说的基础上学会赞美与批评都应不盲从、实事求是。

（六）**问候**

一句问候，温暖而舒心，而问候的方式可能有着千万种不同的表现。例如《窗前的气球》一课，一个飘在窗前的红气球，对躺在病床上的科利亚来说，可能代表同学们的什么问候？通过这个气球，同学们想说什么？科利亚心里会想什么？教师在教学时应围绕课文情境，让学生在创造性练说中体会问候的作用，以及学会不同表达方式的问候。

（七）**道歉**

当人们做错了事情的时候，就应该诚恳地向对方道歉，但除了使用"对

不起"三个字来表达歉意之外，我们还能用不同的语言与行为方式来进行道歉。在课文的学习中，教师就可以通过创设各种各样的口语交际情境，让学生练说不同的道歉。如《我为你骄傲》一课，"我"砸破了老奶奶家的玻璃，可以怎样向老奶奶道歉呢？展开丰富的练说活动，让学生学会在生活中表达愧疚之情。

（八）拒绝

我们的生活中经常会遇到需要拒绝某件事或物的情况，如何能让学生在课本中学会拒绝的语言表达方式，并恰当地运用于生活中呢？如《尊严》一课，教师可以联系课文与生活实际，让学生想象课文描述的情境，对文中的拒绝的原因与拒绝的话语进行练读、练说，让学生学会如何"拒绝"。

（九）致辞

致辞指用文字或语言向人表达思想感情，通常用在举行会议或某种仪式时，请具有一定身份的人讲话。如《开国大典》一课，教师在组织学习毛泽东主席讲话后，可拓展延伸到学生身边的升旗仪式、开学典礼等活动，让学生充分练说，以初步掌握致辞的要求。

（十）围绕主题讨论

围绕主题讨论，是指在课文的学习中，围绕一个主题，讨论某个事件或其结论的对话片断或交流情境，如《动物王国开大会》一课，教师可以让学生模拟文中情境，选择文中的角色，围绕"如何通知开大会"这一主题展开讨论，在言说中让学生学习如何围绕主题进行讨论。

（十一）即兴发言

即兴发言，指的是讲话者事先未作准备，临场因事而发的一种语言表达方式。如《我选我》一课，教师可以利用课文情境，让学生说说王宁是怎样突然地向全班同学说出"我选我"，以及"我选我"的原因，让学生在练说中做到并做好"即兴发言"。

（十二）辩论

辩论，是一种锻炼学生应变能力、口才、心理素质的练说活动。在阅读教学中，借助课文适时组织辩论，将有效提升学生的综合素养。如在学习《只有一个地球》后，可组织学生以"是否可以移居"为主题，开展一次辩论会。通过寻找证据驳倒对方的练说活动，帮助学生知道如何进行辩论。

（十三）反驳

反驳，是指说出自己的理由来否定别人跟自己不同的理论或意见。教师可以让学生在口语交际情境的创设中，通过分角色练说，来掌握如何恰当地

"反驳"别人，肯定自己。如《我不是最弱小的》一课，学生在模拟课文情境中进行角色扮演与对话，在好好演、好好说中反驳妈妈的观点，证明"我"能保护比自己更弱小的人，"我"不是最弱小的。

（十四）打电话

打电话是生活中常用的交流方式，每个学生都应该学会言简意赅地与人交流。如《打电话》一课，在学生读懂课文后，教师可创设多种情境，组织学生模拟"打电话"，通过与课文语言的对比练说，让学生掌握打电话的学问。

（十五）带口信（转述话语）

带口信是学生生活中常见的交流行为。转述时，说话力求完整准确，意思明白清楚，尤其要讲清楚时间、地点、人物、事件，力求使对方能听懂所讲的话，完成带口信的任务。为达到这样的水平，教师应有意识地借助文本语言组织学生练说，如《草船借箭》一课，鲁肃是如何将诸葛亮的话转告给周瑜的？通过经常性的指导练说，学生自然能克服带口信的偏差、不清等诸多问题。

（十六）拜访

"拜访"是"访问"的敬辞。如果被访问的是老一辈、德高望重者以及受景仰之人，一般就用敬辞"拜访"。也用于平辈间的访问，那是访问者本人用的敬辞。如何让学生在生活中学会"拜访"呢？教师可借助课文学习进行渗透和引导，如《山中访友》一课，就有大量拜访时的语言，教师可让学生在好好读的基础上感悟"拜访"，再进行迁移练说，从而让学生知晓"拜访"的基本要求。

（十七）访问

"访问"是有目的地看望某人并与其谈话。访问的最大特点是通过交谈获取资料，可以作为搜集研究所需资料的主要方法，也可以作为辅助方法去验证或补充其他方法获得的资料。在阅读教学时，怎样帮助学生了解并初步学会访问呢？如《草原》一课，教师可以设置一定的口语交际情境，让学生模拟"作者"，访问大草原上的蒙古族同胞，在练说中初步学会访问。

（十八）协商

协商是指有不同的意见或看法，经大家商量而得出一致的结果。如《检阅》一课，教师可以设置一定的口语交际情境，让学生对于左腿截肢的博莱克该不该参加检阅进行练说，使学生在说中明白协商的作用。

二、阅读教学中组织交际性练说活动

在阅读教学中，我们该如何运用这种在交际情境中练说的活动呢？例如请求语气的练说活动，在《棉花姑娘》一课的阅读教学中，教师先让学生通过朗读，练说棉花姑娘如何礼貌地请求他人帮助，学会在请求别人给予帮助时，要礼貌地用上"请"字，再创建以下情境，练说如何向别人请求帮助：

情境一：假如你忘带铅笔，你该怎么请同桌借你呢？

情境二：请同学到你家去玩儿。

情境三：请图书馆工作人员借书看一看。

情境四：请家长买一个玩具。

情境五：请工人叔叔帮忙捡一下掉在花园里的东西。

学生练说如下：

情境一：

生1：王小明，请你借铅笔给我用一下吧！

生2：好的，给你吧！

情境二：

生1：同学，请你明天来我家玩儿，好吗？

生2：当然好啦！我明天吃完早饭就过来！

情境三：

生1：叔叔，我想借这本书，请您借给我看一看，好吗？

生2：好的，小朋友，你可真有礼貌啊！

情境四：

生1：妈妈，我很喜欢这个玩具，请您给我买一个玩儿，好吗？

生2：宝宝，这次考试你考了双百分，我就买给你，好吗？

生1：好吧，妈妈！

情境五：

生1：工人叔叔，我的东西掉在花园里了，请您帮忙捡一下，好吗？

生2：好的，小朋友。

上例的练说活动中，教师在课堂上，借助课文语言，先让学生说说棉花姑娘是怎样向其他动物请求帮助的，从而在练说中学会"请求"。在课文语言的练说后，教师引导学生模仿课文语言，设置请求的口语交际情境让学生充分练说，进而初步掌握"请求"的本领。

交际情境中的练说，不仅能运用于叙事的课文中，也能运用于写人的课文中，通过抓住文本中的练说点，即可创设口语交际情境，让学生融入情境，在情境中趣味练说，从而将课堂与生活实际有机结合，促进学生对语言文字的熟练掌握与运用。

第三节　练有技巧地说

"有技巧地说"指的是在语文阅读教学的活动中，教师根据教学内容教给学生各种各样的言说技巧，并以此为拐杖，让学生在大量的语文实践活动中，习得有序而丰富的表达能力，从而丰富学生的语言积累，提高学生的思维能力，全面提升学生的语文素养。

一、结构化言说

（一）概念与示例

学生结构化言说，就是在教学活动中，在学生言说时，提示他们按照一定的言语结构方式来表述，避免只言片语地、零碎地、思路混乱地表述。结构化言说的形式有承接结构式、并列结构式、总分结构式、概括具体结构式、点面结构式、因果结构式、对比结构式，分解式、归纳式、概括式、演绎式、推理（测）式、求异式、分析与综合式。

例如在教学《记金华的双龙洞》时，教师带领学生梳理了文章条理后，用承接结构式语言概括课文主要内容。内容如下：

课文按照游览顺序记叙了作者叶圣陶游览金华双龙洞的情景。首先写＿＿＿＿＿＿，继而＿＿＿＿＿＿，接着＿＿＿＿＿＿，然后＿＿＿＿＿＿，最后＿＿＿＿＿＿。

（二）阅读教学中运用结构化言说

上述例子中，学生用"首先、继而、接着、然后、最后"等连接词语来进行承接结构式言说，既语言连贯、思路清晰，又概括了主要内容。

可见，结构化言说是为了促进学生清楚地、有条理地、完整地说，其操作方式与实践价值见上一章节的"品读表现法"，在此不再一一赘述。

二、可视化、动作化言说

（一）概念与示例

学生可视化、动作化言说，就是在教学活动中，在学生言说时，提示他们根据形象的图文或演示动作来表述。可视化、动作化言说方式有文字（板书）配说、图表配说、结构图（流程图）配说、动作演示（实验）配说、表演配说。

例如在教学《蝙蝠和雷达》时，可根据简易图，练习用自己的语言说清楚蝙蝠嘴和耳朵怎样配合。简易图如下：

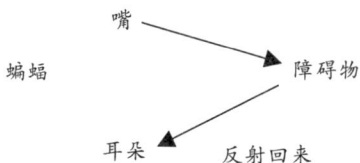

（二）阅读教学中运用可视化、动作化言说

如上例的阅读教学中，学生通过观察简易图，发现蝙蝠用嘴发射超声波，超声波向四周传播遇障碍物后反射回来的那部分被蝙蝠用耳朵接收，蝙蝠就知道了哪里有障碍物。这一过程，学生通过可视化的图示，用自己的语言表述出来，清晰而准确。

学生可视化、动作化言说，既准确形象，又通俗易懂，非常符合学生的认知水平。这既适用于说明性的文本，也适用于记叙性、议论性的文本，关键是要引导学生自主构图或合作表演、小班实验，一边操作一边言说，方能达到充分练说的目的。

三、借助表达方式言说

（一）概念与示例

借助表达方式言说，就是在教学活动中，学生言说时，运用记叙、描写、抒情、议论、说明来言说。

例如在教学《燕子》第二自然段描写的花、草、叶"都像赶集似的聚拢来"时，可让学生扮燕子，示范借助描写的表达方式言说，练说结构如下：

春天来了，我这只活泼可爱的小燕子也从南方赶回来参加春天的盛会。看_____；听_____；我仿佛闻到了_____。春天真美啊！伙伴们快来欣赏这灿烂的春光吧。

（二）阅读教学中运用借助表达方式言说

如在上述例子中，学生就运用了具体的描写来进行言说，既形象地理解文本内容，又丰富了学生的表达。

借助表达方式言说，应该注意让学生形象地说、具体地说、用词丰富地说，切不可泛泛而谈、空洞乏味地说。因此，教师须得引导学生开发自己的联想力、想象力，运用丰富的辞藻，尽可能地说漂亮、说精彩。

四、借助修辞手法言说

（一）概念与示例

借助修辞手法言说，就是在教学活动中，学生在言说中恰当使用比喻、拟人、排比、引用、夸张、设问、反问等。

例如在教学《白杨》中，学生练说自己理解的"爸爸如何评价白杨树"时，运用比喻、排比手法言说。练说结构如下：

爸爸客观评价了白杨树外形高大挺秀，生长范围广，生命力强。由此我想到了：

在风沙面前，白杨像＿＿＿＿＿＿＿＿＿＿＿＿＿＿＿＿＿＿＿＿＿；

在雨雪面前，白杨像＿＿＿＿＿＿＿＿＿＿＿＿＿＿＿＿＿＿＿＿＿；

在干旱面前，白杨像＿＿＿＿＿＿＿＿＿＿＿＿＿＿＿＿＿＿＿＿＿；

在洪水面前，白杨像＿＿＿＿＿＿＿＿＿＿＿＿＿＿＿＿＿＿＿＿＿。

这就是白杨的品格！

（二）阅读教学中运用借助修辞手法言说

在上述例子中，学生在一系列语言提示下，使用一连串的比喻手法进行练说，既加强了学生对修辞手法的感悟，也让学生在逐渐的运用中，意识到如何将自己的语言表述得更优美、更充满色彩。

在阅读教学中，教师还可以提醒学生：言说虽有提示，却更应该有创新。这样就拓宽了学生言说的广度与深度。

五、幽默表达言说

（一）概念与示例

幽默表达言说，就是在教学活动中，在言说中恰当使用一语双关、偷换概念、自嘲、夸张、抖包袱、正话反说、俏皮话、颠倒话、歇后语、流行语等幽默技巧，让言说充满趣味。

例如《杨氏之子》中，对于"孔指以示儿曰：'此是君家果。'儿应声答

曰：'未闻孔雀是夫子家禽。'"这两句，就可以使用一语双关言说。教师首先引导学生感受"未闻孔雀是夫子家禽"一句没有正面说杨梅不是我们家的，而是巧妙地从"夫子家"说起，寓意孔雀不是你们的家禽，杨梅当然就不是我们家的。进而引导若来者是柳君平、黄君平、李君平、梅君平呢？杨氏子又会怎样应声答？练说形式如下：

（柳君平）孔指以示儿曰："此是君家果。"儿应声答曰："＿＿＿＿＿＿。"

（黄君平）孔指以示儿曰："此是君家果。"儿应声答曰："＿＿＿＿＿＿。"

（李君平）孔指以示儿曰："此是君家果。"儿应声答曰："＿＿＿＿＿＿。"

（梅君平）孔指以示儿曰："此是君家果。"儿应声答曰："＿＿＿＿＿＿。"

（二）阅读教学中运用幽默表达言说

例如上述的《杨氏之子》一课，就是在一语双关中感受杨氏之子回答问题的巧妙，从而明悟杨氏子的智慧，进而在模仿练说中，领悟如何也说出一语双关的话语。

幽默，考验的是人们的言语技巧与思维能力。学会幽默表达的言说方式，不仅能让学生的语言更具趣味与笑点，也能打开学生思考问题的多扇窗户，使之学会从多个角度看待问题。在教学中，教师可引导学生积累词语的多项含义，从而理解并使用幽默表达的言说技巧。

六、讲故事言说

（一）概念与示例

讲故事言说，就是以讲故事的方式进行的言说。在教学活动中，学生言说时，可调整自己说话的语气语调，为了突出言说内容，应有轻重缓急与抑扬顿挫的变化，让言说充满吸引力。

例如在教学《文成公主进藏》时，就可指导学生抓住民间故事的特点，根据课文内容续编故事。练说形式如下：

文成公主走啊走，遇到＿＿＿＿＿＿＿（困难），＿＿＿＿＿＿＿（动物）帮忙，（动物会说什么做什么）＿＿＿＿＿＿＿，公主＿＿＿＿＿＿＿（怎么做），解决了困难。

（二）阅读教学中运用讲故事言说

例如上述《文成公主进藏》的教学中，教师就是让学生根据课文内容，以故事为载体，进行言说训练，从而让学生养成连贯有序、生动表述的说话习惯。

教学中，教师可建议学生借助句式生动地讲述民间故事，遇到困难可以语气重一些，缓一些，模仿各种动物的语调，绘声绘色地讲故事，让言说充满感染力。

七、小记者采访式言说

（一）概念与示例

小记者采访，在教学活动中，学生模拟记者采访法，指一人扮演记者，一人扮演被采访者，围绕一个主题，创设一个采访情景进行采访活动。

例如在教学《开国大典》2~3自然段时，首先读课文2~3自然段，带领大家画出如下的简单示意图，表示出会场的布置：

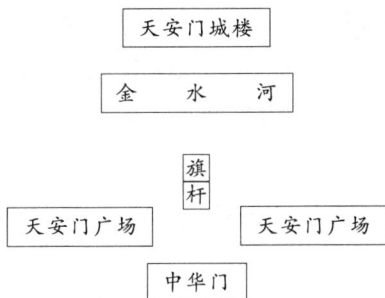

| 天安门城楼 |

| 金　水　河 |

| 旗杆 |

| 天安门广场 | | 天安门广场 |

| 中华门 |

然后根据示意图说会场的布置。注意提示方位顺序。同学练说，抽学生说。

最后同桌可以扮演记者，相互采访，练说会场的布置。练说结构如下：

大家好，我是中央电视台记者_____，现在我正站在天安门广场为大家报道。首先我们看到会场呈____形，_____。

（二）阅读教学中运用小记者采访式言说

如上例所述，此处就运用了可视化言说与小记者采访两种方式，让学生在情境的创设中，想象正置身于天安门广场，充分地练习说清楚会场的布置。

这样的言说方式，能让练说变得更为有趣、更为生动活泼。但在阅读教学中，教师要提醒学生运用小记者采访相互练说的方式时，要有现场感、镜头感，要与观众有交流，不能自顾自地自说自话。

八、解说员解说式言说

（一）概念与示例

解说员言说，在教学活动中，言说时将文章的各种信息进行全面加工处理，内化为自己的语言后，犹如解说员一样进行解说。

例如在教学《各具特色的民居》时，学生们结合插图，抓住客家民居与

傣家竹楼的位置、作用、材料、结构、文化特征五个方面的内容，像解说员一样言说。学生练说结构如下：

大家好！我来为大家介绍客家的民居（或傣家的竹楼）。它的位置是：_____；它的作用是：_____；它的做工材料是：_____；它的结构是：_____；它的文化特征是：_____。我的讲解完毕，谢谢大家！

（二）阅读教学中运用解说员解说言说

如上述例子中，学生们既充分了解了客家民居及傣家竹楼的特点，又学习了抓住事物特点进行叙述的说明方法，可谓一举两得。

解说员言说的方式，更注重言说的条理性与全面性。因此，在阅读教学中，教师在带领学生进行解说员言说前，应重视学生对文本的消化。教师可让学生自主研读文中的语句，通过画图表、结构化板书等方式，归纳出讲解的几个方面，自我组织语句进行言说。

九、当导游式言说

（一）概念与示例

当导游式言说，在教学活动中，学生言说时将文章中的各种信息进行加工处理，内化为自己语言后，好似旅游时导游向游客介绍风景名胜、风土人情一样，所以叫当导游式言说。

例如在教学《北京亮起来了》的第二自然段时，可以引导学生练习做小导游式言说。

建议句式如下：

（学生边指图，边像导游一样介绍。）亲爱的旅客们，我们已经到达了北京，现在是北京时间晚上8点整，旅客们，想欣赏北京的夜景吗？我们要到的第一站是长安街，_____。

（二）阅读教学中运用当导游式言说

如上例在教学《北京亮起来了》的第二自然段时，教师就是通过提示句式，让学生身临其境，将自己当成小导游来进行言说的。

当导游式言说，是将自己想象成小导游，并将文本中的文字转化为脑海中的景物，再用自己的话语表述给"游客"听，从而使得学生的言说更具情趣。在阅读教学中，对于低年级学生，教师可以带领学生图文结合，在生动活泼的当小导游的活动中活化文本语言。

十、当推销员言说

（一）概念与示例

推销员言说，在教学活动中，学生言说时将文章描述对象的各种信息进行加工处理，作口头陈述，以达到物品、推销自己、推销书籍之目的。

例如在教学《新型玻璃》时，可以采用推销员言说训练学生好好说。具体步骤如下：

（1）自由读2~5段，选择你喜欢的一种玻璃填表。

新型玻璃名称	特点	作用或者用途
夹丝网防盗玻璃	自动报警	可以防盗
夹丝玻璃		
变色玻璃		
吸热玻璃		
吃音玻璃		

（2）从课文中选一种喜欢的新型玻璃，用推销员的方式推销这种玻璃的特点和作用。

（二）阅读教学中运用当推销员言说

推销员言说，让学生在组织练说语言的过程中训练自己的口才，从而提高言说的技巧。阅读教学中，教师应注意指导学生要以推销为目的，抓住"自家产品"的特色与功能，根据"消费者"的需求，将文本的语言转化为自己的表达进行推销。例如上述《新型玻璃》一课的教学中，教师就带领学生先对每种玻璃的特点与作用进行了归纳，再选自己喜欢的方式来推销，从而让学生明确自己可以说什么、怎么说。

十一、当气象播报员言说

（一）概念与示例

气象播报员言说，在教学活动中，学生将文章描述对象的各种信息进行加工处理，像气象播报员播报天气一样言说。

例如在教学《鲸》时，初读课文后，学生可以像气象播报员一样言说课文的主要内容。建议句式如下：

本篇课文主要使用了＿＿＿＿＿＿的说明方法，介绍了鲸＿＿＿＿＿＿

＿＿＿＿＿＿＿＿＿＿＿＿＿＿＿＿＿＿＿＿＿＿＿＿＿＿＿＿。

（二）阅读教学中运用当气象播报员言说

气象播报员言说，可以帮助学生对文本语言进行内化，再转换为自己的话语，学习气象播报的方式。这种言说形式由于不带太多的感情色彩，只是在陈述某个事实，语言要求精简得体，因此更适合于说明性的文本。当然，对于记叙文的阅读教学，气象播报员言说也可以运用在归纳、概述的教学环节中。例如上述《鲸》的教学中，学生就是以气象播报的方式，陈述这篇课文的主要内容的。

十二、当新闻播报员言说

（一）概念与示例

新闻播报员言说，在教学活动中，学生将文章描述对象的各种信息进行加工处理，像新闻播报员播报新闻一样言说。

例如在教学《自己的花是给别人看的》第三自然段，可以通过练说理解德国街头的景色奇丽。具体内容：

（1）圈出你认为"奇丽"的关键词，练习用一段话来表达感受。可以这样表达：

我研读的句子是_____，我从这句话中的_____这个词知道（理解到）_____，我仿佛____（看到、闻到、听到、想到）_____；我还从这句话中的_____这个词知道（理解到）_____，我仿佛____（看到、闻到、听到、想到）_____；……这句话让我感受到_____，觉得_____。

（2）学生像新闻播报员一样，自由练习说。

（二）阅读教学中运用当新闻播报员言说

相较于气象播报员言说，新闻播报员言说更注重客观地讲述事件与评论。例如上述《自己的花是给别人看的》一课用新闻播报员言说的方式练说德国街头的景色奇丽，就是通过五官的感觉，评论言说自己对这一美景的理解与感悟的。在阅读教学中，教师要注意提示学生：言说时要脱稿，语言干净利索。

十三、当时事评论员言说——多角度评论一件事

（一）概念与示例

时事评论员言说，在教学活动中，学生将文章描述对象的各种信息进行加工处理，像时事评论员评论事件一样言说，从多角度评论一件事。

例如在教学《将相和》中，品读蔺相如这一人物形象时，学生默读课文，

勾画能展现蔺相如品质的语句，可用以下句式说说蔺相如是个怎样的人：

第一，我从_____（字/词/句）看出_____，蔺相如真是一个_____的人。

第二，我从_____（字/词/句）看出_____，蔺相如真是一个_____的人。

……

总之，蔺相如真是一个_____的人。

（二）阅读教学中运用当时事评论员言说

时事评论员言说，是出于主观情感的看法，它更关注于言说角度的多元化，把事物全面地评论而出，有利于培养学生多角度看待问题的思维能力。例如上述《将相和》的教学中，教师就是让学生通过勾画文中的语句，从各个方面分析蔺相如的形象，系统地言说。教学中，教师应提醒学生尝试以时事评论员的言说方式，要尽可能多角度地进行评价。

十四、演课本剧式言说

（一）概念与示例

课本剧言说，指在教学活动中，学生根据文章描写人物的特点，分配好角色揣摩人物的动作、神态、语气，像演课本剧一样言说。

例如在教学《晏子使楚》时，学生们在熟读文本的基础上，揣摩晏子、楚王等人物的动作、神态、语气，用课本剧表演的方式进行言说。

（二）阅读教学中运用演课本剧式言说

课本剧言说，可以帮助学生走进文本，亲身感受故事的发展与人物的处境。如上述例子中，教师让学生通过揣摩晏子、楚王等人物的动作、神态、语气，用课本剧来表演，从而促进理解晏子与楚王的较量。这种言说方式适用于故事性强的文本中。教师在教学时，可进一步提示学生可以使用道具和语言来营造情景，将课本剧表演得更精彩、更生动。

十五、演小品式言说

（一）概念与示例

演小品言说，指在教学活动中，学生根据文章描述对象的特点，分配角色，像演小品一样言说。

例如在教学《亡羊补牢》时，组织学生在小班内分配角色（养羊人、街坊、羊、狼），自由创词，表演小品《亡羊补牢》。

（二）阅读教学中运用演小品式言说

演小品言说，与课本剧言说有着异曲同工之妙，都是在对课文中的人物细致揣摩后，将文本中的故事表演出来，只是小品言说所展现的容量与时间相对少一点。通过自由创造与合作演绎，学生不仅能充分感知文本的描述，更能训练自己的合作、创新、表演等各项能力。教学中，教师可提示学生用语言、动作、神态来活化小品中的人物形象。如，上述例子中，教师组织学生分配角色，自由创词，表演小品，让学生将讲台变为自己演出的舞台，尽情展现，极具趣味。

十六、当相声演员言说

（一）概念与示例

相声演员言说，指在教学活动中，学生将文章描述对象的各种信息进行加工处理，内化为自己的语言，像相声演员一样言说。

例如在教学《打电话》时，在学生熟读文本后，可以试着和同桌说说，想象打电话时的神态、动作、语气等，像相声演员一样言说。

（二）阅读教学中运用当相声演员言说

学生可以通过相声演员言说，感受语言的诙谐与艺术，在趣味的享受中，进而乐说、多说、学习有技巧地说。教学中，教师可提醒学生注意用声音来塑造人物形象。例如上述《打电话》一课的教学，教师就是通过让学生根据课文进行相声表演，并相机提示打电话时的表演神态、动作、语气等，让学生能真正走进角色，并全方位地感知相声演员言说的有趣与生动。

十七、演讲式言说

（一）概念与示例

演讲言说，指在教学活动中，学生将文章描述对象的各种信息进行加工处理，巧妙地运用排比句与短句，逐步增强语势，用强烈的情感来打动听众的心灵，像演讲者一样充满激情地言说。

例如在教学《这片土地是神圣的》一课时，教师带领学生结合 3 自然段的内容，完成下面一段演讲稿，并尝试把在座的同学、教师当作自己的听众，大胆演说：

我们是大地的一部分，大地也是我们的一部分。

_____是我们的_____；

_____是我们的_____；

_____是我们的_____；

_____是我们的_____；

_____是我们的_____；

_____是我们的_____。

我们和大地上的山峦河流、动物植物同属于一个家园。

（二）阅读教学中运用演讲式言说

演讲言说，能让学生的言说更有激情、更具感染力。例如上述《这片土地是神圣的》一课的阅读教学中，教师就是让学生仿照第三自然段的结构与语气，帮助学生学会演讲言说的。教学中，教师应提醒学生注意演讲者的语速语气语调，眼神要与现场观众互动，动作要适当，尽可能表达出自己的情感，让自己的演讲更具鼓动性。

十八、当"领导"言说

（一）概念与示例

当"领导"言说，指在教学活动中，学生将文章描述对象的各种信息进行加工处理，内化为自己的语言，像当"领导"一样向大家布置任务式的言说。

例如在教学《桃花心木》3～10自然段时，理解桃花心木种树人的行动与普通种树人的有什么不同点或奇怪之处时，建议言说的句式如下：

桃花心木种树人的行动与普通种树人的种树相比，奇怪之处是：

第一，_____。表现在，_____。

第二，_____。表现在，_____。

第三，_____。表现在，_____。

第四，_____。表现在，_____。

（二）阅读教学中运用当"领导"言说

当"领导"言说可让学生在这种假设中，感受当"领导"的荣誉感与责任感，从而让学生树立信心，精心准备言说，进而提高言说质量。例如上述《桃花心木》一课的教学，教师就是让学生像"领导"一样去宣布、去总结，完成练说，并在这一过程中，明确桃花心木种树人的行动与普通种树人的有什么不同点或奇怪之处。教学中，教师应提醒学生：言说要有当"领导"的范儿，无论是给大家布置任务，还是表述自己的观点，都应该自信满满。

以上十八种言说方式，相对独立又彼此相辅相成。在一次阅读教学中，既可以单独使用某一种言说方式，又可以同时使用两到三种。总之，只要持之以恒地使用，相信学生的言说能力与思维能力定会更上一层楼的。

第五章 "好好写"该怎么写

●概述

阅读与写作在语文教学中是不可或缺的两个方面，阅读是写作的基础和借鉴，写作是阅读的升华和创造。但是，在传统的语文教学中，存在着这样的弊端：常常是为阅读而阅读，为作文而作文，将二者割裂开来，搞成两张皮，各自为政，结果花了大量的精力去训练培养学生二者的能力，效果均不佳，导致在阅读教学中学写落空；作文教学路径与方式也存在问题——次数少（8次/期，可能还没保足。）；每次写作很正式，是"大作文"；间隔太久写一次，都说"三天不练手生"，一写又是写大作文，对学生来说太难。由此导致学生惧写。作文技能又包含很多的方法、技巧，练得少，必然导致学生所得甚少，难以学会作文。

因此，为了解决学生写作文难的问题，为了提高作文教学的有效性，我们开辟了作文教学的新路径，那就是随课微写作。

随课微写作中的"随课"是指在进行阅读教学的过程中，随课堂教学的推进，在教师所组织的课堂情境中，相机完成当堂写作。"微写作"是指当堂小练笔，简短习作，通常在50～200字，并且动笔时间较短，在课堂教学中能够较轻松地完成。

随课微写作的基本理念：

1. 降低写作的难度化难为易；将写作技能训练融入在常态化、匀速而低负担的日常课堂教学过程中，聚沙成塔，集腋成裘。

2. 随课（阅读课，阅读理解情境）展开，以写助读（阅读理解），一课一得。

3. 每文一写，当堂完成，不加负担（只是轻量负担）。

由此带来阅读课堂的变革：

由传统的阅读只指向课文内容理解（教懂型）变为在教课文的过程中练读练说练写（练能型）。

教懂型教学与练能型教学有什么区别呢?

教懂型教学的目标是为了内容的理解,整篇课文面面俱到,处处都抓,而整个课堂推进的方式是问答和讲述。

而练能型教学的目标是为了历练学生的能力,即听、说、读、写的能力,这就需要我们对文章的内容大胆取舍,在整体把握的基础上进行选点练能。推进课堂教学的方式是大板块的、任务导练式的,注重学生对学习结果的展示。

随堂练写的一般操作流程:

第一步:在整体把握课文的基础上,进入深读课文、选点练能。

对于我们的阅读教学课堂,一节课只有40分钟,显然不允许我们贪多求全、浅尝辄止,当然也不能草草了事,走走过场。因此,我们通常在整体把握课文内容之后,要注意选择适合读写的练能点,在深读文章的过程中练能。对于不同的文体,我们选择的侧重点不同。写人的文章,我们重点会放在人物特点的分析上;对于写事的文章,重点在了解事件的经过;对于写景的文章,重点在抓住景物的特点;对于状物的文章,重点在弄清物体的特点。

第二步:在练能点上展开练读或练说活动。

选择好了文章的练能点,我们就得设置相应的教学情境进行练读或练说的活动。首先,好好朗读,透过文字去整体理解文章所要表达的内容,对文本所描述的事物获得初步的感受,在头脑中形成鲜明的形象;其次,好好理解重点文段,学生通过抓住关键的语句来深刻理解文本信息,体会意蕴与情感。这样,学生们可通过练读、练说来体会作者是怎样运用语言文字来表达内容的。

第三步:进入预设的练写点。

随着前两步教学情境的推进,教师在这个过程中,就要把学生带入到预设的练写点里面。当然,这个点的选择就必须以课文为依据,遵循选点练写的原则,将练写活动有机融入到教师展开的理解文本的教学过程中。这个点,它就应该有利于提升对课文的理解和感悟,有利于帮助课堂情境推向高潮,有利于学生在教师精心构筑的氛围中受到人文熏染。

如何寻找这个点呢?例如,人物的特点是通过事件来表现的,那在这事件的过程中,主要人物是怎么想的、怎么做的、怎么说的……作者或许只用一两个词语就写完了,没有写充分,那这时候我们的练写点就可以在这里做文章了,通过充分描写作者省略的部分,入境想象,细腻体会人物的特点。又比如,有的写事的文章,重点部分是事情的经过,对于事件的起因表述得

比较笼统不细致，或者是融入在事情叙述的过程中，这时候，我们的练写点就可以设在补全事件的起因上，使其完整清楚地表达。有的事件的结局没有完全写明，意犹未尽，这时候我们选择的练写点就可以是补充性、延伸性地续写"后来怎么样"，当然，若是事件可能有多种结局，我们也可以发挥想象写出另一种结局。对于写景的、状物的文章，它们所写的景、物的每一个特点都可以作为我们的练写点，而具体如何寻找这个合适的读写结合点，也要顺应教学的情境，在理解文本的基础上，根据课文所写对象的特点及其文章内容的特殊性来选择。

选好练写点后，如何完成好这个练写活动呢？我们需要这样做：1. 渲染情境；2. 自然地布置写作任务；3. 进入写作状态；4. 教师巡视、发现；5. 顺应教学情境展演优秀作品。学生在完成写作之后就能感受到作文成功的快乐，从而增强学生的写作兴趣，提高他们的写作水平。

这种以教课文为突破口，随课进行的微写作，除了能提高学生的写作能力之外，更利于对课文内容的深度理解，提升和渲染课堂教学情境，增强课堂教学的有效性。

示例：《地震中的父与子》的随课微写作：

《地震中的父与子》这篇课文讲述了 1994 年美国洛杉矶发生大地震，一所小学不幸倒塌了，家长们悲痛欲绝，在残酷的现实面前无奈地垂泪，而其中一位父亲却坚信自己的儿子还活着，他不顾众人的劝解与阻拦，日以继夜挖了 38 小时……为了能深入理解课文中父亲的了不起，我们设置如下的教学活动，通过练读、练说、练写来促进对文本的理解。

一、整体感知，了解课文主要内容

首先通过找文章"四要素"、列纲要、概括小标题等几种方法，带领全班同学练说课文的主要内容，目的在于整体把握课文主要讲的是一件什么事情，初步感知父亲的可敬。

二、选点朗读，体会父亲的"了不起"

为了感受父亲的"了不起"，在这里设置练读活动，选择读好第十二自然段及地震时人们与父亲之间对话的语句。

师：同学们，请大家看到第 12 自然段，找出关键句子"没人再来阻挡他"，并思考这一句话中的重点词是哪个。

生："再来""阻止"。

师：请大家思考：哪些人曾经"来""阻止"过？怎么阻止的？他又是怎么回应的？在文章中找出来。

生1：……

生2：……

生3：……

师：同学们都找得很好，那应该如何读好这几句话呢？

生1：……

……

三、选点练说，抓住"挖"字，练说父亲的"了不起"

师：父亲不顾别人的劝阻，坚持挖了漫长的12小时，三句重复简单的问话，让我们真真切切地感受到这是一位——了不起的父亲。

师：请大家再读第12自然段，请大家好好体会这个"挖"字。请大家想象一下，父亲挖的工具？挖的对象？挖的动作？挖的时间？挖时遇到的困难？挖时的心理？挖后的形象？……同学们可以根据我的提示，完整地说。

联想到地震场景，我对这个"挖"字体会到：

他挖的对象＿＿＿＿＿＿＿＿。

他挖的工具＿＿＿＿＿＿＿＿。

他挖时的动作＿＿＿＿＿＿＿＿。

他挖的时候时时面临的困难＿＿＿＿＿＿＿＿。

他挖时的心情是＿＿＿＿＿＿＿＿。

他挖了（时间）＿＿＿＿＿＿＿＿。

让自己变成了（样子）＿＿＿＿＿＿＿＿。

根据提示，用一段完整的话来说。

生1：……

生2：……

四、选点练写，深刻理解父亲的"了不起"

通过练说活动，学生的情绪被感染了，已经体会到这是一位了不起的父亲，这时，教师及时煽情……

师：一个"挖"字，让我们体会到了父亲那了不起的爱，请大伙一起读读这个句子，边读边想象父亲此时的样子。

生：……

师：此时无声胜有声，孩子们，请你闭上眼睛，将这些感人至深的文字变成一个个鲜活的画面，呈现在你的脑海。（教师播放感伤音乐，学生闭眼想象。）

师：父亲刚开始挖的时候，他可能动作很快，力气也很大，当挖到4小

时的时候，或许他的手臂被玻璃划出个大口子，鲜血顿时涌了出来，这时他是怎么做的？怎么想的？当挖到 8 小时的时候，强烈的疲劳占据了父亲的整个身体，他会怎么做呢？当挖到 12 小时的时候，24 小时的时候，36 小时的时候……他已经成什么样子了？还在怎么做？怎么想？怎么说？睁开眼睛，什么也别说，将你满腔的情感、丰富的联想流注于你的笔端吧。（写一个片断）

出示要求与写作模板。

父亲在废墟中挖到_____小时的时候，他_____

_____

_____

_____

（学生小练笔）

师：同学们，停下手中那支充满情感的笔吧，想说的话是不是还有很多？可是，我们已经到了展评的时间了，哪个同学先来交流你所写的？

生1：父亲在废墟中挖到 8 小时的时候，强烈的疲劳占据了他的整个身体，意气风发的他，早已狼狈不堪，衣服破了，头发乱了，脸脏了，一双鲜血直流的手仿佛有千斤重，每抬手一次都要用尽他全部的力气，可是，想到儿子还在等着他，他就顾不得那钻心的疼痛，一下、两下、三下……他又继续挖。

生2：父亲在废墟中挖到 24 小时的时候，又一次余震袭来，他被震到废墟里面，瓦砾、石块几乎掩埋了他，他拼命地爬出来，那双修长的双手早已血肉模糊，衣服早已破烂不堪，一双布满血丝的双眼，紧紧地盯着地面，他承受着希望与失望的反复折磨，他的精神与身体都将达到极限，他真的快要倒下了。但是他不能倒下，因为他的心中总有一个念头：儿子在等着我！……

生3：……

点评：

这就是一篇典型的随课微写作的课例，在阅读教学过程中，首先通过整体把握课文的主要内容，再进行选点练能，通过练读、练说活动体会父亲的"了不起"。在练说活动结束之后，把学生带入到我们预设的练写点，通过教师的激情渲染，这时候让学生们有话想说了，教师就能很自然地布置写作任务，学生呢，也一下子就能进入写作的状态。教师在学生写作的过程中进行巡视，发现孩子们在写作过程中的问题，给予及时指导。最后顺应教学情境，让同学们展演优秀的作品。这样写出来的小练笔，是对课堂情境的有机充实、完善，也就不会出现阅读与写作两张皮的现象了。

第一节　练写句

在阅读教学过程中，会进行一些仿写或者变写，这就要进行一些句子的练习。只要我们对写句子已经轻车熟路了，那么，对于文本理解还怕不渗透、不到位吗？而且学生通过句子练习，各种句型都能随笔拈来，对于构段、写篇章也将打下坚实的基础。

要进行句子练习，就要对各种句子的成分、含义都要了解。那么，我们常见的句型有哪些呢？

初步例举以下 20 种：

成分完整句，"四素（时地人事）"句，陈述句，疑问句，祈使句，感叹句，承接句，因果句，假设句，递进句，并列句，转折句，选择句，条件句，比喻句，拟人句，排比句，夸张句，设问句，反复句。

一、概念与示例

（一）成分完整句

就是含有主谓宾的句子。例如：

我今天早上吃了一个面包。

这就是一个完整句，主谓宾是：我吃面包。

（二）"四素（时地人事）"句

什么叫四素句呢？简单地说，"四素句"就是指把记叙的四个要素（时间、地点、人物和事件）说、写在一个句子里。

如：

1. 暑假到了，爸爸带聪聪去青岛旅游。（《学会查"无字词典"》）

这个句子，时间是"暑假"，地点是"青岛"，人物是"爸爸""聪聪"，事件是"旅游"。

2. 九月的一个傍晚，我带着猎狗在镇外的葡萄园散步。（《冬眠》）

这个句子，时间是"九月的一个傍晚"，地点是"葡萄园"，人物是"我"，事件是"散步"。

（三）陈述句

陈述句用来叙述一个事实，句末标点用句号。有的陈述句表示肯定的意思。如：

我喜欢语文课。

有的陈述句表示否定的意思。如：

我不喜欢语文课。

（四）疑问句

指提出问题的句子。在书面上，疑问句后边用问号。如：

1. 谁来了？

2. 你愿意不愿意？

3. 你是去呢还是不去？

4. 我们坐火车去吗？

（五）祈使句

祈使句的作用是要求、请求或命令别人做或不做一件事。祈使句的句末一般用感叹号，但是有些祈使句的语气较弱，可以用句号结尾。祈使句可以用语气词"吧"作结尾，也可以不用语气词。

1. 表示命令的祈使句，例如：

（1）保持肃静！

（2）起立！

2. 表示请求的句式通常是"请……"，例如：

请等我一会儿。

3. 表示禁止的句式有："不准……""不要……""别……"等。例如：

此处不准停车！

4. 表示劝阻的句式通常是"请勿……"。例如：

请勿在车厢内饮食。

（六）感叹句

感叹句是指带有快乐、惊讶、厌恶等浓厚感情的句子，句末用感叹号。如：

我们的生活多幸福啊！

（七）承接句

承接是指前后的两个句子有一定的依赖，后面的依前面的一个发展顺序而来。在这要与递进区分一下递进的两者有阶级关系，后者是前者的进一步说明或强调，讲的同一件事。承接关系中的关联词有：一……就、首先……

然后、便、于是、才、接着。例如：

看了他的示范动作后，我就照着样子做。

（八）因果句

指原因与结果二者的关系，前面的分句是后句的原因，所以是因果句。例如：

因为没有了吃田鼠的蛇，田鼠繁殖得特别快，庄稼叫田鼠糟蹋得特别严重，所以就歉收了。

（九）假设句

假定一种情况，陈述在这种假定情况下所产生的后果或提出问题。假设句的假定情况一般由"假设、假如、假定、如果、比如、比方说"等词语引出。例如：

如果人与人之间多一些宽容与理解，世界就会变得更美好，更和谐。

（十）递进句

指能够表示在意义上进一层关系的，且有一定逻辑的词语。分句之间的这种关系，必须用恰当的关联词语来表示。例如：

葡萄不但营养丰富，而且具有一定的医疗价值。

（十一）并列句

两个或两个以上的简单句用并列连词连在一起构成的句子，其基本结构是"简单句＋并列连词＋简单句"。例如：

我一边看电视，一边吃零食。

（十二）转折句

后面的分句没有顺着前面分句的意思讲，在意义上起了转折，使前后分句的意思相反或相对。常用的关联词有："虽然……但是……""虽然……可是……""尽管……还是……""尽管……可是……""却""可是""但是""然而""不过"等。例如：

太阳虽然离我们很远很远，但是它和我们的关系非常密切。

（十三）选择句

两个或两个以上的分句，分别说出两件或几件事，并且表示从中选择一件或几件。分句之间就构成选择关系。常用的关联词是：与其……不如……，宁可……也不……，或者……或者……，不是……就是……，要么……要么……，或许……或许……，可能……可能……，也许……也许……。例如：

作为一个有骨气的男儿，与其跪着生，不如站着死。

（十四）条件句

前一个分句提出一个条件，后一个分句说明这个条件一旦实现所要产生的结果，分为充分、必要、完全等三种类型。常见关联词语有：只要……就……，只有……才……，除非……才（不）……，无论（不管/不论）……都……。例如：

衣服只要干净整齐，就越朴素穿着越称心。

（十五）比喻句

比喻就是通常说的打比方，即用具体的、浅显的一个事物或情境来比方另一个抽象的、深奥的事物或情境的一种修辞手法。比喻句常有比喻词，如"像……似的""像……一样""好比""仿佛"等。例如：

（1）露似珍珠月似弓。（明喻——有比喻词）

（2）阳光下盛开的百合花就是您的笑容。（暗喻——没有比喻词）

（十六）拟人句

是根据想象把事物当作人来写，赋予事物以人一样的思想和行为的一种修辞方法。拟人是把物当作人来写——物的人格化。例如：

不光是我一朵，满池的荷花都在舞蹈。

（十七）排比句

就是把三个或者三个以上结构相似、意义相关、语气一致的词组或者句子排列在一起。因此，排比一定是三个或者三个以上的词组和句子，而且一定有一部分字词相同。例如：

漓江的水真静啊，静得感觉不到它在流动；漓江的水真清啊，清得可以看见江底的沙石；漓江的水真绿啊，绿得仿佛那是一块无瑕的翡翠。

意思相连，都是描写桂林的水的特点；句式相似，用了三个"漓江的水真……啊"。

（十八）夸张句

为了表达强烈的思想感情，突出某种事物的本质特征，对事物的某些方面着意夸大或缩小，做作艺术上的渲染，这种修辞手法叫做夸张。例如：

教室里静得连根针掉在地上也听得到。

（十九）设问句

为了引起别人注意，故意先提出问题，自问自答，叫做设问。设问除了能引起注意外，还能启发读者思考。例如：

什么叫自律？自律就是自己管束自己的行为。

（二十）**反复句**

反复句是有意重复某个意思，以强调语意的句子。一般情况下，反复有两种，一是连续反复，二是间隔反复。

（1）连续反复，如：

周总理，我们的好总理，你在哪里啊，你在哪里？（柯岩《周总理，你在哪里》）

（2）间隔反复，如：

我们还在这样的世上活着；我也早觉得有写一点东西的必要了。离三月十八日也已有两个星期，忘却的救主快要降临了罢，我正有写一点东西的必要了。（《纪念刘和珍君》）

二、阅读教学中练写句

那么，就以上的句子，我们在课堂上是如何教学的呢？就两个示例来看看。

（一）练写"四素"句

"四素"句练写之初，可用课文中的句子做例子，使学生认识"四素"句。如：

春天到了，小鹿在门前的花坛里，栽了一丛玫瑰。（《小鹿的玫瑰花》）

教师将句子做如下分析：

什么时间？　什么人？　什么地方？　做什么？

　　春天　　小鹿　　花坛　　栽玫瑰

（时间）　（人物）　（地点）　（事件）

这样，学生一般就能理解什么是"四素"句。教师即可引导他们按照这样的形式写句子。学生会写后，又可进一步引导他们认识诸如"爸爸吃过午饭后立即赶到医院值班"（人、时、地、事）"星期天，公园里有许多老人在下棋"（时、地、人、事）的句式，并且让他们练写。练写"四素"句，其内容依然是学生丰富多彩的生活。"四素"句要素齐全，意思完整，内容比较具体，反复练习，可为以后的作文训练打下良好的基础。

（二）练写排比句

对于排比句的练习，我以四年级下册《桂林山水》三四自然段为例，来谈谈我是怎样做的。

1. 出示理解本段的结构化言说模板，这个模板重在体会漓江水的特点：

这一段主要写了漓江的水_____的特点，分别体现在：

a. _____ ； b. _____ ； c. _____ 。为了说清这些特点，作者用了_____等修辞手法，分别体现在_____。（教师相机让学生找出文中排比句）

2. 幻灯出示：

漓江的水真静啊，静得让你感觉不到它在流动；

漓江的水真清啊，清得可以看见江底的沙石；

漓江的水真绿啊，绿得仿佛那是一块无瑕的翡翠。

3. 体会桂林山的特点：启发孩子再用下面的结构进行练说，最后达到能背诵。

桂林的山真奇啊，（ 　　　　　　　　　　　　　　　　　）

桂林的山真（ 　）啊，（ 　　　　　　　　　　　　　　　　）

桂林的山真（ 　）啊，（ 　　　　　　　　　　　　　　　　）

4. 练习写排比句，待大家写作完成后，抽同学展示并点评，也展示自己的作品。

上例中，教师通过让学生结构化言说，体会漓江水的特点并发现排比句、仿说排比句，最后练写排比句的方式，带领学生徜徉于排比所带来的优美情境与语言魅力中，润物无声一般地将排比句的运用意识灌输于学生的练写中。

总之，句子的训练是小学教学中一个项非常重要的内容，作为语文教师要很好地探讨和研究这一个知识点，无论是低年级的训练方式，还是高年级的训练内容，都要融合最佳的练句方法，让学生对句子的理解和运用达到自如，还愁作文不会写吗？

第二节　练构段

构段方式是指文章的段落之间组成的逻辑关系，构段是文章的基础，因此在练能课中我们应根据教学情境的预设，在课堂上进行全面的构段练习，让这种写作技能训练融入在常态化、匀速而低负担的日常课堂教学过程中，积少成多，集腋成裘，垒沙成塔。在小学语文课堂教学的练写活动中，应该引导学生至少掌握以下七种构段方式：

一、练写承接结构段

（一）概念与示例

练写承接结构段，是指在课堂教学让学生进行练写时，练写段落的句与句之间的关系是按照所写内容的先后顺序，一层紧接一层连起来写的，且前后不能颠倒。有的按事情发展的先后顺序承接，有的按时间顺序承接，也有的按物体变化的过程承接，甚至可以是思维过程的前后承接。

例如：人教版四年级下册《两个铁球同时着地》一课的随课微写设计：

1. 请大家自由练读课文第3、4自然段，想一想这两段主要讲的是什么。

（这两个自然段主要说的是伽利略发现亚里士多德关于两个铁球的论断中有自相矛盾的地方，就反复试验，证明铁球往下落的速度跟铁球的重量没有关系，决定做一次公开试验。）

2. 为了论证自己对亚里士多德说法提出的质疑，课文第4自然段第一句说："伽利略带着这个疑问反复做了许多次试验"。他究竟是怎样反复试验的呢？实验过程中他会怎么想？怎么说呢？请大家联系上下文，自由想象，写一写伽利略反复试验的过程。（练写模板如下）

伽利略带着这个疑问反复做了许多次试验。

第一次，他_____，结果发现_____，他想：_____；

第二次，他_____；

……

3. 同学们是怎么写的？谁愿意来展示一下？

（二）阅读教学中练写这种构段方式

上例的随课微写设计中，教师为让学生理解"伽利略带着这个疑问反复做了许多次试验"，设置了承接结构的练写模板，让学生想象并理清伽利略反复试验的过程，从而帮助学生开发想象力，掌握课文内容。

在阅读教学进行随课微写时，我们要让学生对事件的过程、事物的变化过程，以及思维的流程进行描述时，就可以采用承接结构的构段方式，从而培养学生形成有前有后、连续不断的思维能力。布置写作任务时，可以启发学生按自然变化的先后顺序承接而写，也可以提示如用"首先……其次……再次……"的顺序词承接而写。

二、练写并列结构段

（一）概念与示例

练写并列结构段，是指在学习课文进行小练笔时，布置学生围绕一个意思，分别写几个方面，使句与句之间没有主次之分，只是并列存在的段落。

例如，人教版三年级下册《检阅》一课中的随课微写设计：

1. 默读全文，想一想自己从中获得了哪些启发。交流。2. 当博莱克和队员们一起走过检阅台时，他心里一定有很多想说的话。请根据下面的提示，练说：

当我充满自信地走过检阅台时，我想对同学们说＿＿＿＿＿＿；我想对台上的观众们说＿＿＿＿＿＿；我还想对自己说＿＿＿＿＿＿。

3. 请大家根据刚才的交流和自己的想法，当堂完成小练笔：当我走过检阅台。

4. 同学们完成小练笔。组织展示、点评。

（二）阅读教学中练写这种构段方式

上例的随课微写展示了教师如何引导学生围绕博莱克和队员们一起走过检阅台时心里想说的话，分别从他想对同学、对观众、对自己的三个角度，展开想象，用并列结构的构段方式进行练写。

在阅读教学中，遇到需要对事物、人物的几个方面来进行阐述的练笔活动时，我们就可以运用这种构段方式，培养学生并列陈述的思维能力。布置这样的小练笔时，可以提示按排比式的句式而写，也可以呈现"第一……第二……第三……"来引导学生按并列的句式构段。

三、练写总分结构段

（一）概念与示例

练写总分结构段，是指在阅读教学中，先用一个概括性的句子总述全段的主要内容，再围绕这句话从几个不同方面加以分述的方式来进行小练笔。它一般有"总分""分总""总分总"三种练写形式。

例如，部编版二年级下册《开满鲜花的小路》随课微写设计：

1. 开发想象，激发写话欲望。

看着插图，想象一下，"美好的礼物"是什么，除了文中的小动物，还可能有哪些动物会看到这个礼物？当大家看到这份礼物时，会做些什么、说些什么？（提示：可以和文中小动物的表现不一样。如果学生无法说到位，可以仿照文中的语句说。）用这样的语句说一说：

"美好的礼物"是＿＿＿＿，还有＿＿＿＿会看到这份礼物，它会＿＿＿＿。

2. 用这样的语句进行小练笔，写出自己对"美好的礼物"的理解：

_____是一份美好的礼物。

_____看到了，它_____，这真是一份美好的礼物！

_____看到了，它_____，这真是一份美好的礼物！……

这个礼物真美好啊！

（二）阅读教学中练写这种构段方式

上例的随课微写设计，让学生在理解"美好的礼物"是什么的时候，以设置练笔模板的形式，用"总——分——总"的构段方式来完成练写活动，引导学生进行思维整理，于无形中，逐渐学会这种"先总述，再分述，最后总述"的思维过程。

这种构段方式，适用于针对某个事物或某个概念，需要从各个方面来进行描述的练写活动，从而培养学生的总结与分解思维。低中年级进行这样的小练笔，可以按总分构段格式而布局，让学生"填写"相应内容，从而形成完整段落。中高年级，布置这样的练写任务，可以直接提示"先要总写，再分写三个及以上的方面"或者"先分写出三个及以上的方面，再概述"，从而让学生的所写形成总分结构。

四、练写概括具体结构段

（一）概念与示例

练写概括具体结构段，就是在小练笔中，先用凝练的语句把事物的共同特点归结到一起，再把其中的细节描写出来，或者先总结出一个特点，再举例说明，形成段落。

例如，部编版二年级下册《太空生活趣事多》的随课微写设计：

1. 同学们，因为失重的原因，太空生活的趣事还有很多。你还知道哪些有趣的事？（生自由回答）

2. 课件补充宇航员叔叔在太空中生活（谈话、写字、吃饭、出舱行走、上厕所等）的资料和信息。

3. 写一写宇航员在太空中的其他趣事。可以参考老师出示的样式：

在宇宙飞船里_____也很有趣。_____

_____。

4. 生现场练笔，师巡回指导。写完后，展示交流，评选小作家。

（二）阅读教学中练写这种构段方式

上例的随课微写操作中，教师带领学生对自己知道的太空趣事进行小练

笔，并通过设置练写参考样式，引导学生写成概括具体结构段，不仅培养了学生的整理信息和创造思维，提高了学生的写作能力，也让学生进一步理解了太空生活的有趣。

概括具体的构段方式，可运用于练写事物、景物、人物、事理的某一方面，以及事情发展中的某个片段或场面。值得注意的是，教师应提醒学生，在运用这种构段方式时，要先用精炼的语句对段落进行概括，再来具体地描写其中的每一个细节。经常在练写活动中使用这种构段方式，能帮助学生形成仔细观察、深入思考的写作习惯，更能让学生对思维进行精细梳理与加工，提高思维力。

五、练写点面结构段

（一）概念与示例

所谓"点"，指的是最能显示人事景物的形象状态特征的详细描写；所谓"面"，指的是对人事景物的全面叙述或概括性描写。练写点面结构段，就是将练写的段落写成"点"的详细描写和"面"的叙述或概括性描写的有机结合形式。"点"，可以突出重点，体现深度；"面"，可以顾及全局，体现广度。

例如，人教版四年级下册《鱼游到了纸上》的随课微写设计：

1. 带领大家自由读读第八自然段。

2. 围观的人越来越多，大家赞叹着，议论着……发挥你的想象，他们会说些什么呢？注意加上人物说话的神态、动作，将围观人群讨论的情景写下来，完成小练笔，参考样式如下：

围观的人越来越多，大家赞叹着，议论着。一位小姑娘_____地说："_____！"

一位老爷爷_____地说："_____！"

一位青年_____地说："_____！"

……

3. 带领大家先在小班内交流小练笔，再抽生大班交流。

（二）阅读教学中练写这种构段方式

在上例中，教师带领学生深入研读课文第八自然段，抓住文中需要补白之处，让学生想象围观人群的表现，以参考句式引导学生用点面结合的构段方式进行小练笔——"面"：围观群众的议论场景，"点"：其中的一个小姑娘、一个老爷爷、一个青年等的神态、动作、语言。

在阅读教学中，这种构段方式，适合运用在场面描写和景物描写中，把某个事情场面与景物外观写得更加具体——既有群像为衬托，又有个别人或事物的特写。细致的特写镜头与广阔的全景描写的相互结合，使文字变成了一幅生动而充满感染力的图画。

六、练写因果结构段

（一）概念与示例

练写因果结构段，就是指在练笔写成的一段话中有两层意思：一层写原因，另一层写结果，两者构成因果关系，有的先因后果，有的先果后因。这种结构，段中句与句之间的关系是"因"和"果"的关系。一般在因果结构的段落中，往往有"因为……所以……""既然……就……""之所以……是因为……""因而……"等关联词语。

例如，人教版三年级下册《一面五星红旗》一课的随课微写设计：

1. 快速读课文第4～12自然段，自由讲述：开始时，面包店老板态度是……，后来……。为什么会有这样的变化呢？

2. 布置小练笔任务：

面对饥寒交迫的"我"，老板表现（态度）是＿＿＿＿＿＿＿＿＿＿＿＿

＿＿＿＿＿＿＿＿＿＿＿＿＿＿＿＿＿＿＿＿＿＿＿＿＿＿＿＿＿＿＿

当"我"宁愿饿死都不用五星红旗换面包，老板表现（态度）是＿＿＿＿＿

＿＿＿＿＿＿＿＿＿＿＿＿＿＿＿＿＿＿＿＿＿＿＿＿＿＿＿＿＿＿＿

＿＿＿＿＿＿＿＿＿＿＿＿＿＿＿＿＿＿＿＿＿＿＿＿＿＿＿＿＿＿＿

老板态度变化的原因是＿＿＿＿＿＿＿＿＿＿＿＿＿＿＿＿＿＿＿＿＿＿

＿＿＿＿＿＿＿＿＿＿＿＿＿＿＿＿＿＿＿＿＿＿＿＿＿＿＿＿＿＿＿

3. 小练笔后，交流展示自己的和大家的作品，点评。

（二）阅读教学中练写这种构段方式

上例的随课微写中，教师引导学生练笔所用到的构段方式属于前果后因的因果结构段：先写面包店老板态度是如何转变的，再写老板态度变化的原因。学生在练写中，不仅理清楚了自己的思考过程，还加深了对课文的理解。

在阅读教学中，当需要对某个事件或理论进行演绎推理时，就可用因果结构构建整个段落，进而理清事物之间的逻辑联系，培养学生的思维推理能力。

七、练写对比结构段

（一）概念与示例

练写对比结构段是指在小练笔中，把对立的意思或事物、或把事物的两个方面写在一起作比较，形成相辅相成的比照和呼应关系，让读者在比较中分清好坏、辨别是非。例如，人教版三年级下册《画杨桃》一课中的随课微写设计：

1. 讲述：开始时，同学们态度是……，后来……。老师为什么要让我们这么做，他的话有着怎样的道理？

2. 布置任务：

小练笔，按以下句式，写一写同学们对待我画出的杨桃前后不同态度的转变：

面对"我"画出的"五角星"，同学们（态度）是＿＿＿＿＿＿＿＿＿

＿＿＿＿＿＿＿＿＿＿＿＿＿＿＿＿＿＿＿＿＿＿＿＿＿＿＿＿＿

当老师让同学们轮流到"我"的位置观察杨桃后，同学们的（态度）是

＿＿＿＿＿＿＿＿＿＿＿＿＿＿＿＿＿＿＿＿＿＿＿＿＿＿＿＿＿

我从中理解到老师话中的意思是＿＿＿＿＿＿＿＿＿＿＿＿＿＿＿

＿＿＿＿＿＿＿＿＿＿＿＿＿＿＿＿＿＿＿＿＿＿＿＿＿＿＿＿＿

大家写作。

3. 交流展示自己的和大家的作品，点评。

（二）阅读教学中练写这种构段方式

上述例子中，教师引导学生对比写同学们对待"我"画出的杨桃前后不同的态度，从而深入体会老师的话中的深刻含义。

在阅读教学中，遇到需要将某个事物或道理进行主要突出或比较说明时，就可以在练写活动中，运用这种构段方式完成小练笔，使其表达情感更为鲜明，道理论述更具说服力，进而帮助学生形成更为严密的对比的思维能力。

第三节　练写作手法

一、练写开头方法

（一）概念与示例

有了好的开头，文章就成功了一半。就"好好写"文章而言，主要有交代四素法、开门见山法、提出问题法、描写引入法、抒发感情法等开篇方式。在小学阶段，学生只要掌握了基本的开篇方式，就可以举一反三。

那么，在随课微写的课堂中，我们应该如何运用这些开头方式来丰满大家的练写呢？现以人教版五年级下册课文《草原》的第五自然段随课微写设计为例，谈一谈以描写引入法为开篇的方式是如何操作的：

1. 带领大家自由读课文第 5 自然段，重点品读"蒙汉情深何忍别，天涯碧草话斜阳"一句。

2. 布置练写任务：

此情此景，作者只用了"太阳已经偏西，谁也不肯走"这句话来描述蒙汉同胞离别的场景。请你结合"蒙汉情深何忍别，天涯碧草话斜阳"这一句，展开想象，采用描写引入法，描绘出草原此时的景色，以及人们分别时的语言、神态和动作，表达出蒙汉两族人民之间的深情厚谊。

3. 抽生展示，并点评。

（二）阅读教学的练写中开头方法的运用

在上例的操作中，我们带领学生理解并品悟了"蒙汉情深何忍别，天涯碧草话斜阳"这一句后，想象蒙汉同胞在草原上离别时的场景，先以对夕阳西下的草原或人物的细致描绘为切入点，再以此铺陈开来，抒发蒙汉两族人民间的团结之情。

在随课微写中，我们可以通过提供句式的方法，为学生营造练开头的语言环境，在潜移默化中帮助学生学会用开头的方法进行练写，提高微写的质量；也可以像上例一样，提示写作的要求与步骤，让学生有意识地去学习、运用这些开头方式，从而促进写作能力的提升。

二、练写结尾方法

（一）概念与示例

好的结尾可以起到突出中心、启发和激励的作用。因此，我们写作文时，不仅要很好地考虑开头，还要认真地琢磨结尾。一篇文章应该如何结尾，要根据文章的中心、内容和结构等决定。不同的文章有不同的结尾；同一题目、同一题材的文章，也可以有多种多样的结尾。结尾方法主要有：事情结果结尾法、点明主题结尾法、展示未来结尾法、抒发感情结尾法、描写结尾法等。

现以人教版五年级下册《晏子使楚》一课的随课微写设计为例，谈谈点明主题结尾法的操作思路：

1. 学习了全文，我们了解了故事，认识了晏子，现在请大家写作：

当＿＿＿＿＿＿＿＿（面临境况），晏子＿＿＿＿＿＿＿＿＿＿＿＿（做）；

当＿＿＿＿＿＿＿＿（面临境况），晏子＿＿＿＿＿＿＿＿＿＿＿＿（做）；

当＿＿＿＿＿＿＿＿（面临境况），晏子＿＿＿＿＿＿＿＿＿＿＿＿（做）。

我觉得晏子是＿＿＿＿＿＿＿＿＿＿＿＿＿＿＿＿（怎样的人）。

2. 你还可以这样写：

晏子是＿＿（什么样的人）＿＿，表现在＿＿＿＿＿＿＿＿＿＿；

晏子是＿＿（什么样的人）＿＿，表现在＿＿＿＿＿＿＿＿＿＿；

晏子是＿＿（什么样的人）＿＿，表现在＿＿＿＿＿＿＿＿＿＿。

我们要学习他＿＿＿＿（什么特点或品质）＿＿＿＿。

3. 抽同学展示作品，点评。

（二）阅读教学的练写中结尾方法的运用

如上例的操作中，在学习了课文、认识了晏子之后，课堂立即进入随课微写环节，我们带领学生通过对人物的理解，采用点明主题结尾法，抓住文中的依据，分析晏子的人物形象，根据句式完成微写，从而帮助学生总结课文中人物的特色。

我们在随课微写的教学环节中，可以在遇到有特殊结尾方式的文本时，根据结尾特点，进行理解性写作或迁移性写作；也可以如上例一般，根据教学的需要，按句式或相应要求进行写作。长期让学生运用结尾方法进行随课微写，不仅能促进学生对课文的理解与把握，更能在学生的脑海中烙下技巧性写作的意识，让学生的写作境界有所飞跃。

三、练写常用手法

（一）概念与示例

1. 过渡法

过渡法，有助于文章流畅度的提高，其概念与示例详见本书第三章第六节之"谋篇技巧解析法"。

2. 照应法

前有伏笔，后有呼应，可使文章的内容更为完整，结构更为紧密，前后文间引发共鸣。照应法的概念与示例，可详见本书第三章第六节之"谋篇技巧解析法"。

3. 点题法

点题，就是在文章恰当的地方用简明扼要的语句把文章的中心意思提示出来，点明题意，突出文章中心，升华主题，暗示全文的脉络层次，从而增强文章的感染力，加深读者的印象。

如，《美丽的小兴安岭》结尾点题：

小兴安岭是一座巨大的宝库，也是一座美丽的大花园。

这里用比喻点题，形象地描绘了小兴安岭的美景，揭示了文章的中心。

4. 联想法

无论是读文还是写作，我们都可以由此及彼联想开去。关于联想，详见本书第三章第二节之"状物写景解析法"，此不再赘述。

5. 想象法

想象，不同于联想。相应内容，详见本书第三章第二节之"状物写景解析法"。

6. 悬念法

悬念，是通过对事情做悬而未决和结局难料的安排，以引起读者急欲知其结果的迫切期待心理的一种写作技巧。我们可通过安排奇异事件、突发事件，描写反常行为，展示矛盾冲突，运用倒叙手法等来设置悬念。这样，既能使作文所描写的内容紧凑而集中，又能更好地塑造人物、阐述主题，从而吸引读者的眼球。

如课文《找骆驼》在开头并不急于讲明老人是根据什么知道骆驼特点的，而是讲老人十分详尽地描述骆驼的特征，从而巧设悬念，引人入胜，激起读者往下读的欲望：

从前有个商人走失了一只骆驼。他找了很多地方都没找到，心里很着急。这时候，他看见一位老人在前面走，就赶上去问："老人家，您看见一只骆驼了吗？"

老人说："你问的那只骆驼，是不是左脚有点跛？"

"是的。"

"是不是左边驮着蜜，右边驮着米？"

"不错。"

"是不是缺了一颗牙齿？"

"对极了！您看见它往哪儿去了？"

老人说："那我可不知道。"

商人忿忿地说："别哄我了，一定是你把我的骆驼藏起来了。要不，你怎么知道得这样详细？"

老人不紧不慢地说："干嘛生气呢，听我说嘛。刚才我看见路上有骆驼的

脚印，右边深，左边浅，就知道骆驼的左脚有点跛。我又看见路的左边有一些蜜，右边有一些米。我想骆驼驮的一定是这两样东西。我还看见骆驼啃过的树叶，上面留下了牙齿印，所以知道它缺了一颗牙齿。至于骆驼究竟往哪儿去了，应该顺着它的脚印去找。"

商人听了，照老人的指点一路找去，果然找到了走失的骆驼。

7. 动静结合法

详见本书第三章第二节之"状物写景解析法"。

8. 夹叙夹议法

夹叙夹议，即一面叙述某一件事，一面又对这件事进行分析、评论。夹叙夹议主要有以下三种表达形式：一是先议后叙（概括式），二是先叙后议（总结式），三是边叙边议（包容式）。因此，夹叙夹议在文中能够起到总起、提示、过渡和总结等作用。

如，《跨越百年的美丽》第四自然段：

这点美丽的淡蓝色的荧光，融入了一个女子美丽的生命和不屈的信念。玛丽的性格里天生有一种更可贵的东西，她坚定、刚毅、顽强，有远大、执著的追求。这种可贵的性格与高远的追求，使玛丽·居里几乎在完成这项伟大自然发现的同时，也完成了对人生意义的发现。在发现镭之后的不断研究中，居里夫人也在不停地变化着。在工作卓有成效的同时，镭射线也在无声地侵蚀着她的肌体。她美丽健康的容貌在悄悄地隐退，逐渐变得眼花耳鸣，浑身乏力。皮埃尔不幸早逝，社会对女性的歧视，更加重了她生活和思想上的负担。但她什么也不管，只是默默地工作。她从一个漂亮的小姑娘，一个端庄坚毅的女学者，变成科学教科书里的新名词"放射线"，变成物理学的一个新的计量单位"居里"，变成一条条科学定律，她变成了科学史上一块永远的里程碑。

9. 托物言志法

详见本书第三章第二节之"写人技巧解析法"。

（二）阅读教学的练写中常用手法的运用

在阅读教学的练写环节中，我们应该如何运用这些常用手法来帮助我们的写作呢？现以人教版六年级上册《伯牙绝弦》中，运用联想的手法进行随课微写的设计为例：

原文：

伯牙鼓琴，志在高山，钟子期曰："善哉，峨峨兮若泰山！"志在流水，钟子期曰："善哉，洋洋兮若江河！"

操作：

1. 通过联系文中的注释，说一说该句的意思。

2. 钟子期听音而联想开去，所想象到的情境恰是伯牙弹奏时内心所想象到的情境。

布置练写任务：

或从险峰、奇石、怪松、云海等不同角度去联想，写出泰山之巍峨；或联想到江河随地形起伏而变化，江河与两岸群山碰撞而掀起波澜，江河之上，行舟如临险境，写出江河之壮美。

3. 完成练笔。抽生展示、评价。

学生练写如下：

那磅礴的气势，澎湃的河流，奔腾的河水川流不息。犹如千万条张牙舞爪的黄鳞巨龙，一路挟雷裹电，咆哮而来。倏而，腾空而起；猛然，俯冲而下。如同百米冲刺一般，以所向披靡之势，前呼后拥地奔腾而来，声音如雷贯耳……

递流远眺，另是一番景象。看着看着，就觉得天幕渐渐低垂下来，大朵大朵的白云翻卷着，闪着银光，刺目耀眼，像羊群，像野马，仿佛是在黄河上奔跑，借了大河做跳板，一跃冲上蓝天。

头顶的蓝天澄澈透明，远处渐渐黯淡下来，极目处，黄河水突兀耸立，水天浑然一体。黄河之水天上来的磅礴气势伴着呼啸的涛声吞噬了人的灵魂。

在上述操作中，我们让学生在学习并理解了句子后，提示该句运用了联想的手法，并要求大家也采用这种手法，对文本进行理解性写作，从而感知伯牙子期互为知音的原由与情谊。

在习作中，在写自己看到、听到的事物的同时，写进一些由这些事物引起的联想。如，要形象地描绘某些景物、细节，就需要运用生动的比喻、拟人等手法；要完整地刻画一个人物形象，就需要对他的心理活动做某些合理的推测；要深刻地揭示某一事物的象征意义，就需要展开丰富的联想。记叙内容的同时，加上恰当的联想，不但有利于把事物或人物写得充实、具体，避免干干巴巴、空洞无物，而且可以使主题思想表达更突出、深刻，使文章更加生动感人。

在随课微写中，教师有意识地组织学生运用多种不同的写作手法进行练写，可帮助学生掌握一定的写作技巧，避免作文的内容空洞、结构松散，进而提高学生的习作水平。

第四节　练表达方式

一、练写记叙

（一）概念与示例

记叙，用文字叙述。记叙是写作中最基本、最常见的一种表达方式，它是作者对人物的经历和事件的发展变化过程以及场景、空间的转换所做的叙说和交代，在写事文章中应用较为广泛，主要是把人物的经历和事物的发展变化过程表达出来的一种表达方式。记叙的顺序一般可分为顺叙、倒叙、插叙、补叙四种。

例如人教版语文六年级下册《凡卡》一文，在阅读教学中，教师让学生根据课文的内容，想象"凡卡醒来后会发生什么"。

学生练写如下：

"凡卡！凡卡！你个小兔崽子，快给我起来！"老板娘怒气冲冲地叫道："你还敢睡觉？害我的孩子哭了一个晚上，你趁我们去做礼拜，一个人在这儿无法无天了啊！看我不打死你！"说完，拿起皮带，狠狠地打了凡卡。凡卡被打醒了，在无奈之中，他只好继续帮老板一家干活，而且还因为没照顾好他们的孩子，一星期不准吃饭。但他始终坚信这种日子很快就会过去的，他的爷爷一定会来接他回乡下生活的。

一星期过去了，凡卡已经七天没有吃东西了，就只喝了几杯水，再没吃过别的。这天，老板娘外出与朋友打麻将，输得一败涂地，回家看到凡卡饿得无精打采的，一时来了火气，抓起皮带，把凡卡活活打死了。但是，凡卡依然坚信爷爷会来接他回家……

（二）阅读教学中练写记叙

记叙，往往在写事的文章中被广泛运用。正是这样，这种表达方式经常会用于叙事文本的阅读教学中。教师可让学生针对文中的空白处、略写处，用记叙的方式对其进行补白、发胖写等，也可根据原文思路，进行续写。如上例就是在教学中，根据课文内容，随堂续写。除此之外，对于古诗词、文言文的教学，也会用到记叙的表达方式，将之编写成一个小故事。练习在写作中运用记叙的表达方式，不仅可以培养学生思维的连续性、逻辑性，更能让学生真正消化文本内容，走进文本、理解文本。

二、练写描写

（一）概念与示例

描写是对人物的外貌和动作、事物的性质和形态，以及景物的状貌和变化所做的具体刻画和生动描摹。

例如在教学人教版语文六年级上册《山雨》一文时，教师让学生用一小段文字，从声音、颜色等方面写写夏天的雷阵雨。

学生练写如下：

雨越下越大了，雨水顺着房檐往下流，形成一条不断的线。马路上的雨水汇成了一条条小溪，奔流着，欢歌着，各自去找它们的家。密密麻麻的雨珠子，砸在一条条小溪上，变成了一个个水泡，跟随着小溪欢歌笑语。无数的水泡，时而露出水面，时而又藏入水底。远远望去，就像一颗颗晶莹美丽的珍珠在闪闪发光。

（二）阅读教学中练写描写

在阅读教学中，对于记人、叙事、写景类文本，教师都可以运用描写的表达手法，抓住文中的练写点，对其人物、事物、景物等，进行细致刻画，完成练写环节。时常运用描写的表达方法，可以让学生在日常的练写中，逐渐掌握这种通过具体而形象化的语言写人、状物，把客观对象写得"绘声绘色""活灵活现""栩栩如生""历历在目""惟妙惟肖"的方式，并应用于写作中，提高习作的能力。此外，通过对文中事物、景物的详细描绘，也有助于对文本的理解与把握。

三、练写抒情

（一）概念与示例

抒情是作者通过作品中心人物表达主观感受，倾吐心中情感的文字表露，可分为直接抒情、间接抒情两种。直接抒情即直抒胸臆。间接抒情是在叙述、描写、议论中流露出爱憎感情。

例如：人教版语文五年级下册《再见了，亲人》，选择大娘、小金花或大嫂其中一人的口气，模仿课文的写作方式，描写出朝鲜人民对志愿军的送别。

学生练写如下：

志愿军叔叔，别走吧！你们对我是那么温柔体贴，来，这花送给你！自

从我妈妈死了以后，你们就对我更好，当起我的爸爸来。你们给了我没有的东西——父爱。你们这样的叔叔离我而去，我怎能不落泪呢？志愿军叔叔，不要走！再多留一会不行吗？我们在一起已经有八年多了，为什么急着要走？为了抗美援朝的胜利，你们多少战友永远长眠在这块热土上，这用鲜血凝结成的情谊叫我们怎样忘记呢？

（二）阅读教学中练写抒情

在教学写人、写景、记事、说明、议论类文本时，只要需要情感的投入、理解与宣泄时，都可以运用抒情这种表达方式，或借景抒情，或咏物寓情；或融情于事，或融情于理。

针对文本内容，在阅读教学的随课写作中，练习抒情的写作手法，不仅仅能缩短读者与作者心灵、思想之间的差距，从而促进学生对文本情感的理解，更能在意识中对现实的审美进行改造，重铸其情感态度与价值观。如上述例子《再见了，亲人》的练写中，教师让学生抓住课文的写法与人物情感，直抒胸臆，感受中朝人民之间的深情厚谊，从中受到爱国主义和国际主义精神的教育。

四、练写议论

（一）概念与示例

议论是根据作品写出自己的见解或道理。一篇或一段完整的议论，通常由论点、论据和论证三要素组成。议论分两大类，即"立论"和"驳论"。立论称"证明"式文章，驳论称"反驳"式文章。议论的特点是以理服人，用说理的办法，以概念、判断、推理等逻辑形式，直接对客观事物进行分析、评论、证明。

例如人教版语文六年级下册课文《我最好的教师》的阅读教学中，教师组织大家回忆成长过程中遇见的教师，请选择你喜欢的一位教师，用两三句话写出喜欢他的原因，完成随堂练笔。

学生练写如下：

我最喜欢的教师是秦教师。秦教师，她的课堂如游戏一般的好玩，那风趣的语言、那温馨的微笑，一直伴随着我们快乐成长。她还十分有耐性，无论是哪位同学问她问题，她总是和颜悦色、温声细语地为我们一一解答。在生活中，她如一位母亲一样，处处为我们着想，时时给予我们鼓励。她的那份呕心沥血，让我感受到了她的无私与伟大，我真喜欢她！

（二）阅读教学中练写议论

在阅读教学的随堂练写中，对于议论性的文本，就可以在迁移性练写中，运用到议论的表达方式。对于需要发表对所叙事件或所描绘的人物、景物发表意见、主张和看法的练写点，也会用到议论的表达方式。如，上述例子，则是针对文中的主人公，以议论的方式，进行练笔，写出自己的看法。这样的表达方式，可以培养学生有理有据地发表见解、论证观点，从而训练思维能力。而情境性的练笔，还能达到促进学生对课文理解的效果。如《为人民服务》选择一种角色，如张思德的战友、记者或普通百姓，聊聊你心目中的张思德，他是一个怎样的人？围绕自己的看法展开论证。

五、练写说明

（一）概念与示例

说明是用简明扼要的文字，把事物的形状、性质、特征、成因、关系、功用等解说清楚的一种表达方式。这种被解说的对象，有的是实体的事物，如，山川、江河、花草、树木、建筑、器物等；有的是抽象的道理，如思想、意识、修养、观点、概念、原理、技术等。常见的说明方法有：举例子、分类别、作比较、列图表、列数字、下定义、作诠释、作引用、打比方、摹状貌等。

例如：人教版语文六年级上册课文《只有一个地球》的阅读教学中，我们可让大家也用"列数字"的说明方法，介绍一种自己所熟悉的物品。

学生练写如下：

我有一个文具盒，是我九岁生日时，我妈妈送给我的。我可喜欢这个文具盒呢！我的文具盒呈长方体。长约20厘米，宽约9厘米，高约4厘米。拿出文具盒，首先映入眼帘的是一幅美丽的图案：一片辽阔的草原上，开满了大大小小的野花，红的、黄的、紫的、白的……放眼望去，就像绿毯子上绣着五颜六色的花朵，又像天空中闪烁的星星。

（二）阅读教学中练写说明

在阅读教学中，往往是在说明性文本或写物的文本中，会运用到这种说明的表达方式。特别是在说明性文本的教学中，用文中的某种或几种说明方法，对其他事物进行迁移性练写。如上例课文《只有一个地球》的练笔教学，就是仿照文中的说明方法——"列数字"，写写生活中的另一种事物。

适时在阅读教学中运用说明的表达方式进行练写，可以帮助学生理解与运用各种说明方法，学习并会写说明文，进而有助于说明文写作能力的提高。

第二编

练能数学课练什么等点论

对练能之"能"与"练"的解析

练能教学（育）或练能·生长教育，是以关注生命发展为前提，构建自主而充满活力的课堂学习与生活环境，多维度、多途径地让学生在掌握知识的过程中、从事体验性活动中练能，彰显主体地位，从而欢乐地学习，幸福地生活，自信地成长。这是一套成体系的教育改革及其操作系统，它的基础性概念是练能，如何理解其"能"其"练"，是认识和改革操作的前提。兹将练能涉及的概念进行简单解析。

一、练能之"能"

练能·生长教育之"能"，我们理解为三个层面：表层、中层与核心层。

如果将生命主体性比作为一个球体，练能教学（育）所要直接历练的，即"能"之表层：一是学科技能性能力，如，语文学科技能性能力就是听、说、读、写等，或者换种表述，即为《语文课程标准》中提到的四大能力：识字写字能力、阅读能力、写作能力与口语交际能力。而数学学科技能性能力又与语文学科技能性能力不同，主要是听、读、说、操作、计算等，即数学思维能力、数学阅读能力、数学表达（言说）能力、数学动手操作能力、运算能力等。二是将知识内化后外化出来的能力，即外显力或表现力。这主要是将知识技能通过一些动作化（活动化）方式显现而出，如，画、唱、演、算、记、议、做（实验、操作……）等。

在表层直接历练的过程中，实际目标是指向了超越学科的有利于生命成长的多方面能力的历练，即"能"之中层，重点要历练的是学生的学习能力、实践能力和创新能力。

"学习能力"的历练是所有学科教学的首要目标。学习能力分为基本学习能力和高级学习能力。基本学习能力 = 注意力 +（听/视）知觉力 + 理解力 + 记忆力。在此基础能力之上，学习的进一步提高还需要三个高级学习能力。高级学习能力 = 阅读力 + 思维力 + 想象力。在语文教学中，阅读教学是最主要的领域和板块，阅读能力是第一个高级能力，是让你比别人学得更快的能力。因此，语文教学问题解决的枢纽在于阅读能力的培养。

"实践能力"广义上来讲，它基本等同于"动手"能力，如，写、画、演、折、剪、拼、实验等。落实到学科中，实践能力体现为收集处理信息能力、合作能力、交际能力、发现并解决问题能力和交流成果能力等。它强调在教学中，将文本习得经验与社会实践相联系，培养学生运用知识解决现实生活实际问题的能力。

"创新能力"含创造性思维能力（求异，发散）、创意表达能力和创新表现能力等三部分。在个体运用已知经验和信息，产生某种独特、新颖、有社会或个人价值的产品的过程中，创造性思维就是其核心与关键。注重学生创造性思维的培养，鼓励学生创意表达和创新表现的展示，学生的创新能力就能获得更高层次的发展。

以上是球体的中间层面。中层的进一步整合，指向的是球体的核心层面——历练心智，特别是思维能力。因此，教学中，只要注意历练学生的心智，培养学生的思维能力，就有利于学生能力与生命的发展。

学生在各项练能教育教学活动中，练口头表达能力、练呈现知识的能力、练运用知识解决问题的能力、练思维能力、练设计（计划）能力、练合作能力、练组织协调能力、练沟通能力和练评价能力等智能因"练"而凸显，学生的兴趣、动力、礼仪、自信、自主、自律、合作和个性等非智能也随之得以强化。在练能·生长教育中，学生开启生命华美乐章，多方面能力得到完美诠释与生长。

二、练能之"练"

练能·生长教育之"练"，通常让人联想到"训练""练习"等，但练能教学（育）之"练"，含有训练、练习之义，又不能狭隘理解为训练、练习之"练"。它相对于"教懂（教知）"型教学偏重视、听（或"听＋视＋作业"），不重学生活动的无练、弱练、浅练而言。我们理解的"练"是个泛动概念，是训练、习练、操作、活动、表现、应用、实践等含义，总之是视听之外的躯体活动或心智外显化的活动。我们特别强调练能教学（育）之"练"的三级含义：有效训练；常态化的自学自练和合作展练以及基于自主教育的活动历练。

我们认为，练能之"练"有两种操作方式：一是教师牵引练能，二是学生自主展练。

牵引练能，就教学层面而言，是课堂的微变革。教师牵引学生练能，要求教师要有强烈的知识凭借或文本习得为载体历练学生能力的意识，在教学过程中，以能力培养为目标，以能力训练为教学操作过程。在课堂中，教师采用激练、教练、示（示范）练、导练、牵练、扶练、放练、检练及评练等训练方式，辅以选点练能策略、任务导练策略、组块教学策略、点上推进策略与面上延展策略等教学策略，让学生获得知识或理解文本的同时，运用自练、互练、示（展示）练、学练、赛练、评练、强练及测练等习练方式，充分练能，获得能力与技能的升华。牵引练能课堂教学更多改变的是教师教的操作，将"教知、教懂"型教学模式转向为练能型教学。

相较于教师牵引学生进行练能的"练"，我们更主张"教是为了不教"这种思想下的理想练能模式——学生自主展练，在班级体制机制建设的基础上，以学生自主学习（自学自练）为基础，让学生自主推进练能课堂，真正成为课堂的主人、主角，最大程度地实现知识向能力的内化转变，让课堂焕发生机与活力。

展练是练能教学的基础、基石性概念，其基础的环节是让学生自学，在自学中自练，促进生命能力生长。"展练"一般会让人联想到"展示"一词，但这又不同于我们平常所说的展示。所谓展练，可以简单理解为展示加训练，它要求当小老师的展示个体和小集体（小组或小班），不仅要将自己的知识习得在台上以讲、问、读（背诵）、说、写、画、唱、演（表演、演示）、记、算、"做"（实验、操作）等展的方式呈现出来，还要引领台下全体成员一起习练：练听、练读、练说、练记（记录、记忆）、练批（批注、勾画）、练写、练画、练唱、练演（比画、表演、演示）。操作、练算、议论、质疑、补充、点评等。课堂中的每一个生命主体遵照"我展共练，以展带练。重展辅练，全展点练。主动大方，创新表现。追求高效，抓紧时间"32字法则进行展练的原则，参照仪态规范策略、开讲模式策略、展说套语策略、引练套语策略、展式变异策略、展开评议策略、激励互动策略和小班评比策略等训练策略，共同参与、互动练习，从而固化知识，训练能力，构筑成一个自主学习、训练的生命课堂。

为了推行练能教学的常态运行，我们须通过构建班级管理、课堂、学科学习全程、多途径学习、教育活动和生活学习的途径，建筑立体练能体系，实现学生的全方位自主练能，显现生命自我之美。其中，练能课堂可构筑成低年级、中年级和中高年级三种不同的练能课堂模型。

低年级练能课堂模型由牵引练能和部分展练构成。在低年级练能课堂中，教师组织课堂教学是以静动式结构教学的牵引练能模型为主，以常规训练，即规矩体系＋口令体系＋手势体系，作为运行的基础保障，辅以部分展练练能模型。如，语文学科的生字展练是由一人或二、四人展练单字的音、形、义、用。这同样也可运用于数学学科的运算展练等之中。

中年级（可在二年级以上）练能课堂模型由牵引练能和大部展练构成。中年级的牵引练能模型相较于低年级的有所不同，如，语文练能课堂着眼"二面八维"（"言语面"之学习语言、运用语言和积累语言；"技能面"之听、说、读、写、思等训练。）、"四个好好"（好好读、好好说、好好写、好好积累）的板块式教学。课堂练能教学重心由牵引练能向展练转移，教师牵引练能在课堂中的比重开始弱化，课堂大部分时间、空间、练能模式是学生展练，如，语文的词语展练是小班完成单词音、形、义、用的展练或小班完成全课所有词的音、形、义、用的展练。

中高年级（从四年级起至七年级及以上）练能课堂模型为全自主展练。在课堂中，教师淡出课堂，牵引练能弱化，只偶尔出现于课堂，课堂完全由学生支配。自主课堂模型，或名："自学——展练"式翻转课堂，通过学生自学自练与主持人主持下的小班滚动式展练相结合的练能操作途径，让学生真正成为课堂的主人，使学生的自主合作学习有了切实的载体，真切颠覆了"教知（教懂）"课堂教学状态。

三、练能，唤醒生命主体性

练能·生长教育追求的是主体性教育，是主体性生长的实现途径，在唤醒学生的主体精神，培养学生的主体意识的过程中，历练其智力与非智力，从而实现主体人格与个性的更高发展。

练能教育以练能式自主课堂为基础，拓展到学科学习全程自主，为所有"鱼"而事"渔"。在构建立体练能体系的过程中，学生由课堂学习的主人，自主学习，再推衍到教育（如班级管理及班级教育活动）的主人，自主教育，在历练"人"的智力同时，也让学生成长与发展中重要的非智力因素（兴趣、动机、自信心、阳光心态或心理、积极情感、自主性、自律自制、能动性、个性、合作精神、律己敬人礼仪和创造性等。）随之得到发生和发展，从而唤醒学生的主体精神，让主体性教育得到完整实现。

练能教育是实现主体性教育的重要载体，它有四大特性：强化能力、放大自主、强化合作和凸显表现。在强化智力因素发展的练能过程中，非智力因素随之受到影响，特别是主体性的核心要素——自主性、能动性和创造性，

多方面因素的整合共生，成就"人"的个性与人格，让生命主体性在自主教育中得到释放，完成生命的高水平、高质量的生长与发展。

数学练能练什么

　　学生为什么要学数学？如果我们对数学教学进行一个原点性的追问，我想很多人可能不能扣住原点进行准确回答。学生学习数学是为了考试？是为了当数学家、科学家？为了他们将来的生活？显然都不是的。因为大多数学生未来的生活，是用不着那么多数学知识，也不用去做那么多的数学题。既然这样，那为什么非要让每一个孩子从小到大都学数学呢？学数学终身受用的是什么？那就是学生通过学习数学，除了获取数学知识、技能与方法、情感态度以外，更重要是要得到思维训练，逐步学习分析与综合、抽象与概括、类比与对比、具体化与系统化等思维操作，培养和提高逻辑思维、形象思维和直觉思维能力。因此，对学生的学习，数学是拿来干什么的？答案就是：数学是用来训练思维的。因此，我们不难理解前苏联国家元首加里宁说过的，"数学是思维的体操"这一经典说法。

　　数学以其缜密的逻辑向人们展示着它的美，然而，不少教师却忽略了它的美丽，由于教数学要以考试为导向，就使得数学教师们忘记了初心，忘记了数学的核心是学习数学思维的活动，忘记了让学生学数学最重要的历练思维，培养智能，而去专注于学生做题，得高分，如此功利化的教学不是我们真正想要的结果。再来看我们现行的数学教学状态：教师讲、问，学生主要是听、看和偶尔回答，从而获得的结果是学生"懂"了，并且通过做题来说明其"懂"。因此，就形成了"师讲——师问——生懂——做题——得高分"这样一种模式。这样就有意无意地把会做题看得比历练思维和培养智能更重要，倒置了本末。因此，我们认为，数学练能，最重要的是练思维，培养学生智能。

　　那么，在数学教学中我们可以通过哪些途径来训练学生的思维呢？

一、最基本、最经济的手段——练说，结构化言说

让学生学习数学，不仅仅是让学生会做题，多做题。为什么呢？因为，数学学习重在思维的训练，思维训练活了，数学就不会差。而数学思维本身是无法直接训练的，它需要借助于语言训练，或通过活动将内部语言外显化而培养的。训练思维最基本、最经济的手段就是练说，数学学习也是如此。在教学过程中，我们要让学生说，让他说清楚他的思维过程和结果，那一定是充分地历练了他的思维，而且练得扎实，练得到位。当然，说清楚了，也就真正地懂了。

当然，这里的练说也不是让这个同学说一句，那个同学来一句，不是只言片语地说，而是让学生用一段话、完整地、全面地将自己的思维过程与结果说出来。练说也不仅仅是只个别学生能说清楚，让其他同学听了就完事，而是强调每个学生都能说清楚，哪怕是听别人说后，自己学别人说，也要说清楚、说明白。

例如，在学习分数混合运算之后，计算：

$$\frac{3}{4} - \frac{3}{4} \times \frac{1}{6} \qquad\qquad \frac{2}{9} \div \left[\left(\frac{1}{2} + \frac{1}{6} \right) \times \frac{4}{3} \right]$$

$$= \underline{\hspace{3cm}} \qquad\qquad = \underline{\hspace{3cm}}$$

$$= \underline{\hspace{3cm}} \qquad\qquad = \underline{\hspace{3cm}}$$

$$= \underline{\hspace{3cm}} \qquad\qquad = \underline{\hspace{3cm}}$$

师：请大家练习，回答。

生1：第一小题我的算法是：先算乘法，再算减法，结果等于$\frac{5}{8}$。

生2：第二小题我的算法是：先算中括号中小括号里的加法，再算乘法，最后算除法，结果是$\frac{1}{4}$。

这样的算法，仅仅是会做题而无思维训练，也是无练说的教学。

如果这样教：

师：请大家看这两个练习题，你是怎么利用分数混合运算的性质来思考的，将你是怎么想的，怎么求结果的，用一段话说出来。先自己练习，我再请大家站起来说。（生练）

生1：1小题是一道混合计算的题目，我发现他和乘法分配律相似，因此我是这样完成它的：原式等于$\frac{3}{4} \times \left(1 - \frac{1}{6} \right)$，等于$\frac{3}{4} \times \frac{5}{6}$，按照分数乘分数

的方法，先进行约分，然后分子乘分子，分母乘分母，最后的结果是 $\frac{5}{8}$。

生2：2 小题也是一道混合计算的题目，算式中既有小括号又有中括号。分数的混合计算顺序和整数混合计算的顺序其实是相同的，所以这道题我们先算小括号内的加法，再算中括号内的乘法，最后算中括号外的除法。我们现在来计算下这题。小括号内是异分母分数相加，先通分成 $\frac{3}{6}+\frac{1}{6}$，得 $\frac{4}{6}$，这里我们可以先不约分。接下来计算 $\frac{4}{6}\times\frac{4}{3}$，约分计算得 $\frac{8}{9}$，最后计算 $\frac{2}{9}\div\frac{8}{9}$，根据除以一个数等于乘以这个数的倒数得 $\frac{2}{9}\times\frac{9}{8}$，约分计算得 $\frac{1}{4}$。

……

师：请大家也照这样的方式，同桌相互说一说。（生练说）

这就是通过练说来学习。说的过程，就是解题的过程，也是思维的过程。让学生说出来，全面说清楚"怎么想"的这个过程，实际上就是进行思维训练的过程。这样说清楚了，学生不仅仅是大体懂而会做题，而是懂得清楚明白，懂得熟练地运用已经学的知识，不仅仅会做这一道题，而是会做这一类题。

因此，练说的过程非常重要。纵观我们的教学，也有言说的训练，但是，由于教师的串讲串问，学生更多的是"发言式言说"，多只在意学生愿意表述、想说什么就说什么，想怎么说就怎么说，让学生的能力是在自然的、随意的状态下生长，故而教学效率不理想。这样"点状"的说，是非结构化的。因此就导致学生言说能力差，从而影响思维能力的发展。研究表明，结构性思维是高效人士必备、现代人应该具有的重要素质。所谓结构性思维，是指在面临任务和问题时能够紧紧地围绕核心，从多个维度、多个层次全面地进行思考，并能够重点突出、条理分明、有理有据地进行表达的思维。缺乏结构化言说训练，也就难以较好地促进结构性思维的发展，提高思维品质。所以，我们这里讲的练说，是指练习结构化言说。

由于越来越多的教师意识到，在数学课堂上要训练学生说的能力，所以，他们要求学生按"已知……未知……结果是……"这样的方式来说，这看似在训练思维，其实也是很浅的。训练学生数学结构化言说常见的有以下类型：

1. 关联式言说

关联，就是指根据前后所学知识之间的并联关系、递进关系有条理地言说。比如在整数中按照"数的意义""数的运算"以及"运算的规律"展开，同样方式在小数、分数教学中也遵循，这就是知识展开方式的相似性。训练这种方式的言说，常常可用"先根据……再发现……我的想法是……结论是……"的句式来表达。

2. 迁移式言说

迁移，就是在一定程度上还原前人发现和发展某一领域知识的过程，并将这一过程通过结构言说出来，帮助了解和掌握这个发现探索的过程性结构，然后自觉迁移到教材以外的探索中。比如学习三角形的面积公式，那我们就可以从前面所学的平行四边形的面积公式计算迁移过来，对三角形面积计算的探究过程形成清晰认识。常用"首先……再……接下来……再……结果……"这种言说来说清思维的过程。

3. 求异式言说

求异就是打破定势，求得不同。训练学生求异式言说，是培养学生创造性思维和创新精神的重要途径。比如求梯形的面积，"第一种方法是……第二种方法是……第三种方法是……得到的结论是……"。这种言说也要经常训练。

数学结构化言说的类型当然不仅仅是我们以上所例举的，不管你用哪种类型，当结构化言说渗透成为一种自觉时，必然能改变教师的思维方式，激发学生的强大学习动力，进而发展学生的数学核心素养，让学生的思维走向自主建构的结构化，为学生的终身发展奠定坚实的基础。

二、第一重要辅助手段——操作、动作化学习

操作实践是能力的源泉、思维的起点。它使抽象的东西具体形象化，把枯燥乏味的文字叙述变成有趣的、快乐的、带有思维形式的游戏，从而使学生在实践过程中逐步形成正确的心理活动，以达到知识的内化。《数学课程标准》也指出：要让学生亲历数学知识的形成过程。也就是说数学教学要向学生提供各种实践的机会，鼓励学生在动手操作过程中学习和掌握数学基础知识，增强学生对所学知识的理解。大家都知道要让学生在数学学习中动手，但为什么我们要强调多动手呢？我们也能找出多种理由，如，动手操作能激发学生学习数学的兴趣、能帮助理解数学知识、能培养解决问题能力、能培养创新能力等。这些都是些辅助的、结果性的意义，其真正本质的意义是，动手操作，是历练思维的过程与方法，是历练思维的重要路径，它仅次于通过练说而练思维的重要，可以说是练说即练思维的第一重要的辅助方式。

瑞士儿童心理学家皮亚杰认为："6 岁～12 岁的小学生心理发展的重要特

点是对新鲜的具体事物感兴趣，善于记忆具体的事实，而不善于记忆抽象的内容。"小学生的思维正处于由具体形象思维向抽象逻辑思维过渡的阶段，动手操作活动正是数学知识的抽象性和学生思维的形象性之间架起的一座"桥梁"。因此，根据小学生思维发展的特点，决定了他们的抽象思维必须借助具体形象和动作化演绎，才能生成与发展。所以，对大多数学生而言，还不能够用抽象教抽象，用抽象学抽象，用抽象理解抽象。

鉴于此，我们为了让学生对数学知识理解更深透、技能掌握更娴熟，常常以动手操作为手段，来促使学生完成。他们通过摸一摸、拼一拼、比一比、画一画、折一折、剪一剪、拉一拉、量一量、称一称等动作操作来形象感知，让学生通过自己努力去解决问题、获取知识，这样学生对所学的知识就会印象深刻，掌握更牢固。当然，这样习得知识只是完成了学习的第一个方面，也就是"向内"。我们还需要一个"向外"的过程，即把所理解、所习得的知识，从内到外给传达表现出来，升华学生的思维能力，再现知识的理解与显示数学技能及其他多方面的能力。在教学中，"向外"比"向内"更为重要，这是许多教师没有意识到的。也有教师把这个"向外"窄外或简化为"会做题"。其实"向外"的方式，第一重要的是指我们前面所说的练说，第二重要的，也可以说是辅助练说的方式是操作、动作化学习。

根据学生的认识规律，学生在操作学具学习数学时，把动手操作与动脑思考、动口表达结合起来，即就是把动手操作与思考和结构化言说紧密结合，要求学生用清晰、准确的语言表达自己的思考过程和结果，即做到操作方法、思考方法和语言表达内容三者一致。这样就能比较完整地演绎思维过程，就会把思维历练得更充分与到位。

例，"梯形的面积"教学片断：

课件出示：张伯伯家的鱼池里养了许多鱼苗，大家观察到鱼池的形状是梯形的，你们能不能帮张伯伯算出他的鱼池面积有多大呢？

师：同学们，你们能帮张伯伯算算吗？现在，请大家分组或独立完成，为他们做出判断。各种梯形纸片、剪刀、三角板等学习用具都为大家准备好了。现在的要求是：请大家用至少一种方法，并动手操作，获得答案甚至结论。操作结束后，请大家这样来交流展示，一边演示一边讲述：

我（我们）找到了一（或两或三）种方法。第一（或两或三）种方法，做法是……得到的结果是……（边说边讲）

（生动手操作，或量一量；或拼一拼；或剪一剪……教师鼓励学生一边动手一边想，还可以念念有词……之后展示交流。）

生1：我找到了三种方法。第一种方法是，我将把梯形分成平行四边形和三角形……（边讲边演示）再计算……结果是……；第二种方法是把梯形分成两个三角形……（边讲边演示）再计算……结果是……；第三种方法是把两个完全一样的梯形拼在一起，拼成一个平行四边形，再计算……结果是……。最后，我们的结论是……

……

师：刚才这几位同学都交流得不错，现在，教师请大家用上面的要求，同桌相互说一说怎么做的过程，得到的结果和结论是什么。（学生说，略。）

这样的教学，就是充分让学生动手操作，把动手与动脑、动口结合起来，用语言完整地表达整个探究的方法与过程，获得的结果与得到的结论。这样，就把操作与思维、与语言表达有机地结合起来，既有"向内"的探究学习，又有"向外"的语言表达，思维活动的外显化和可视化就得到体现了。

三、第二重要辅助手段——参与实践活动，多感官学习

在学习数学的过程中，我们训练学生的思维除了要练说、动手操作以外，还有一个重要的辅助手段就是，让学生通过活动、游戏、实践等亲历模拟的生活或真的生活来学习。这里的实践活动不仅仅指前面所讲的练说、动手操作，它还需要尽量让学生将所有的感官都调动起来进行学习。

多种感官，即听觉、视觉、嗅觉、味觉和触觉。它们是通向大脑的主要通道。我们需要让学生通过不同的感觉，让知识在脑中形成表象，进而认知和记忆。而现在，传统的数学课堂上，强调学生要认真听，教师通过"讲——问答——听……"这样的方式进行教学，这种单渠道"装"，是非常困难的。所以，学生学习，单靠听，可能是"装"不进大脑的。他们只重视或强化了视觉、听觉两个感官，却忽视或弱化了通往大脑的其他几个感官，味觉、触觉、嗅觉等。所以这种"单通道"或者"窄化了通道"的教学导致了效率低下，而我们还常常抱怨学生不会学、不聪明。

心理学的有关研究表明，不同认知通道的学习效果是有差异的。一般地，只使用视觉通道，仅能记住材料的25%，只使用听觉通道，能记住材料的15%，而视听结合，使用多通道参与学习活动，则能记住材料的65%。而小学生的生理、心理特点更是体现了视听结合，用多通道参与学习活动的特点。

夸美纽斯曾说："一切都是从感官开始的。"没有感官的参与就没有学习。简·豪斯顿也指出："如果孩子们跳舞、品尝、触摸、听闻、观看和感觉信息，他们几乎能学一切东西。"……可见理论与实践都证明，有效地调动学生

多种感官参与学习活动，让学生利用更多的大脑通路来处理学习信息，建立起对知识与技能的深刻记忆，成为学习的主人，就能促进学生提高学习效率。

因此，我们认为，组织学生在活动中学习数学，在社会实践中学习数学尤其重要。因为，只有让学生亲历学习内容，体验知识的运用，将思维与其他各种能力甚至非智力因素有机融合起来，切实地发现问题、解决问题、验证问题等，他们才能学得更好，才能将能力（特别是思维能力）发展到最佳状态。

例如，在教学几何形体体积的复习与整理一课时，教师放了两个长方体形状的鱼缸在讲台上，问："这两个鱼缸是什么形状？如果想给小鱼找一个宽敞的家，大家准备选哪个做它们的家？我们给小鱼搬家前，需要先往鱼缸里倒水，倒多少合适呢？"同学们开始往鱼缸里倒水。接着教师问："大家估测一下，现在鱼缸里水的体积是多少立方厘米？"学生通过动手量，得出水缸里水的长宽高的数据，进而算出体积。接着，教师又说："让小鱼住进一个正方体的空间里该怎么倒水呢？"……最后，出示圆柱体、圆锥体形状的鱼缸……问："这时鱼缸里的水是什么形状？要计算水的体积，需要测量什么数据？"……

这些实践活动，不仅直观形象地让学生看到了四种形状的容器所盛水的形状的变化，同时让学生动手操作，取得必要数据进行计算，既达到了整理复习的目的，又使同学们直接感受到几何形体相互之间的联系。学生参与了实践活动的全过程，将知识发展的过程观察得直接具体、生动活泼、富有情趣，这样的做法在日常教学中越多越好。

当然，也有一个问题，平常的教学，似乎太难以组织很多让学生在社会实践中学习数学的活动。于是，我们就要想办法，如何让课堂学习与课外、校外及社会生活有机联结起来，并且最好是形成常态化的向生活学习的活动机制，那学生在活动中、社会实践中动身学习就不再是偶尔行为了。

这就要求我们教师要善于把教材和课堂学习与生活紧密联系起来，让学生在生活中去应用已学到的数学知识。教师可以根据一类或一个板块的数学知识，设计出活动方案，让学生历时一周或更长的时间进行实践活动，并且在他们或独立或小组合作完成之后，组织大家进行展示交流。

例如，为了对"利率"知识的巩固和应用，有位教师为学生设计了寻访实践活动：

1. 寻找"购房中的数学问题"实践活动。张教师想在"香山美树"小区购买一套新房，请同学们围绕"房价、付款方式、装修"等方面，为教师设计一个购房方案。

2. 活动要求

（1）通过看一看、查一查、问一问、算一算等活动方式调查教师的经济情况（教师家里的存款，夫妻俩每月的收入、每月的生活开支）、购房的付款方式（一次性付清和分期付款的政策）、房价、结构（楼房的户型、楼层、面积）、银行为居民购房提供的贷款方式（银行的贷款期限、利率）、有关装饰的信息。（装饰材料的外观、价格、质量等。）

（2）每小组按照分工先实践、调查，填好实践记录表（表略），然后再进行整理。

（3）此次活动时间为一周，在一周之内请各小班小班长带领小班成员可在家长的协助下完成调查活动、填写好记录表，可配图片资料。一周后，全班将评选出最佳购房方案，获得最佳购房方案的小组给予奖励并在全班进行展示交流。

3. 实践活动指导

调查时，分工要明确，尽量问清楚、算仔细，考虑多方面的因素。最后在进行整理、归纳形成方案的过程中要全面思考，按照一定的顺序写成数学日记。

这样长期将书本学习、课堂学习与真实的生活对接，让学生切实地动身参与，将动口、动手、动脑，以及与组织活动、人际交往（与人与物互动）、处理偶发事件等很多能力的历练结合起来，才能把实物的、图画的、符号的、口头的以及心智描绘的数学概念联系起来，深化对数学知识特别是思想、方法的理解，合理解决那些现实的、有趣的、富有挑战性的问题，从而提高学生学习数学的兴趣、提高学生学习的主动性、发展学生的数学思维、提高学生的创新能力，取得良好的学习效果。

所以，我们要重视实践的教学，要考虑如何多渠道"装"，那就是努力将学生的"多通道"都打通，让多信息通道进行大脑思维。而且，在亲历生活的学习中，加入智能以外的因素，如情景、兴趣、情感、意志等，将这些"融入"智能与求知的活动中，充分发挥知识学习的情意效应和知识掌握的浸润效应。

总之，基于数学教学的原点性目标追求"历练思维、培育智能"，我们要强调改变主要通过静态（坐）视听的学习方式，注重让学生通过练说、动手操作、调动多种感官，参与实践而练思维的学习方式。这样除了可以增强学习的效率，更重要的是可以加大学生思维的历练，充分开发和培育学生的多

方面能力，并带动非智力因素的和谐发展。

数学练能最重要的就是练学生的思维能力，通过思维的训练让数学教学的意义真正还原，从而真正彰显出数学教育的最大价值。

小学数学教学结构化言说的类型

在传统的小学数学课堂里，我们不难发现这样的现象，那就是大多数学生的数学口头表达能力比书面运算能力差得多。虽然他们一般都能按照要求做题，但有很多学生都不能准确地、有逻辑地讲出自己的思维过程。

"数学是思维的体操，语言是思维的外壳。"随着小学数学新课程的实施，加强学生的"说话"训练，培养学生的数学语言表达能力已经引起了许多教育专家和教师们的高度重视。因此，在课堂上也有了一定的言说训练，但由于教师的串讲串问，教师关注学生更多的是"发言式言说"，多只是想说什么就是什么，想怎么说就怎么说。这样"点状"的非结构化的言说，就会导致学生言说能力差，从而影响思维能力的发展。

研究表明，结构性思维是高效人士必备、现代人应该具有的重要素质。所谓结构性思维，是指在面临任务和问题时能够紧紧地围绕核心，从多个维度、多个层次全面地进行思考，并能够重点突出、条理分明、有理有据地进行表达的思维。缺乏结构化言说训练，也就难以较好地促进结构性思维的发展，提高思维品质。所以，我们这里讲的言说，是指练习结构化言说。

训练学生数学结构化言说，就是在数学教学活动中，在学生言说时，提示他们按照一定的言语结构方式来表述，避免只言片语地、零碎地、思路混乱地表述。根据数学知识特点，我们可以分类进行结构化言说训练，下面简述中小学阶段（重点是小学），一般可以让学生掌握的数学言说结构训练类型。

一、应用题结构化言说

对于应用题，首先要找到已知、未知及要求的问题，再进行列式计算，写答语。因此，我们就可以通过以下的结构方式进行言说：

通过读题，我获得了_____信息（已知、未知、要求的是……），我的解题思路是：本题要求的是_____，我联想（联系、根据）_____，先_____，接着_____，再列式……最后答语。

如：解决问题：

小荣家住山南，小方家住山北。山南的山路长 269 米，山北的路长 370 米。小荣从家里出发去小方家，上坡时每分钟走 16 米，下坡时每分钟走 24 米。求小荣往返一次的平均速度。

结构化言说解题过程：

我读了这道题，我知道了山南的路长 269 米，山北的路长 370 米，小荣上坡的速度是每分钟 16 米，下坡的速度是每分钟 24 米……这些信息，要求的是小荣往返一次的平均速度。通过思考，我知道在同样的路程中，由于是下坡的不同，去时的上坡，返回时变成了下坡；去时的下坡，回来时成了上坡，所以所用的时间也不同。因此，要求往返一次的平均速度，需要先求得往返的总路程和总时间，根据"速度＝路程÷时间"的公式就可以算出结果。因此，我就先求：

1. 往返的总路程：（260＋370）×2；

2. 再求往返的总时间：（260＋370）÷16＋（260＋370）÷24；

3. 最后列出往返的速度算式为：（260＋370）×2÷［（260＋370）÷16＋（260＋370）÷24］；结果等于 19.2 米。

4. 答：小荣往返一次的平均速度是 19.2 米。

这样学生用一整段说清楚他的思维过程和结果，他们不仅仅是大体懂而会做题，而是懂得清楚明白，懂得熟练地运用已学的知识，不仅仅会做这一道题，而是会做这一类题。

二、计算题结构化言说

计算类的题目，包括的内容比较多，其间会牵涉到许多定理、定律、公式、定义等，我们用这样的方式进行言说：

通过审题，我发现了_____（信息），我的解题思路是：要求本题的结果，我联想到（根据）_____（运算方法、定律……），先算_____，再算_____……结果是_____。

如：计算 $\frac{4}{15} \div \left[\left(\frac{5}{7} - \frac{3}{14} \right) \div \frac{3}{4} \right]$

结构化言说解题过程为：

看到题目，我发现这是一道混合计算的题目，算式中既有小括号又有中括号。我的解题思路是：要算本题，我联想到分数的混合计算顺序和整数混合计算的顺序其实是相同的，所以这道题我们先算小括号内的减法，再算中括号内的除法，最后算中括号外的除法。我们现在来计算下这题。小括号内是异分母分数相减，先通分成 $\frac{10}{14} - \frac{3}{14}$，得 $\frac{7}{14}$，这里我们可以先不约分。接下来计算 $\frac{7}{14} \div \frac{3}{4}$，即：$\frac{7}{14} \times \frac{4}{3}$，约分计算得 $\frac{2}{3}$，最后计算 $\frac{4}{15} \div \frac{2}{3}$，根据除以一个数等于乘以这个数的倒数得 $\frac{4}{15} \times \frac{3}{2}$，约分计算得 $\frac{2}{5}$。

这样一来，整个言说的过程就是学生思维的过程，学生通过结构化地言说，全面说清楚"怎么想"的这个过程。

二、生活情景化题结构化言说

数学知识贯穿在我们的生活中，所以，常常会遇到在生活情景中来解决问题，对于这类问题我们要根据情景中的信息，找到相关的量，最终解决问题，所以我们可以这样来练习说：

通过阅读情景，我获取了_____信息，我是这样思考本题的：在情景中，我知道要求_____，需要用到_____（信息），根据_____，我先_____，再_____……结果是_____。

如，问题：

某服装店准备搭配出一些服饰作广告，请你们帮店长想一想，一共有多少种穿法？（每种搭配只为 1 上衣和 1 下装）

长衣　　　短裤　　　短袖　　　长裤　　　裙子

进行结构化言说：

我从图上读出的数学信息是有长衣和短袖两种上衣，下装有三种。我是这样思考本题的：要求一共有多少种穿法。而且每种穿法只能是 1 上衣和 1 下装。需要考虑到怎么摆才能做到不遗漏、不重复？所以，我首先选定……再……；接下来选定……再……这样完整搭配，共有……种搭配。

……

通过这样言说，让学生思路清晰、条理清楚，长期如此言说，对学生思维能力的训练会起到事半功倍的效果。

三、空间与图形题结构化言说

空间与图形需要从形状上认识周围事物，描述这些事物在形状上的特征，并用恰当的方式表述它们之间的关系。常常需要学生把观察、猜想、作图与设计等手段融合在一起，借助形象和形式进行推理。这一类知识涉及面也比较广，包括图形的认识与测量、图形的位置与变换、面积、体积等，要说清楚这类问题，我们可以这样说：

通过观察，我发现了_____信息，我认为要想_____，首先需要_____，再联想到_____（公式、定理、定律……），因此_____，于是我这样操作：先_____，再_____，最后_____……

如：

一块正方形的钢板，先截去宽 5 分米的长方形，又截去宽 8 分米的长方形（如右图），面积比原来的正方形减少 181 平方分米，原正方形的边长是多少？

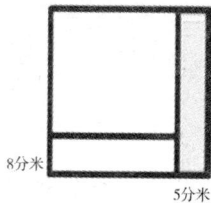
8分米
5分米

我们可以这样进行结构化言说：

通过审题和观察图形，我发现了截去的长方形宽分别是 5 分米和 8 分米，截去两个长方形后剩下的正方形面积比原来的面积减少了 181 平方分米。我认为要求原来的正方形的边长，首先需要知道减少图形的面积是哪部分，再根据拼一拼的方法，因此截去的图形面积就是原来正方形减少的面积。于是我这样操作：把阴影的部分剪下来，并把剪下的两个小正方形拼合起来（如右图），再补上长，长和宽分别是 8 分米、5 分米的小长方形，这个拼合成的长方形的面积是：$181 + 8 \times 5 = 221$（平方分米），长是原来正方形的边长，宽是：$8 + 5 = 13$（分米）。所以，原正方形的边长是 $(181 + 8 \times 5) \div (8 + 5) = 17$（分米）

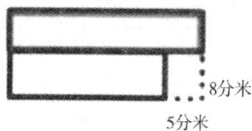
8分米
5分米

……

通过如此观察、猜想、实际操作，并把这个过程用语言说清楚，这样就从思维上帮助学生清晰了解题思路。

四、统计题结构化言说

统计这类知识比较简单，一是统计图，二是进行计算，所以，要讲清楚

思考过程，进行言说时可以这样：

根据题意，我知道了_____信息，要想算出统计结果，根据

_____，因此，我这样做：先_____，再_____，最后_____……

如：

三（1）班民主选举班委，有8位同学参加竞选（以编号代替姓名），全班48位同学参加了投票选举。得票如下：

编号	1	2	3	4	5	6	7	8
票数	39	23	43	18	41	46	18	42

（1）得票最多的是（ ）号同学。

（2）得票数超过半数的同学能当选为本届班委。

那么，这次民主选举（ ）位同学竞选成功，光荣地当选为本届班委，当选率为（ ）%。

我们如此言说：

根据题意，我知道了参加选举的同学有8位，投票的同学48位，得票结果已知。要想算出统计结果，我可以根据已学的条形统计图来进行统计，因此，先画出竞选结果的条形统计图，再从图上直接可以看出得票最多的是6号同学，再根据所画图形，观察解决（2）题，最后算出当选率：当选人数÷8。

……

这样就准确地有逻辑地讲出了自己的思维过程，让学生的语言表达能力也得到提高。

五、实践操作题结构化言说

我们这里讲的实践操作类，主要是指作图题，这类题的思路比较清楚，就是要明白作图的步骤，把这一过程说清楚。因此，我们可以这样设计言说结构：

通过审题，我了解到了_____信息，题目中的_____信息告诉了我要_____，就需要_____，我联想到_____，所以，我先_____，再_____，最后_____……

如：

分别画出将□向上平移3格、向右平移8格后得到的图形。

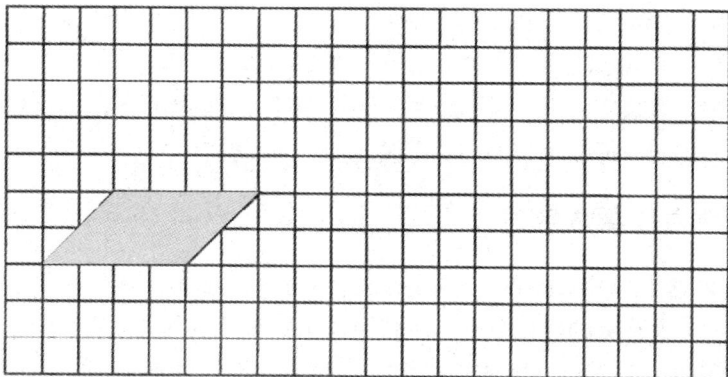

我们这样言说：

通过审题观察，我知道本题是将平形四边形进行平移，题中平形四边形的长有4格，高有2格。要画出向上平移3格和向右平移8格后的图形，需要找到起点，我还联想到平移过后，图形的形状不能改变，所以，我先找到平形四边形的四个顶点，分别向上移动3格，用虚线连接，得到向上平移3格的图形，再用同样的方法，向右平移8格，最后得到的图形即为所求的图形。

……

这样作图过程就被清晰地表达出来，更有利于培养学生对数学性质、法则等的学习和运用，从而培养学生的逻辑思维能力。

数学结构化言说的类型也许还有我们没有列举到的，但是不管你用哪种类型，我们都要注重让学生进行结构化言说，当结构化言说渗透成为一种自觉时，必然能改变教师的思维方式，激发学生的强大学习动力，进而发展学生的数学核心素养，让学生的思维走向自主建构的结构化，为学生的终身发展奠定坚实的基础。

要让结构化言说成为语文课常态活动

在语文课堂中，培养学生清楚地说、完整地说、结构化地说，是极为重要的。教师不仅要有意识、有计划地组织学生围绕课文内容与情境进行结构化言说，更需要天天说、课课说、人人说，适当选择课文中的"点"，结合不

同的教学情境进行练说，要让结构化言说成为语文课堂的常态活动，在潜移默化中训练学生的理解能力、表达能力、思维能力等。

那么，在课堂教学的哪些时候，我们可以采用结构化言说，从而更深透地理解文本，让学生每课至少一"说"呢？

一、抓课文主要内容时

教师在阅读教学中，组织学生抓课文主要内容的时候，就是让学生结构化言说的一个较为常见的时机。我们不仅可以根据课文的"要素"，给学生一定的句式进行言说，也能根据结构化板书、画流程图、画纲要图、找中心句等方式，带领学生进行结构化言说，说清楚课文的主要内容。

例如，在北师大版语文四年级下册课文《海上的日出》的阅读教学中，我们在让学生抓课文主要内容时，是这样组织学生进行结构化言说的：

1. 通读全文，同桌合作，用图示展现晴天时，海上日出的过程。

2. 绘图如下：

晴天

（跳出海关）

（出现半边脸）

（出现红霞）

———— （天空浅蓝）

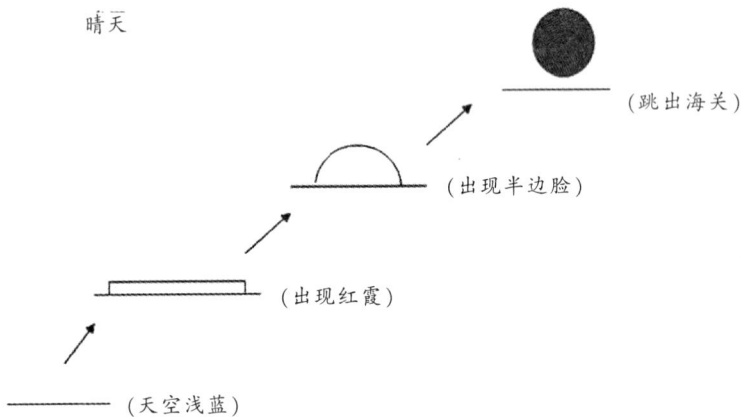

3. 请大家对照自己课前的预习，参考上面的展示，用自己的话，说说课文主要讲了什么。示范说后，抽生说。

二、厘清事情发展阶段时

在厘清事情发展阶段时，传统的教学是教师一个阶段接一个阶段地问学生，每个阶段都讲了些什么，三、五学生就一个问题接一个问题地逐字逐句回答。针对这样的教学方式，我们提出，应该改为根据事情发展的整个阶段，组织全班对事情的每个阶段经过思考与整理后，全面而整体地进行练说，说清楚这一过程。

例如，人教版课标本第七册课文《观潮》的阅读教学中，我们是这样来设计大潮到来四个阶段的结构化言说的：

1. 带领大家读（自由读）第4~6自然段，努力读正确、读通顺。本段概括起来是讲什么？（大潮到来的经过）

2. 带领大家初步理出大潮经过的过程，共写了四个阶段。请同桌或小班讨论，理出每个阶段写了什么。

3. 布置任务，让大家深入理解，并进行结构化言说：

钱塘江大潮到来的经过，共分四个阶段：

第一个阶段是写_____，主要写出了它的_____，我从_____（词或短语或句）体会到_____。

第二个阶段是写_____，主要写出了它的_____，我从_____（词或短语或句）体会到_____。

第三个阶段是写_____，主要写出了它的_____，我从_____（词或短语或句）体会到_____。

第四个阶段是写_____，主要写出了它的_____，我从_____（词或短语或句）体会到_____。

（注意每个阶段，可以多抓几个词或短语或句来谈理解，"体会到"还可以加上"联想到""想象到""仿佛看到""仿佛听到"等。）

自学自练，或同桌相互练说。

4. 抽说。示范说。

三、厘清文段写作顺序（包括时间顺序、空间顺序等）时

在中高段的语文阅读教学中，对于记叙性的课文，我们也经常会带领学生分析、厘清文段的写作顺序，从而帮助学生把握课文的结构与内容。遇到这种时候，我们不妨引领学生从文段的关键词入手，梳理出相应的图表，再根据图表进行结构化言说，清楚而完整地说文段的写作顺序。为了让言说的语言更丰富、逻辑更清晰，我们可能会用上一些表示顺序的词语，如："首先""接着""最后"……

例如，在人教版四年级下册《记金华的双龙洞》一文的教学中，我们是这样来对双龙洞游览顺序的结构化言说进行设计的：

1. 厘清作者游览的路线（顺序）。

（1）课文介绍了几处景物，每处用一个词概括说出来。

（2）抽同学将游览顺序的词板书在黑板上。（路上→洞口→外洞→孔隙→

内洞）

2. 画出游览图。

（1）根据游览顺序和文中的介绍，画出游览图（平面草图示意即可）。

（2）每个景点的内容用一个词概括并标出来（文中的亦可）。

绘图如下：

路上→洞口→外洞→孔隙→内洞

  ↓   ↓   ↓   ↓   ↓

明艳 气势 宽敞 狭窄 奇异

3. 用结构化语言说出作者游览所见。对照图与文字，把作者游览时见到的景物说出来（也可以用文中的语言）。同桌相互练说，再示范说，抽生说。

参考句式如下：

"我"游览双龙洞，首先在路上，看到了_____；继而来到_____，看到了_____；接着_____，看到了_____；然后_____，看到了_____；最后_____，看到了_____。

四、品悟人、物（人的特点、动物的特点、景物的特点）特点时

对于记叙与说明性的文本，我们往往会在阅读教学中针对课文"主角"的特点进行分析、概括。这个时候，我们就可以组织学生，对"主角"的某一方面的特点或每个方面的特点进行结构化言说，说清楚这一或这些特点是什么、怎么样等。

如，在北师大版四下《沙漠之舟》课文的篇章教学中，我们带领学生通过练说沙漠环境和骆驼生理的特点，领会在环境恶劣的沙漠里，为什么骆驼能够生存所作的设计是：

1. 同学们都知道沙漠被称为死亡之海，但为什么骆驼能够生存呢？这与骆驼的生理特点是密切相关的。我们可以用填表的方法来分析：沙漠的环境特点——骆驼的生理特点——这个生理特点的作用。

沙漠的环境特点	骆驼的生理特点	这个生理特点的作用

2. 示范填写一栏，并布置大家分组讨论，选择一两个点进行理解和填表。再围绕这个表上填的内容展示交流。

3. 布置任务，提示说话框架：

为什么骆驼能够在沙漠里生存？

第一，为了适应沙漠的_____特点，骆驼具有_____生理特征，所以它能_____。

第二，为了适应沙漠的_____特点，骆驼具有_____生理特征，所以它能_____。

第三，为了适应沙漠的_____特点，骆驼具有_____生理特征，所以它能_____。

……

请同学们自由练说后，抽同学们展示说话。最后示范说，让同学们同桌互说。

五、理解文段、品读析句时

进入中高年级后，针对一些名篇佳作，我们往往会有意识地（或课后习题要求）对课文中的妙语佳句进行赏析品读，从而理解这些含义深刻的句子。这个时候，我们就可以通过提供结构化的句式，让学生由句到词，再由词到句地进行全方位练说。如，对于人教版六年级下册课文《跨越百年的美丽》中的含义深刻语句，我们在带领学生结构化言说自己的理解时，是如此设计的：

1. 出示以下句子：

第二自然段最后一句；第三自然段"就像……她问根"；第四自然段"玛丽的性格里……发现"；第四自然段最后一句"变成了"排比句；文章的最后一句是爱因斯坦的话。

2. 请大家从上面这些含义深刻的句子中各选一句话，进行深刻理解，进行结构化言说准备。

结构：我理解的句子是_____；从这个句子的_____（词）我体会到_____；（可重复）从这个句子的_____（词）我体会到_____；对整个句子，我感悟到_____（体会出，联想到……）。

自由研读，练说。选一个句子展示说，再请台下的同学就这一个句子补充说。

六、围绕问题解析文本、陈述理由时

前面已说到，传统教学对理解文本、解析问题往往是在师生间的一问一答中进行的，教师将一个大问题，捏碎为一个个小问题，再通过问答的方式让学生理解。我们已说过，这种方式是不可取的，这种教学理念与思路导致了学生思维的碎片化与点状化。因此，我们认为，在课文的阅读教学中，应根据课文特色，为学生提供一个大问题，在通篇读文后，依据文中的段落、句子、字词等进行分析与整理，结构化地来回答这一大问题。

例如，人教版六上《穷人》一文，我们通过理解文章第一、二自然段后结构化言说，深刻而扎实地体会桑娜一家的穷，其言说设计为：

1. 带领大家自由快速朗读课文。提出任务：桑娜一家人的穷表现在哪些方面？每一个方面具体体现是怎样的？从哪些句子特别是词语中，可以怎样体会？

请大家认真研读文本，注意找到关键句子，圈出重点词语，做深刻体会，并准备好如下的结构化言说：

桑娜一家人的穷表现在：

第一，_____ 的方面，从_____（句）特别是_____（词），我联想到_____，说明_____；

第二，从_____（句）特别是_____（词），我联想到_____，说明_____；

第三从_____（句）特别是_____（词），我联想到_____，说明_____；

……

2. 首先示范品读"吃"的方面，再请大家照这样的方法去品读其他方面。

3. 带领大家交流品读结果，展示结构化言说。还要启发大家听完交流后进行独到的补充。

4. 带领大家归纳整理一二自然段表现桑娜一家人"穷"的多个方面：吃的方面、穿的方面、用的方面、工作时间、工作条件与环境、家庭人员。

再请大家照此进行整理，参考以上句式，说说文章第一部分是怎样写出桑娜一家的"穷"的。先自己对自己说说，然后再抽生说。

七、在阅读理解后抒发情感或感想、为以读传情铺垫时

在阅读教学中，"读"与"说"既可独立分为两个环节，又可相互融合

为一个环节：或以读促说，或以说促读，读说结合，相辅相成。因此，为更好、更准确地朗读出课文语境需要的情感，我们可以带领学生抓住文中字词、句段所传达的语意语情，采用结构化言说的方式来说出文本思想、情感的体悟。

如，为让学生在读中感知，在读中品味，在读中生情，有感情地朗读好《少年闰土》第一自然段，我们对该段的读说设计如下：

1. 请同学们自读课文第 1 自然段，正确读准"一望无际、其间"等词语，教师或展练的同学（即小老师）注意提醒大家读准如"捏、猹"等易错字的读音。

2. 带领大家把第 1 自然段读通顺、读流利，注意句子的停顿、重音等。

3. 引导学生理解句子，带着感情朗读课文。

提出问题框架，让学生理解后结构化言说：

（　　　　　　　）这一句通过写＿＿＿＿＿＿，描绘出了一幅＿＿＿＿画面。读这一段话，我们应该用＿＿＿＿＿＿＿＿＿＿＿的感情（或语气）。

4. 有感情地配乐朗读课文。试背诵。

八、填补"空白"想象描述时

课文的"空白"，指的是文中省略未写（或以省略号代替）或简写的事件、时间段或空间段，通过想象、联想等对其进行填补式、"发胖"式练说，从而深入课文情境，理解课文内容与情感。如，我们通过对课文《地震中的父与子》第 12 自然段中"挖"字进行结构化言说，想象父亲挖掘的艰辛，想见到儿子的急切，从而加深对"挖"字的理解感悟，了解到这位了不起的父亲对儿子的爱，设计如下：

1. 带领大家反复品读第 12 自然段，布置任务，好好体会这个"挖"字。

2. 带领大家用最细致的镜头扫描父亲的脸、眼、手等，抓住父亲的动作、语言、神态、外貌等进行想象：

他用了什么工具挖？他的心里在想什么？他手上的动作停过吗？随着时间的推移，父亲的脸、眼、手、腿一次比一次又有了什么新的更多的变化？是什么让他如此坚定？……

3. 带领大家通过上一步的学习与想象，结构化说父亲"挖"时的情境：

父亲＿＿＿＿＿（手、脸、双眼……）＿＿＿＿＿，就这样，他挖了 8 小时；

父亲＿＿＿＿＿＿＿＿＿＿＿＿＿＿，就这样，他挖了 12 小时；

父亲＿＿＿＿＿＿＿＿＿＿＿＿＿＿＿＿＿＿，就这样，他挖了 24 小时；

父亲＿＿＿＿＿＿＿＿＿＿＿＿＿＿＿＿＿＿，就这样，他挖了 36 小时。

同学练说，抽生说。

九、提炼文章主题思想时

对于一篇课文的学习，特别是记叙文，我们往往都需要对课文的思想主题进行品悟与体会。在对其设计言说的结构时，我们可着眼于文本所讲述的事件、情节、人物，乃至文中的数据、句段等，对这些进行理解、感悟。我们在引领学生体会出文中的思想情感（或精神品质、主题主旨等）时，可能会用上的词语有："表现了""赞扬了""说明了""告诉了""揭示了""抒发了"……在阅读教学中，基于对课文主要内容的把握，我们可以结合使用上述词语，对课文的中心思想进行结构化言说，从而将其明确并提炼出，进而深入课文，与作者进行心灵与精神的共鸣。

如，在概括《圆明园的毁灭》一课的主题思想时，我们则可以对其进行这样的结构化言说设计：

1. 快速默读全文，边读边思考：课文可以分为几个部分？每个部分都讲了些什么内容？表达了怎样的思想和情感？

2. 带领大家明确课文可分为三个部分：

第一部分（第 1 段）：圆明园的毁灭是中国和世界的损失。

第二部分（第 2~4 段）：圆明园昔日的辉煌。

第三部分（第 5 段）：1860 年英法联军毁灭了圆明园。

3. 引导同学们通过这样的句式来提取课文的中心思想：

这篇课文可以分为三个部分：

第一部分通过描述＿＿，说明了＿＿，表达了＿＿，抒发了＿＿之情；

第二部分通过描述＿＿，说明了＿＿，表达了＿＿，抒发了＿＿之情；

第三部分通过描述＿＿，说明了＿＿，表达了＿＿，抒发了＿＿之情。

综上所述，这篇课文揭示出的主题思想是：＿＿＿＿＿＿＿＿＿＿＿＿＿。

4. 同学自由练说，抽说。

十、感悟文章写作方法时

对于一篇课文，我们剖析其写作方式、写作方法，是为了理解与运用。一般阅读教学中让学生感悟文章的写作方式方法，往往是通过讲解和问答的方式，而且往往是提炼出几条干巴巴的结语。而我们主张，采用结构化言说的方式，让学生在理解文本内容的同时，也感悟写作方式方法，从而让文本的理解与写作方式方法的学习有机结合、自然相融。如，《鲸》一课的阅读教学中，为让学生通过对文章第四自然段运用的说明方法的品析，体会鲸吃些什么，怎么吃的，感悟作者用词的准确，我们可做以下的结构化言说设计：

1. 带领大家自由读第四自然段，勾画出文中用到说明方法的句子，做上标注。

2. 我们来看看本段运用了哪些说明方法。准备好结构化言说：

我认为，本段在描写鲸吃些什么，怎么吃的时候，运用了多种说明方法：

第一，_____一句，用了_____的说明方法，我体会到_____；

第二，_____一句，用了_____的说明方法，我体会到_____；

第三，……

……

自己对自己说，抽说。

陶行知先生说："提到书便应说'用书'，不应说'读书'。"因此，语文的最终指向，不应是让学生学语文，而更应是用语文。在语文课堂中，可像上述的例子一样，或根据言说句式，或根据图表进行结构化言说，让学生人人练起来、课课说起来，将所学的语文知识运用于口语交际中，逐渐丰满自己的语言，提高其思维水平与能力。

然而，值得注意的是，我们在设计结构化言说的框架时，应有"套"、力简、开放，切忌设计出死框架，让学生展不开言说的思路，只能努力地去猜想教师出的题，空格处该填写什么答案。例如，课文《草原》主要内容概括的言说设计：

1. 带领大家快速、自由读一遍课文。

2. 研读课文，准备结构化言说：

《草原》一文记叙_____访问内蒙古草原时看到的_____，以及受到蒙古族同胞_____的情景。全文按事情发展顺序描绘了_____、_____、_____。通过这些画面，表现了草原的_____、_____和_____，从而抒发了_____之情。

自学，练说。

3. 抽说，示范说，点评。

该例中，教师出示一个填空式结构，让学生说课文的主要内容，但框架填与出的答案比较单一，简直要靠猜，甚至要从参考书上"搬"，课堂中的言

说便被搞成了猜答案填空式的说话。

总之，我们不仅要在语文课堂中采用结构化言说，更要让结构化言说成为语文课的常态活动，并由量变引起质变，在常态化言说下，帮助学生在日积月累中历练出结构化的思维，使其理解力跨向更高的台阶，使其语言组织能力发生质的飞跃。

增加练检，提高教学有效性

传统"问答"式课堂中，教师以串讲串问的形式推动课堂教学，课堂效率低下，教学的有效性大量丢失。我们想要改变这样的课堂教学方式，尽可能不在课堂中丢失教学的有效性。然而，课堂的翻转非一朝一夕就能实现，课堂的改革更是在艰难的探索中，如履薄冰，稍不谨慎，又复辟为传统的课堂教学状态，教学的效率仍旧不高。顽固的"问答"式传统课堂，已植根于大部分教师的教学意识与行为中，难以改变，更不要说完全翻转了。能否在传统"问答"式课堂中稍微改善点什么，或增加点什么，在"问答"式教学中捡回点有效性？我们提出：在传统"问答"式教学中，增加检练环节，提高教学有效性，如图所示：

如何在"问答"式教学中捡回点有效性

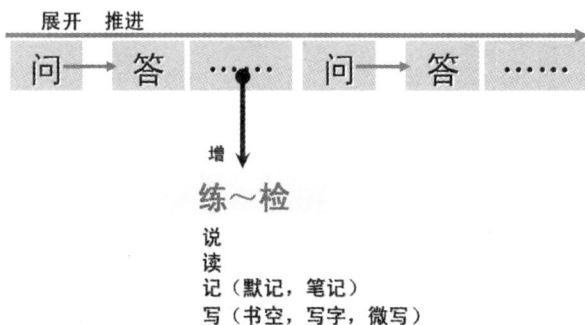

展开 推进

问→答 …… 问→答 ……

增
练～检
说
读
记（默记，笔记）
写（书空，写字，微写）

传统"问答"式课堂是以串讲串问、师问生答的方式来展开教学。教师问、学生答，生答完后，教师根据学生的回答，进行简单的讲评或补充，甚至于讲亦未讲，便开始下一个环节的教学，继续问答。课堂中，只有少数几个优生积极与教师互动，回答问题，而大部分的学生游离于课堂的边缘，静静地坐着、看着、听着，特别是差生。可想而知，这样的教学方式看似是面向全体，实则是"精英教育"，旨在面向优生，而差生们跟不上、学不会、记不住，被课堂边缘化，最终导致优生更优、差生更差，学生两极分化严重，课堂教学极为低效。那么，如何在"问答"式教学中捡回点有效性呢？我们认为，在生回答完问题与师进行下一个环节之间，需增加一个环节："练—检"。

教师在学生回答完问题之后，不要急于下一个环节的开始，而是给予充分的时间，让班上的学生根据优生的回答与教师的点评、补充，同桌或小组间，或自己对自己进行说、读、记（默记，笔记）、写（书空，写字，微写）等练习，或者让同桌或小组间的优生教差生学习、训练，再抽生进行检查或展示，以期达到人人过关的效果，让课堂中的每一个学生，人人会说，人人会读，人人会记，人人会写……

如，以语文课文主要内容教学为例：

传统的"问答"式教学：

师：这篇课文主要讲的是什么呢？

生1：……

师：大家说，他说对了吗？谁再来说说？

生2：……

师：这次说对了吗？

生：说对了。

师：好，我们一起来进行下一个环节……

增加检练环节的"问答"式教学：

师：这篇课文主要讲的是什么呢？

生1：……

师：大家说，他说对了吗？谁再来说说？

生2：……

师：这次说对了吗？

生：说对了。

师：请同桌之间相互说一说这篇课文的主要内容，不会说的孩子，可以参考生2说的主要内容，或者向同桌请教请教，试着说一说。给大家2分钟时间，练习完后，我会请两个同学来展示。

生：……

师：请你来说一说这篇课文的主要内容。

生3：……

生4：……

师：好，我们一起来进行下一个环节……

在传统的"问答"式教学中，师生互动仅围于教师与优生的问答与交流，而其余的学生只是在其中充当配角，"打打酱油"，特别是差生，他们无法理解，静坐神游，在课堂教学中逐渐边缘化、隐形化。而在传统的"问答"式教学中增加了练检环节之后，大家读一读，说一说，记一记，写一写……优生练起来了，差生也模仿着做起来了，班上的每一学生都动起来了。再加上教师对学生的抽检，保障了每一位学生练中的及时有效与练后的交流展示。在此教学过程中，让每一位学生说到位，读精彩，记清楚，写明白……在实际的操练中，学生理解感悟，学知练能，真正做到师生互动、生生交流、人人参与、人人过关，切实提高课堂教学的有效性。

增加练检环节，不仅适用于传统"问答"式课堂，其实，"展练"课亦是如此。（见 P234 页图示）

将教师的问变为学生的展，将学生的答变为学生的练，在练与下一环节的展之间，增加练检环节，不仅能最大程度地让学生人人参与，唤醒课堂的主人公意识，从而积极展示、历练自我、发展个性，更能在练能的基础上，保证课堂中的每一位学生对知识的理解与习得，特别是差生。因此，"展练"式课堂，不仅也能增加练检环节，更能在增加这一环节后，相较增加练检的"问答"式课堂，提高的有效性更多，教学中丢失的有效性更少。

无论是"问答"式课堂，还是"展练"式课堂，师问生答，生展生练，都是优生的表现时空，都是"盯优"的教学。增加练检，则是变"盯优"为"盯差"。

课堂，别太快，别太多，等等后进生。"等"就是给差生时间说说，读读，记记，写写……让他会，让他记牢，让他过关，让他跟上。课堂做实，夯实，关键就在这里。

课堂"盯差"并不会"忘优"，更是"升优"。练，让优生也准备更充分，展示更丰富、更精彩，能力显现更强；不仅能让展示的效果更佳，也能在这一环节中教别人学习。教别人学习是最有效的学习，在此过程中，不但能对知识进行加工整理、内化吸收，从而深入理解、牢固掌握，也能历练更多能力、强化合作精神、沟通意识等非智能因素。因此，优生在示范、带领、督促大家学习的过程中，会得到更好的发展。

行文至此，自会有教师疑惑：一节课只有 40 分钟，哪里有那么多的时间让学生在每一次问答后都练检一番？因此，我们强调，在课堂教学中，应选点练能，板块教学。

增加练检，是对课堂中的每一位学生的尊重，让差生转优，让优生更优，关照课堂中的每一个。增加练检，不是对传统"问答"式教学的妥协，而是转个弯弯要课改，是让教师更易于接受的改变形式，从而用之于教学，融之于课堂，让课堂能少一些边缘化的学生，让学生能多一点个性化展示的机会，让教学能增一分实实在在的有效性，让课改不再是可望而不可即的海市蜃楼。

从反面为自主课堂立标杆

这些年，广大教师都在努力探索建构自主课堂。自主课堂是凸显学生是学习的主人、课堂的主角的新型课堂。但是，怎么衡量课堂是"自主"性质的呢？可否从反面来说呢？笔者希图从反向的思维，拟定一些"标准"，从而厘清自主与非自主之界限。

一、自主课堂不应该是课前做学案、课中对答案的课堂状态

课前做学案、课中对答案，看似是在调动学生进行自主学习与探究学习，实质是只重特别要考的知识而学习，只是为应考而自主学、合作学。这样的课堂依然是围绕知识，教师只为学生习得知识而展开教学，忽略了自主课堂对学生自主、合作、探究等能力的历练，如，语文学科则忽略了对学生听、说、读、写等语文基本素养的培养；数学学科则忽略了对学生读、说、算、观察、操作等数学技能的培养。如此课堂，教学目标严重变异，也是对自主课堂的扭曲。

二、自主课堂不应该是教师手忙脚乱、喋喋不休，占据课堂大部时空的课堂状态

教师在课堂上手忙脚乱、喋喋不休地占据课堂大部分时空，喧宾夺主，

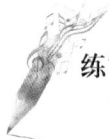

只顾及到自己的课堂组织与知识讲解，只是欲把自己的知识强行灌输于学生，却忘记了学生在课堂中的主人公担当，忽视了学生在课堂中的感受。不能把课堂变成学生自我思考、自主操作、真实合作、交流学习、积极展示的舞台，就不能算作自主课堂。其实课堂上谁占据的时空多，谁的主人翁地位就一目了然。

三、自主课堂不应该是通过串讲串问来推进课堂程序的课堂状态

串讲串问的教学方式无疑是非常传统和应该废弃的，自主课堂必须对串讲串问说不。主要由教师串讲串问固然不对，由学生上台去通过串讲串问来组织大家学习仍然不对。许多教师的自主课堂就仅限于认为是让学生代替教师角色，学生在上台依然是不断地问、不断地让台下的学生用支离破碎的语言回答，串讲串问推进课堂的呈现方式，只会让学生处在点状、碎片、零散的语句交流中，滞限了学生思维与言语的发展，变相地培养了学生的思考惰性，也限制了学生自主学习、自主探究、自主交流的空间。

四、自主课堂不应该是有自主学、合作学，而无充分的展示交流和互动的课堂状态

表现欲是人类基本的一种欲望，是人类对自我抱有信心与期待的显示，这是孩子与生俱来的。课堂中，只有自主、合作学习，而无充分的交流展示、互动参与的环节，学生通过自学自练、小组合作所形成的成果就没有展现的舞台，学生得不到劳力付出的肯定，这不啻于是对孩子成就感与自信心的一种抹杀。长期持续这种课堂状态，让孩子的表现欲得不到充分的释放，孩子在课堂中只会逐渐丧失对自主学习的主动性与积极性。课堂充分交给学生展示交流和互动学习，学生的课堂自主才能充分显现，否则，固然在整个学习过程中，有学生的自主学、合作学，但在课堂这一主渠道，仍会显示出教师的活动太多，抢占了学生的主角地位。

五、自主课堂不应该是由少数几个优生代替教师上课的课堂状态

少数几个优生代替教师上课，组织课堂教学，课堂中，就只有这几个优生获得了锻炼与生长，只有这几个优生在课堂上唱主角，而其余的孩子依然是一群听众、看客，实际并未参与到课堂中去，游离于课堂之外，与课堂的学习氛围严重脱离甚至边缘化。自主课堂强调的是人人参与，关注的是课堂

中的每一个。因此，课堂上少数几个优生上台、其余孩子仍在被动学习，不是自主课堂应有的状态。

六、自主课堂不应该是大多数学生只坐听、看，偶尔读几句、群答半句的课堂状态

大多数学生只坐着听、看，偶尔参与课堂环节，时而读几句、群答半句，时而配合其他少数几个孩子的"演出"，自然无法切实参与到课堂中，展现自己，把课堂当成一个生命生长的舞台。没有唱过主角，孩子怎么能体会到身为主人公的荣誉感与成就感？怎么能形成课堂的小主人意识？怎么能养成自主学习的能力，在课堂中自我管理、交流合作、自由表现？

七、自主课堂不应该是追求面面俱到的知识点讲解

一堂课只有40分钟，追求将一节知识或一篇课文的知识点的方方面面都讲解到位，结果只会是想什么都抓住，却什么都抓不住，学生看似什么都学了，但什么都没有学到位。正所谓"博而不精"，因此，每一点都去讲解，不如只抓住一点而做实、做透，让学生围绕这一点，充分自主学习、合作交流、展示互动，做到一课一得或一课两三得即可，这"得"是知识的深研、透解和巩固，能力的历练。

八、自主课堂不应该是教师死死抓住学生出现的问题，不断插手，甚至代替解决

学生难免会在自主课堂的组织与学习中出现这样那样的问题，然而，一旦与自己的想法发生分歧，教师便死死抓住，不断插嘴纠正，打断学生的自主学习，甚至干脆自己撸袖上场，接手学生的台上"演出"——再次回归了教师为主的课堂模式，如此，则与自主课堂相背离。

语文自主练能课堂的禁忌

传统语文课堂效率低下已是众人熟知的不争事实。其症结集中体现为：课堂授课方式基本为内容分析式，所有的文本资源仅仅是学生获取信息的载

体；课堂主体学生学习活动方式基本为单一的"听、看"模式，语文素养中的诸多能力因没有得到练习而有所发展；教师占据课堂绝大部分时间与空间，变相剥夺学生课堂自主学习、充分表现的权利。

语文自主练能课堂诞生、发展与推广，旨在旗帜鲜明对抗其陈旧观念、颠覆其无效做法，革除其顽固陋习。教学目标，变"教课文"为"用课文教"；教学方式，变教师教授为学生自主练能；课堂主体，教师退后成为幕后组织者，学生由听众角色成为学习的设计者、实践者、表现者。

由此可见，两种课堂泾渭分明。传统语文课堂中习以为常的现象，在自主练能课堂里，应该是禁忌，是不能碰的"红线"。自主练能课堂要能真正出彩，其执教者须牢记"十禁忌"。

1. 忌对课文处处去抓

一课一得，是课堂学习设计的最基本出发点。结合年段目标、学情、单元目标、文本特征，选择文本中最能激发学生探究欲、最能充分让学生进行练读、练说、练写的文段或者群句子，甚而一个词汇，为当堂练能的内容凭借。唯其精要，方利于紧紧揪住这几点或这一点展开层层推进而扎实的练能。

2. 忌教师的话语、活动占据课堂的大部分时空

能力生长必定是以学生实践为基础。课堂当以学生充分、扎实、有效的言语实践活动为主体、为核心，这就要求教师不得在其间进行低效、冗长、无谓的讲解。"管好自己的嘴"，把读、说、议、写及其他操作的机会留给学生，相信学生能自我发现，肯定学生的自我表达。"该出手时才出手"，只解惑之，点拨之，引导之，评价之。

3. 忌串讲串问、讲得多问得多

倡导板块式教学，以整块整块内容作为阅读、练能活动的载体，设计开放而梗概性问题，诸如"你有什么发现""请用一段话描述你的联想""模仿文章的表达方法即兴创作"等，努力摒弃逐句逐段的分析讲解，规避讲得多问得多。

4. 忌只有展而无练

展练学习，同样不能以展练者本人的学习替代所有人的学习，不得大量占据其余同学课堂学习的时间和空间。展练者一般不宜先呈现小组或者个人的学习研究成果，而是仍以文本资源为载体凭借，组织台下同学实施读、说、写等练能活动，尤其要注重开展针对每个学生的自读、自说、自思等扎实有效的言语实践活动。

5. 忌教师在学生展练中介入讲太多而将学生晾在一边

在展练推进的过程中，难免会出现必须由教师介入解决问题的情况。当

学生出现知识性错误时，教师当及时介入组织学生研讨，高效地解决该问题；在学生有争议疑议之处，教师须加以判断界定，明确立场；当展练者遇到表达障碍，无法继续进行授课时，可以直接教给学生表达的语言和解决问题的办法。但不宜花费较多时间，滞缓展练活动的推进，甚至将学生晾在讲台上无所事事。

6. 忌无推进层次感的简单而反复的练读

读正确、读流利、读出情感是练读依次推进的基本三环节。读正确，择其文本中难读准的字音单独强化训练，不增不减不改原文。读流利，是指读中停顿符合语意的转换，符合标点停顿的时值，读得流畅；读出情感，是在进入文中情境，领悟文本情感的基础上，学生在读文中自然流淌出内心感受，自然表达所思所想。练读活动沿阶梯拾级而上，才能读有所效，读有所获。简单而反复的练读，在课堂推进进程中价值与效率极低。

7. 忌只言片语式、挤牙膏式答问

练能教学中，对于"说"的练能强调学生进行结构化言说。在问答教学中，对于"说"的话题设置不要拘泥于细枝末节的小问题，设置开放的"大问题"；其次，要求学生以一段内容来表达；根据实际情况，提供说话的框架，在低段，还可以提供给学生模仿的蓝本，降低结构化言说的难度。

8. 忌简单重复学生的发言话语

重复学生话语，是坏处极多的教学方式和最低效的评价。教师要善于捕捉学生发言中的"闪亮点"，是其发言中揭示了方法，是其感悟得深刻，是其表达流畅，是其展示了某种品质，将其点深化。教学机智，在点评学生发言时最能彰显。教师的点拨评价，当直指学生发言的本质处、提升处。

9. 忌将词句意思、段意、课文主要内容投影出来

教师或展练者往往将词、句、段的意思或文章主要内容直接呈现出来，且有时甚至是直接从教辅书中截取而出，这是万万不可的。该做法，会窄化同学的思维，使其没有得到充分的思考和练能，使本可以有丰富多彩的答案固化、标准化。直接投影放映出来的信息，通过观看或朗读，对学习者学习的价值极低，只是看一下，很难记住，如要记住必加重负担。最有效的"记住"是"用自己的话"来翻译和解释。

10. 忌设置的话题导致学生所写是空话、口号的小练笔

设置有效的小练笔，要考虑：其一，紧紧围绕课文本身的主题、内涵、情景设计，不游离于课文之外，其目的是为了加深对文本的领悟；其二，练写内容指向可以针对课文中的人、事、物的细节描写等；其三，文中突出的

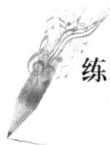

表达形式，如修辞、有特点的句段形式，是学生仿写的范本，可根据课文情境多写几句。随堂微写作，当紧扣阅读教学，宜适时，宜精巧，应指向具体内容或细节的写作，切不可让布置的写作任务导致学生写些空话、套话，使该次练写与没有写无实质区别。

"人人当小老师"，助推学习方式转变

在传统的课堂教学中，教师以"讲、问"的方式教，学生以"坐听看、偶尔答"的方式学。这种推进课堂教学的形式，让教师教得疲累，学生也学得乏味，然而课堂却并没有获得高效，反而弊端极多。我们必须要扭转这样的教学方式，让课堂呈现出生命活力。可是，长期传统课堂的教学已经根深蒂固，想要改变，十分困难！

要知道，课程改革（教学改革）的目标是改革教学方式，目的是改变学生学的方式，希冀实现的状态是学生自主学习、合作学习。在十几年的艰苦探索中，各种教学结构改革形式粉墨登场，褒贬不一。课改之路时起时伏，亦步亦趋。教育部专家田慧生在总结了我国课改基本形势后，说存在的最大问题是：最后一层窗户纸没有捅破，那就是教师主导，学生被动地学……这样的局面没有根本改变。

为"捅破这最后一层窗户纸"，很多教师都进行了积极的改革尝试，寻找到了多种路径（措施），以目前国内的探索，概括起来，这些路径可能有：

第一，课中体现自学、合作学，主要还是教师讲和带着大家练。

第二，课前有预习（自主学习前置），进入课中有展示交流，还是靠教师做必要的讲解和带着大家练。

第三，借助信息技术手段，翻转课堂，用课前（或专门的自习课）自主学习，进入课中主要进行展示交流，质疑解疑，深度学习与强化训练，而这一切还是教师带着进行。

第四，就是我们所研究的"自学自练——课堂展练"。

而我们认为：让学生"人人当小老师"，是推动学习方式转变的首选路径。

什么是"人人当小老师"（自学——展练）的课堂？即是"自学自练——课堂展练"，学生在课前根据展练案，自主学习，自主排练；在课中当小老师，进行展练，带领台下学生共同学习。这种新型课堂的典型特征是：

1. 讲台让给学生，"人人当小老师"，注意"人人"，"轮流上台"，课堂成为学生练能的舞台。教师角色的转换，学生常态化地成为学习的主人（真正成为课堂的主角）。

2. 学生要在课堂上成为主人，课前要充分地自学自练，每个人都要自学，其中要展练的学生，要以小班为建制进行排练。利用展练案——学生自学自练的拐杖进行自学；随着学生自学习惯的养成与展练的熟悉，可丢开展练案，按套路进行自学自练。

3. 课堂展练即学生当小老师（以小班建制进行），不同于一般的展示，小老师要替代传统意义上教师的角色，展示（讲解与示范）与带领大家练能。（组织读、说、写及其他活动，组织补充、质疑、争辩，强化知识的巩固、运用，进行点评与激励。）教师角色升华为：组织、引导、评价、监督。

4. 自主展练课堂不啻是知识的学习与巩固，更主要是历练能力。自主展练课堂强调不能让大多数学生长期处于"坐听看"的学习状态，主张要动起来，在练读、说、写等活动中学懂、学会，生长能力。课堂由教知的场所升华为练能的天地。

5. 为保障"人人当小老师"的自主展练课堂常态化运行，必须建构相应的体制和机制，如小班制、助教专家制、自学——展练评价制。自主展练课堂的最好实现状态是有立体练能体系支撑，立体练能体系是自主展练课堂的背景，自主展练课堂是立体练能体系的一个窗口。

6. 自主展练课堂的终极追求是唤醒学生的自主意识，使他们的主体精神觉醒，从而实现自主学习、自我教育，让生命自为成为现实。

在课堂教学改革中所涌现出的各种可选改革路径中，"人人当小老师"是首选的、最重要的改变学习方式的路径，原因为何？

一、"人人当小老师"的自主展练课堂，最彻底地解决了自主学习、合作学习的动力：为"存在感""表现欲""学习的双向需求"的满足而学

传统教学激励人学习动力的，往往都是确立长远的目标：半期或期终考试要获得好成绩；将来有出息等。其一般的激励学习措施，都是辅助性的、治标性的，如表扬、物质刺激（含符号、代币制）等。这些都未解决动力的根本问题。

"人人当小老师"是从人性本能的角度出发，解决学习动力问题的——这是真正立足于根本问题的突破。课堂强调的，是学生的"存在感"，是给予学生展现自我的舞台，使其充分宣泄"表现欲"，获得被他人关注的快乐！

"存在感"，指对精神的一种需求，存在感的缺乏反映了精神世界的空虚和寂寞。简而言之，"存在感"就是你被他人特别注意时产生的满足感、价值感、对自身的肯定感。存在主义心理学家罗洛梅认为，存在感是心理健康的重要标志，存在感的缺失会导致无意义感，也会带来价值感的缺失。因此，一个完善人格的养成，有一个关键就在于人早期生命的存在感的发现和满足！"人人当小老师"的课堂，就是能让学生找到自己"存在感"的课堂。站在讲台上的小老师，获得了课堂中所有人的注意，在带领台下同学展练的过程中，感受到了自己存在于课堂中的意义，从而体验到自学展练课堂的乐趣。

"表现欲"则是人的基本欲望，是人的发展天性，是个性突出、有生命力的表现，是人对自我抱有期望与信心的显示。"人人当小老师"的课堂，就是充分激发并满足学生"表现欲"的课堂。课堂中的小老师渴望收获到大家的认可与肯定，就不得不在讲台上将自己准备的最好的一面呈现给台下的小观众。而在获得集体的承认中，学生便能逐渐汲取到自学展练的满足感与幸福感。

人们在学习中还有"双向（向内与向外）的需求"。一方面，人对事物的好奇与探究，都是人类的本能，这是一种向内的需求；而另一方面，人们还需要将自己从外界所获取的信息与他人分享、对外传达，这就是一种向外的需求。"人人当小老师"的课堂，是遵从"学习的双向（向内与向外）需求"的课堂。它突破了传统课堂或其他教学改革课堂的"单向需求"。学生不再是只有听与看的单向接收，而是在展练的过程中完成思维的内外连接：不仅有知识的输入，还有知识的内化，进而完成知识的对外输出——讲解、演示、表演等。

满足学生"存在感""表现欲""学习的双向需求"的展练课堂，是真实贴近学生的课堂，是最大可能激发学生学习动力的课堂，是让学生能主动合作、学习的课堂，更是顺应人本能的课堂。

二、"人人当小老师"的自主展练课堂，最切实地运用"最有效的学习方式是'教别人'"的学习原理

传统教懂型教学的结果必然导致教学绩效低下。根据教育心理学家所研究出的著名"学习金字塔"显示（见下图），主要靠听讲授加偶尔阅读的方式所进行的学习，都是被动的学习，其效率相当低。相对于低效的被动学习，以讨论、实践等方式所进行的主动学习，"教授给他人"的学习，才是效率最高的学习方式。"人人当小老师"的自主展练课堂，是人人教别人学习的课堂，是让每个学生将自己的所学由内向外转变为自己语言的课堂，是最切实、有效的首选课堂。

		学习内容平均留存率
被动学习	听讲(Lecture)	5%
	阅读(Reading)	10%
	视听(Audiovisual)	20%
	演示(Demonstration)	30%
主动学习	讨论(Discussion)	50%
	实践(Practice Doing)	75%
	教授给他人(Teach Others)	90%

学习金字塔　资料来源：国家训练实验室　美国缅因州（National Training Laboratories)

三、"人人当小老师"的自主展练课堂，最真实地实现学生之间的合作学习

课堂教学改革中，一般意义上实施的合作学习，常常是伪合作学习。从传统意义上来看，课堂中的学生个体之间为"考好成绩"而竞争，从而容易形成一种恶性的竞争状态，产生不真诚的合作。现实课堂中的合作场面，往往是学生之间有所保留的思维交流，甚至三言两语说完即毕。

"人人当小老师"的自主课堂目标是为小班展练好、当好小老师，生生间合作学习、展练排练，共同完成展示任务。为了课堂上的精彩表现，排练、展练成为合作学习的切实载体，学生在展练排练的进程中，共同为了教好他人而努力——这样的课堂是真正实在的合作学习的课堂，它有着真实的任务驱动。不仅如此，长期实施"人人当小老师"就会逐渐形成这样的课堂样态："你为师我为生，反之我为师你为生"，习惯成自然，台上与台下学生建立起相互支持、心理相融的关系。这样，学生间的合作便升级成了"大合作"，从而让课堂中的合作学习真正发生，产生最为实际的合作双赢效益。

四、"人人当小老师"的自主展练课堂，最大化地将课堂时空让给学生

"人人当小老师"的自主展练课堂中，教师走下讲台，课堂中的学生目光聚焦于讲台上的小老师，整个课堂由小老师组织台下学生交流、练习、展示。

课堂不再是由教师所主持、掌控的喋喋不休的讲解场所，而是变成了学生自主管理、精彩展现的大舞台。在"人人当小老师"的自主课堂中，教师讲知、教授的角色真正卸任，课堂主导权真正实现了移交，课堂时空的分配彻底获得了改变。课堂最大程度地交给了学生，为"捅破这最后一层窗户纸"，提供了最中坚的力量。

五、"人人当小老师"的自主展练课堂，最彻底的课堂翻转："知识中心"转变为"能力中心"

传统的课堂是"知识中心"的课堂，传统的课堂教学是"知识中心"的教学，课堂的最终目的是知识的习得，教师教学的最终目的是传授知识，让学生学会知识。课堂中的一切以知识为主，课堂中的一切为知识学习而服务。

只重"教知"的课堂与只重"教知"的教学，是极为畸形的课堂与教学，是悖离人性自然发展的课堂与教学。因此，将课堂与教学扭转为"能力中心"的课堂与"能力中心"的教学，必然是世界性改革的大趋势。

很多名曰自主学习的课堂，实际只是小翻转：师教变为生学，但只是学知，其最终结果是做对题，这依然是为考试而自学；而"人人当小老师"的自主展练课堂，是将教知或学知课堂翻转为练能课堂，是真正意义上的大翻转：整个课堂成为学生的练能舞台，学生充分利用课堂时空，将学到的知识转变为能力，在习得知识经验的同时，也历练了学习知识和运用知识的能力。"人人当小老师"，不仅历练的是自身的学习能力，还包括学生的实践、创新等能力。"人人当小老师"，不仅能培养学生的能力，还能培养学生很多对他终身发展极有意义的非智力因素，如：兴趣、动机、自信心、阳光心态或心理、积极情感、自主性、自律自制、能动性、个性、合作精神、律己敬人礼仪和创造性等，从而实现生命主体的人格与个性的高层次发展。

六、"人人当小老师"的自主展练课堂，最根本的发展观照：将学生变成课堂的主人，学习的主人，逐步升级为自我教育、自主成长的人，最终实现主体精神的唤醒，自主、能动地进行生命自为

我们认为，人与动物的区别在于：动物很难进行自我修缮、自我作为；而人却可以自我反省、自我修缮、自我提升、自我生长。与动物比起来，人能自我修炼、自我作为，所以，人的生命是自为生命。教育的最终极追求是，实现自主学习和自我教育，而从人的发展的角度讲，最终极的目标是唤醒生命的主体精神，实现其自主发展，即积极、主动地进行生命自为。

"人人当小老师"的自主展练课堂，追求的不仅仅是课堂中学习方式的转变，更是要从根本上扭转学生的角色与地位，让学生真正地"当家做主"，将学生变成为课堂的主人。而唤醒课堂主人意识还不是最终目标，它只是一个起点，由此而推及到整个学习中成为"学习的主人"，再进一步拓展与提升，让他成为教育的主人，成长的主人，这种长时间的"自我作主"的体验活动，悄然唤醒其主体性——自主性、能动性和创造性，从而实现他主体精神的觉醒，让他的生命自为达到"自觉"的状态。于是，我们不难理解，那被动学习的传统教学，无论学的量有多大、质有多高，都无法与最终实现学生的自主发展和生命自为，在价值上相提并论的。所以，我们追求的理想课堂，是真切颠覆传统课堂目标与价值的教学状态。

总之，"人人当小老师"，是较当前我国其他课堂教学改革而言，最彻底、最能解决其根本问题、最深入教育教学目标的课改形式，是首选的、最重要的课改路径。它真正意义上地扭转了传统教学师主导、生被动的课堂局面，最大力度地推动了学生学习方式的转变，使课改不再滞留于形式、飘浮于表面，不再是一张教育教学人士永远无法实质兑现的"空头支票"。

课堂展练的五级水平

练能教育的自主课堂是实现主体性教育的重要载体。其中课堂展练，是实现主体性教育的一个柱石。如果抽掉这一柱石，主体性教育大厦将难以建成。所以，主体性教育要由自主课堂开始，自主课堂要由学生能够做课堂的主人开始，学生做课堂的主人要学会由展练开始。于是，展练成了课堂的中心环节、主要过程。对于展练来讲，它又分为五级水平。学生上台展练的状况如何、质量高低，决定了课堂学习的质量，甚至品级。

第一级：只问，无展，无练

这一级的展练，学生在台上当小老师，是传统教师教法的翻版。整个课堂采用的是问答式，千万次问，展的学生展或连展示都没有……于是，就呈现出这样的教学状态：台上学生问，台下学生答，台下学生答完后，台上学生或教师根据学生的回答，进行简单的讲评或补充，甚至于讲亦未讲，便开

始下一个环节的学习，继续问答。课堂中，只有少数几个优生积极与台上学生进行互动，回答问题，而大部分的学生游离于课堂的边缘，静静地坐着、看着、听着，特别是差生。

如：

生1：下面我们来学习这篇课文的主要内容。这篇课文主要讲的是什么呢？

生2：……

生1：大家说，他说对了吗？谁再来说说？

生3：……

生1：这次说对了吗？

生：说对了。

……

第二级：有展，无练

这一水平相较于第一级有了提高。上台的学生把自己的学习成果向全班同学进行展示交流，而台下的学生只是看着台上同学的表演。这种状态下，台下优秀一点的学生会跟着台上同学的展示进行思考，但绝大多数同学是没有参与到学习活动中的。有展无练的课堂学习效率仍是低下的。

如：

生1：接下来由我们小班展练，首先请大家用喜欢的读书方式再读课文，找出课文中哪些地方的描写让你最感动。……有请2号交流。

生2：我觉得……有请3号交流。

生3：我觉得……有请4号交流。

生4：我觉得……

生1：我们的展练完毕，有请下一个小班。

……

第三级：有展，有练（针对全体学生）

这一级的水平相对来说就高很多了，学生在台上展示学习成果，台上学生能够带动台下全体学生进行学习活动。通过练读、说、写等活动来锻炼全体学生的能力。

如：

生1：我用要素法展练课文的主要内容……

生2：我为大家用板书法展练课文的主要内容……

生3：我能用自己的话概括课文的主要内容……

生4：刚才前面3个同学已经用不同的方法概括了课文的主要内容，那请同学们用自己喜欢的方式概括课文的主要内容，自己在下面练说，我再请同学说……

第四级：展——练——检（针对中下生）

达到这一级展练水平，就比较高了。学生上台展示，台下学生回答完问题之后，不急于下一个环节的开始，而是给予充分的时间，让班上的学生根据优生的回答与教师的点评、补充，同桌或小组间，或自己对自己进行说、读、记（默记，笔记）、写（书空，写字，微写）等练习，或者让同桌或小组间的优生教差生学习、训练，再抽生进行检查或展示，以期达到人人过关的效果，让课堂中的每一个学生人人会说、人人会读、人人会记、人人会写等。这样的学习状态，增强了"练——检"，变课堂的"盯优"为"盯差"，努力让中下的学生都能学好、记牢、练熟，整个课堂的有效性会极大地提高。

如：

生1：接下来由我们小班带领大家学习这篇课文的主要内容。我们会用几种方式展示课文的主要内容，同时，大家也可以思考怎么概括本课的主要内容。先请2号同学展示。

生2：我用"四要素"法来概括课文主要内容……

生3：我用"纲要图示法"来概括课文主要内容……

生4：请同桌之间相互说一说这篇课文的主要内容，不会说的同学，可以参考前面两个同学说的主要内容，或者向同桌请教请教，试着说一说。给大家2分钟时间，练习完后，我会请两个同学来展示。

生5：……

生1：请你来说一说这篇课文的主要内容。（抽中下生来展示所学、所练。）

生6：……

生7：……

生1：我们小班展练完毕，有请下一个小班。

第五级（理想状态）：展——练——检（针对中下生）加补充、争辩（针对优生）

这是我们理想的课堂展练状态。台上学生在进行展示和组织训练的过程中，增加了"练——检"，让整个课堂学习知识、训练能力，落实到每一个学生身上。不仅如此，还要给优秀学生提供发表不同见解甚至针锋相对的争论机会，让思想碰撞，让思维活跃，让课堂富有更多的生成。这样，课堂在能

够保底的基础上，更彰显生机与活力，变成真正意义上的生命课堂。

如：

生1：请同学们浏览第××自然段，找出最能体现作者感情的句子，并读一读。……

生2：请大家择其一句来研读，如果觉得表达困难，可以用这样的一段话来表达感受：

可以这样表达：我研读的句子是_____，我从这句话中的_____这个词知道（理解到）_____，我仿佛____（看到、闻到、听到、想到）_____；我还从这句话中的____这个词知道（理解到）_____，我仿佛_____（看到、闻到、听到、想到）_____；……这句话让我感受到_____，觉得_____。

（大家自由练习说）

（生3待大家练习后，先示范展示对句子理解后的结构化言说。并抽同学说。全班说。）

生4：接下来，我们来自由发表见解。听了上面同学们的交流，大家还有没有意见要补充？甚至还有没有不同的意见，请充分发表。

生5：我补充……

生6：我也有补充……

生7：我对××的理解有不同看法。我的理解是……

生8：我也有不同的看法……

生9：我还对×××同学的理解有完全相反的意见……

……

在课堂教学中，要让学生各方面的能力得到最大程度的历练与培养，要让课堂达到最高的境界，让课堂在动态生成中凸显出更强的生命力，那就需要我们不断实践，努力提升展练的水平，让课堂教学更具效性、更具动态生成性，充分彰显课堂的生命活力。